MOBILIDADE ANTIRRACISTA

DANIEL SANTINI, PAÍQUE SANTARÉM E RAFAELA ALBERGARIA (ORGS.)

Coordenação editorial
Cauê Seignemartin Ameni, Daniel Santini, Paíque Duques Santarém e Rafaela Albergaria

Preparação
Tulio Kawata

Revisão
Hugo Maciel de Carvalho

Capa e diagramação:
Rodrigo Corrêa

Ilustração da capa:
Juliana Del Lama

Fotos:
Matheus Alves

Autonomia Literária
Conselho editorial
Cauê Seignemartin Ameni, Hugo Albuquerque e Manuela Beloni

Fundação Rosa Luxemburgo
Escritório Brasil – São Paulo
Diretor Torge Löding

Dados Internacionais de Catalogação na Publicação (CIP)
(eDOC BRASIL, Belo Horizonte/MG)

M687 Mobilidade antirracista / Organizadores Daniel Santini, Rafaela Albergaria, Paíque Duques Santarém. – São Paulo, SP: Autonomia Literária, 2021.
400 p. : 14 x 21 cm

ISBN 978-65-87233-41-3 (AUTONOMIA LITERÁRIA)
ISBN 978-65-990744-8-6 (FUNDAÇÃO ROSA LUXEMBURGO)

1. Mobilidade urbana. 2. Cidadania. 3. Desigualdade social. 4. Racismo. I. Santini, Daniel. II. Albergaria, Rafaela. III. Santarém, Paíque Duques.

CDD 388.4

Elaborado por Maurício Amormino Júnior – CRB6/2422

Nota da primeira edição –
Direito a se mover, direito a existir — 9
Daniel Santini, Paíque Duques Santarém e Rafaela Albergaria

Abertura – Passageiro do último vagão — 15
Elisa Lucinda

Prefácio – Uma saída para Joanas, Marias e Clarice — 19
Talíria Petrone

Abre – Pelo embarque antirracista! Se é o colonialismo que dirige o transporte, lutaremos para tomar seu leme — 27
Movimento Passe Livre

1. Segregação e racismo

1.1. Carta À Mãe África — 33
GOG

1.2. Mobilidade dos corpos racializados: entre liberdade e interdição — 38
Rafaela Albergaria

1.3. Ensaio sobre a mobilidade racista — 56
Paíque Duques Santarém

1.4. Geopolítica da morte: periferias segregadas — 80
Denilson Araújo de Oliveira

1.5. Bem-vindos à Terceira Guerra Mundial — 98
Lucas Koka Penteado

2. Repressão, vigilância e controle

2.1. Coragem dá em pé de querer — 101
Meimei Bastos

2.2. Repressão e resistência: percursos e memória da luta por transporte em São Paulo desde 2013 — 105
Movimento Passe Livre – São Paulo

2.3. Novas formas de controle policial na perspectiva da cartografia social: mobilidade racial urbana — 122
Marcelle Decothé e Monique Cruz

2.4. Mobilidade urbana, encarceramento e violações de direitos: a quem serve que pessoas encarceradas fiquem cada vez mais inacessíveis? — 134
Agenda Nacional pelo Desencarceramento

3. Mulheres negras e a cidade

3.1. Basta — 153
MC Martina

3.2. Gênero, raça e cidade: uma nova agenda urbana é necessária — 155
Tainá de Paula

3.3. Transicionar o coletivo é preciso — 161
João Bertholini e Neon Cunha

3.4. Mobilidade: território, gênero e raça – corpo político no combate ao racismo — 175
Jô Pereira

3.5. Ser mulher negra no transporte coletivo — 196
Mayra Ribeiro

4. Espaços de existência e resistência

4.1. Quilombos, transfluência e saberes orgânicos – entrevista com Nego Bispo — 207
Paíque Duques Santarém

4.2. Segregação das religiões de matriz africana dos territórios, das manifestações e da estética dos espaços públicos — 216
Lúcia Xavier

4.3. "Os aplicativos não estão no ramo do delivery, mas no ramo da exploração" – entrevista com Paulo Galo Lima — 234
Katarine Flor

4.4. Liberdade para transitar, liberdade para respirar: a luta por tarifas justas na cidade de Nova Iorque — 248
Kazembe Balagun, tradução de Daniel Santini

4.5. Quem planta tâmaras não colhe tâmaras — 256
Tom Grito

5. Conversas antirracistas

5.1. Super nós: Rumo à sua própria direção!
Conversas antirracistas sobre direito à cidade, direito à cultura, desobediência civil e transformações – entrevista: BNegão, GOG, Higo Melo — 259
Paíque Duques Santarém

5.2. "Giratória (Sua direção)" – BNegão — 281

5.3. "Super" – Higo Melo   283
5.4. "Rumo ao Setor Comercial Sul" – GOG   286

6. O custo e o valor do transporte

6.1. Lírica de favelada   291
Nívea Sabino

6.2. Financiamento do transporte coletivo soteropolitano: o melhor exemplo da falência de um modelo   294
Daniel Caribé

6.3. Também é pelo transporte que uma mulher negra não consegue chegar aonde ela quer: perspectiva interseccional sobre lógicas a que o sistema de transporte da cidade de São Paulo está sujeito   308
Kelly Cristina Fernandes Augusto

6.4. O pacto e o impacto dos transportes: mediocridade e mortandade na mobilidade urbana do Rio de Janeiro   329
João Pedro Martins Nunes e Vitor Dias Mihessen

7. Democracia e esperança

7.1. A juventude negra vai circular   345
Lisandra Mara, Luana Costa e Luana Vieira

7.2 Vidas negras importam   370
Ayanna Pressley, tradução de Daniel Santini

7.3. Solidariedade internacional contra o racismo   373
Anna Nygård, tradução de Daniel Santini

Posfácio – Mobilidade e antirracismo, as lutas por justiça que correm nos trilhos do Brasil   383
Vilma Reis

Sobre as autoras, os autores e os entrevistados   389

Nota da primeira edição
Direito a se mover, direito a existir

Daniel Santini, Paíque Duques Santarém e Rafaela Albergaria
Fevereiro de 2021

Transitar é existir. No contexto em que este livro foi escrito, durante a pandemia ocasionada pela disseminação da Covid-19, essa ideia ganhou outra dimensão. Pela primeira vez, pessoas que até então nunca tiveram dificuldades em se locomover, atravessar cidades, entrar em shoppings e restaurantes, ou mesmo cruzar fronteiras, viram o mundo encolher. Com as políticas de distanciamento social adotadas para tentar conter a disseminação do SARS-CoV-2, circular livremente deixou de ser uma opção. Acabaram as férias, passeios e visitas sociais. Pela primeira vez, muita gente branca sentiu o que pessoas negras sentem todos os dias.

Nosso sistema de transportes no Brasil é racista, desigual, segregador e excludente, e as catracas são o principal símbolo do controle dos deslocamentos e da limitação forçada da circulação impostos aos setores mais empobrecidos, que dependem centralmente das estruturas de transporte público para ir e vir. Nem todo mundo que vive em uma cidade pode usufruir do que ela oferece. Vale-transporte, quando tem, é só para ir e voltar do trabalho. O preço das passagens e a oferta de transporte disponibilizada em territórios majoritariamente negros, periféricos e de favela deixam trabalhadoras e trabalhadores sem a opção de ir para outro bairro, conhecer museus, visitar parques e espaços abertos. Os espaços culturais e de lazer também são edificados a partir de uma dimensão marcada por desigualdades raciais, observando-se a concentração de oportunidades nas áreas mais elitizadas e o sistemático esvaziamento de políticas públicas culturais nos territórios de periferia e favelas. A maioria, formada de negros e negras, é confinada em espaços limitados para morar, para trabalhar. Saúde e educação são serviços públicos, mas ainda é preciso pagar para chegar até um posto, hospital ou escola. Circular não é uma opção para muita gente.

Quase na totalidade das vezes, o sistema é pensado e reforçado sem participação democrática e tem como eixo estrutural dividir e segregar. Quem planeja e decide como as redes de transporte serão distribuídas, organizadas e mantidas costuma ter o mesmo perfil. São quase sempre homens brancos de alta renda, que pouco conhecem da realidade concreta e material das demandas por transporte dos usuários, dos modais em si e do impacto de suas decisões na vida das pessoas. Mesmo quando existe boa vontade, a falta de diversidade de olhares leva a uma visão limitada sobre problemas e soluções. Situações inaceitáveis, como os trens superlotados nas periferias das principais metrópoles brasileiras, com pessoas empilhadas como carga, tornam-se invisíveis. A desigualdade entre metrôs organizados e seguros nos bairros ricos e trens caóticos e perigosos nos pobres é indecente.

O ser humano é tratado como mercadoria não de hoje. No tráfico transatlântico de pessoas escravizadas, diversos povos e etnias africanos foram sequestrados e atravessados como carga, por muitas vezes, feitos propulsão nos remos dos tumbeiros. O racismo como base da organização dos transportes nas cidades reproduz a lógica de confinamento e segregação quando caminhões e trens de carga são adaptados e transformados em ônibus ou metrôs para transportar o máximo de "gentes" possível. Na lógica da catraca, em que passageiro é receita e o custo de levar uma pessoa ou cem varia pouco, quanto mais gente apertada por metro quadrado, melhor. Mesmo que isso signifique aumentar a possibilidade de alguém morrer. O racismo fundado na modernidade opera pela divisão da humanidade entre aqueles que são reconhecidos e legitimados pelas dimensões de garantias e direitos – sujeitos brancos – e os outros, pensados e codificados pela marca racializada de descrédito, de atraso, desumanizados na escala de humanidade colonial – pessoas pretas, cujas vidas são desvalorizadas, desqualificadas, sistematicamente desrespeitadas.

Prova disso é que, com a queda do número de passageiros no início da pandemia, em vez de manter a frota operando normalmente, de modo a diminuir a concentração de pessoas por composição e, assim, reduzir o risco de disseminação do vírus, muitas empresas e governantes determinaram a redução da quantidade de ônibus em circulação, mantendo assim o equilíbrio financeiro e, ao mesmo tempo, a lógica perversa da superlotação. O sistema, baseado e sustentado pela cobrança de passagens, segue rodando muito além do limite. Se a catraca é opressão, a Tarifa Zero é a expressão da garantia do direito de circular, do direito de existir.

Durante a pandemia, enquanto quem podia gozar de condições estáveis de trabalho, de renda, de moradia – que é um importante indicador dessas desigualdades aprofundadas nesse contexto – e tinha o mínimo de preocupação com o bem coletivo tentava manter o isolamento, a população negra e empobrecida era obrigada a se arriscar a ser contaminada e seguir circulando para servir, atender e garantir comodidades dos setores mais abastados. São porteiros e domésticas, entregadores de aplicativos, gente que trabalha em hospitais ou mesmo quem mantém os próprios sistemas de transporte operando. Circulando em suas rotinas limitadas casa-trabalho-casa, se deslocando junto de um vírus mortal – o que fez com que rapidamente a curva da doença atingisse brutalmente essas camadas, tornando negros os mais acometidos por quadro agravado e de mortalidade no país[1]. O Brasil viveu uma crise humanitária grotesca em 2020, realidade impossível de ser ignorada, mesmo com políticos minimizando riscos e menosprezando as mortes – de novo, na maioria de negras e negros, o que explicita a política de extermínio de corpos negros atualizada e aplicada por meio das políticas sociais de uma forma geral. Grande parcela da população que morre são aqueles que dependem exclusivamente do Sistema Único de Saúde (SUS), que, em sua organização nas cidades, obedece à mesma lógica de distribuição de equipamentos da mobilidade das demais políticas públicas e sociais. Porque todas as políticas são social e territorialmente localizadas.

Enquanto se veem nos territórios mais elitizados e brancos os centros de saúde pública de referência, os territórios periféricos e de favela sofrem com a precarização da atenção básica, média e alta ou absoluta inexistência de atendimentos de média e alta complexidade. Num projeto genocida, a escassez e a omissão são caminhos para a mortificação e extermínio de corpos negros empobrecidos, e o transporte assume lugar central de garantidor da interdição desses corpos, para que não escapem das estruturas de morte organizadas como política para esses territórios.

Reconhecer que existem relações raciais desiguais (do racismo institucionalizado) que fundamentam um sistema de transporte essencialmente racista é o primeiro passo para pensar e estruturar políticas de mobilidade comprometidas com a equidade. Políticas que nos dirijam à reinvenção das cidades numa perspectiva antirracista, feminista, e anti-homofóbica, antilesbofóbica e antitransfóbica, porque reconhecemos aqui que todas essas dimensões e formas de opressão definem diversas

---

[1] Reportagem reeditada pelo G1, "Coronavírus é mais letal entre negros no Brasil, apontam dados do Ministério da Saúde", *Valor Online*, 11 abr. 2020. Disponível em: https://g1.globo.com/bemestar/coronavirus/noticia/2020/04/11/coronavirus-e-mais-letal-entre-negros-no-brasil-apontam-dados-do-ministerio-da-saude.ghtml.

formas de interdição e violência contra esses corpos. Por vezes, essas violências são sobrepostas.

Almejamos a contribuição e oferecemos nesta produção debates que pensam a mobilidade baseada no direito a transitar que determina o direito de existir. O conceito, mais bem explicado no Capítulo 1.3, é fluido e plural. No livro, apostamos na diversidade: de olhares, vozes e formatos. Nas próximas páginas, você encontra poemas, *slams*, músicas, artigos acadêmicos, análises, entrevistas e muitas ideias embaralhadas de maneira livre, em transfluência, transicionando os coletivos possíveis. São autores, autoras e entrevistados de origens, lugares e vivências das mais diversas.

O contexto pesado da pandemia foi sentido de maneira geral e o livro, previsto para o primeiro semestre de 2020, ficou pronto em 2021. O resultado, porém, é uma obra que certamente vai circular por muito tempo. Existindo e resistindo.

Passageiro do último vagão

Elisa Lucinda

Eu a vida toda tive medo de perder o trem.
Sempre morei longe do sonho,
do dinheiro, da formação, de um tipo de arte,
do descanso.
Calculei a vida pra não perder o trem.
Fiz a conta:
distância mais cidade partida no meio
dá igual a caminho andado em vão!
Eu a vida toda
tive medo de perder o trem.
Sempre morei longe do sonho,
do dinheiro, do descanso.
Calculei a vida pra não perder o trem.
Fiz a conta:
distância mais cidade partida no meio
dá igual a caminho andado em vão!
Algum trabalho, só lá perto da lonjura, e todo dia acaba o pão.
Até parece o mesmo pão.
Mas eu sou o tio Klebinho,
o Tiklebin do tamborim!
Sempre fui por mim.
Sempre fui de riscar eu mesmo meu caminho e não me gabo de
ser um respeitado dono do enredo.
No entanto, por ser homem negro, pude me livrar de quase
[tudo.

Menos do medo. Da polícia, mesmo andando certo.
Da justiça, mesmo sendo inocente.
Minha vida foi de vagão em vagão até agora.
Até essa quase derradeira hora.
Em cada fila de emprego,
em cada fila de concurso,
em cada fila de seleção,
eu nunca quis perder o trem da oportunidade.
Nunca quis perder os trens:
da conversa, da chance, da palavra,
da história.
Engraçado: para minha Escola desfilar, sempre criei brincando,
o enredo e o samba-enredo, todo ano.
Mas aqui, na correria, do dia a dia,
no corre da lida agonia
não dá jeito de a caneta ser minha não.
Quem mora longe do sonho,
à risca, tudo, todo dia,
sem tempo,
espremendo no meio da madrugada,
muitos copos de gelada alegria.
E agora, nesse fim de noite
me apontou pontualmente,
como faço todo dia,
porque a vida toda eu andei para não perder o trem agora.
Uma confusão, gritos, socorros,
gente gritando para,
outro perguntando quem?
Metade do meu corpo, se separa, e é recolhido no vão.
E eu, toda vida, lutei para não perder o trem.
Perdi a vida no trem.

Prefácio

Uma saída para Joanas, Marias e Clarices

Talíria Petrone

Joana acorda todo dia muito cedo, antes das 4h30 da manhã. Prepara o café da filha, a marmita do marido, passa o uniforme das crianças. Atravessa a cidade em um ônibus lotado para trabalhar como diarista. As quase duas horas de viagem, no trânsito, são feitas em pé. Joana trabalha o dia todo esfregando, carregando peso, se esforçando física e mentalmente. Às vezes são duas residências atendidas por dia. Volta tarde da noite de ônibus, novamente em pé. Não bastasse a exaustão, o preço elevado da passagem, o trânsito, a lotação, ela tem seu corpo tocado, violado por um homem. Já em casa... mais uma jornada: ela limpa, cozinha, faz render o feijão, sofre, chora, sonha, luta.

Joana é Maria, Ana, Josefa, Paula, Clarice. É Cláudia, arrastada por uma viatura policial no estado do Rio de Janeiro asfalto afora. É a mãe dos meninos assassinados nas favelas. É cada trabalhadora informal ou desempregada. Joana é mulher, negra, moradora de uma favela ou periferia. Joana sabe que as cidades não são democráticas, pois experimenta isso no corpo. A mulheres como Joana, o direito de ir e vir e de circular livremente pelas cidades é negado todos os dias.

O Brasil é um país profundamente desigual e as cidades se organizaram reproduzindo essa desigualdade, que, aqui, é totalmente estruturada pelo racismo. Os anos de escravidão de pessoas negras estão dolorosamente evidentes na maneira como o capitalismo se consolidou no país e na produção de um urbano que é segregador. Se é fato que a democracia brasileira nunca se consolidou completamente, é também evidente a sua maior fragilização neste momento do país. As cidades estão sendo afetadas, por um lado, pelo profundo desmonte do já incipiente Estado de Direito e, por outro, por um alargamento da militarização e pelo fortalecimento de um Estado Penal Policial. É preciso dar um basta! Mas como? Como produzir cidades que sejam espaços de pertencimento, com liberdade de ir e vir, de estar, de ser, de amar? Como superar essa herança colonial racista? Não há democracia possível com obstáculos a esses direitos básicos.

Nesse sentido, qualquer debate sobre mobilidade não pode esquecer das Joanas, são suas famílias as vítimas das balas do Estado, do desemprego, da falta de vaga no Sistema Único de Saúde (SUS), da moradia precária, da falta de creches públicas.

A mobilidade urbana é ponto de confluência dessas diferentes formas de desigualdade e ao mesmo tempo é, em si, agravadora delas. Se o transporte é caro e ineficiente, as Joanas do Brasil não conseguirão se deslocar facilmente pelas cidades para procurar emprego, para ir ao médico, para levar seus filhos à escola, para levar mães idosas ao hospital ou para enterrar seus filhos vitimados pelo Estado. Sem emprego, sem dinheiro, sem acesso, as Joanas estão fadadas a permanecer segregadas nas periferias.

Em geral, o transporte nas cidades brasileiras é caro, ineficiente, desconectado de outros modelos e, ainda por cima, poluente. Transporte não é entendido enquanto direito para pessoas como Joana. Em 2015, tivemos uma conquista importante no Brasil, fruto de uma luta encampada pela nossa querida companheira de bancada, a deputada federal Luiza Erundina. O direito ao transporte como direito social fundamental foi incluído no art. 6º da Constituição Federal, ao lado de trabalho, saúde, moradia, educação, previdência. Mas infelizmente, apesar dessa previsão explícita, o Brasil segue a mesma aposta histórica desde os anos 1950. Em vez de um esforço para garantir o acesso do povo ao transporte público de massas, há cada vez mais incentivo ao transporte individual, deixando inevitavelmente corpos pelo caminho, sem o seu direito de ir e vir livremente.

Quando tratamos de transporte coletivo, não existe um cenário melhor por aqui. Segue a priorização da malha rodoviária, em detrimento da ferroviária, da aquaviária e da metroviária, completamente incipientes ou mesmo inexistentes em muitos municípios. O modelo rodoviário, aliás, tem fortalecido o controle da mobilidade urbana por empresas privadas, muitas vezes parte de grandes máfias. O transporte rodoviário é caro, de péssima qualidade, poluente e um grande negócio para poucos. Esses poucos são bem diferentes das Joanas.

O lucro desses poucos avança sobre o conquistado direito constitucional. O transporte e a mobilidade são encarados como fonte infinita de lucros em um mundo que é finito de recursos. Essa lógica vem pavimentando, com corpos, o caminho da nossa sociedade para o abismo. E é bom lembrar de novo: a barbárie não chega a todos do mesmo modo.

Os números impressionam: de 2003 a 2014, o acesso a emprego e renda cresceu de 21% a 36%, enquanto a quantidade de veículos em circulação cresceu cinco vezes mais, 111%. Esse aumento está longe de refletir uma ampliação do acesso de qualidade ao transporte pela maioria do povo, para pessoas como Joana. Não ocorreu a democratização do acesso ao direito de ir e vir nas cidades. Olhando para o índice de mobilidade nesse mesmo período, houve um crescimento de 15% no transporte individual, de 5% no transporte não motorizado e de apenas 2% no transporte coletivo. Ou seja, as pessoas que têm carro conseguem ir e vir, embora precisem fazer isso em um trânsito caótico, numa cidade poluída. As que não têm perdem horas preciosas de sua vida esperando transportes irregulares, de péssima qualidade e presas nos engarrafamentos produzidos pelas que usam o automóvel individual.

Segundo esse mesmo índice de mobilidade, a média das viagens de habitantes por dia no Brasil em 2014 era de 1,64. Se destrincharmos esse dado tratando apenas da população de baixa renda, há uma queda importante do índice, que cai para 1,15. Destrinchando ainda mais, fica evidente o Brasil marcado por uma lógica escravocrata, patriarcal, que responsabiliza as mulheres pelo cuidado e limita a participação delas no mercado de trabalho. Mulheres de baixa renda fazem em média 0,7 viagem por dia, menos da metade do percentual relativo à população em geral. Significa concretamente uma limitação de acesso dessas mulheres à livre locomoção e, por consequência, a serviços como SUS, creches, escolas.

Está aí explícita a desigualdade de gênero que cerceia o direito à cidade para essas mulheres. Variáveis como o desemprego e a falta de recursos, sem dúvida, incidem no índice. Em um cenário de tanta desigualdade, impressiona que 70% da população de baixa renda não receba auxílio para custear seu transporte, segundo dados da Agência Nacional de Transporte. E há uma lacuna importante nos dados: a ausência de um quesito racial, em um país marcado, como dissemos, pelo racismo estrutural, por si só evidencia um problema grande. Sabemos que, mesmo sem esse critério para análise, o cruzamento renda, raça e gênero traria dados ainda mais absurdos.

A debilidade e seletividade no direito à mobilidade urbana, a ir e vir, ficam explícitas nesses dados. Do mesmo modo, também impressionam os dados sobre tempo de viagem dependendo do modal utilizado. O tempo gasto com o transporte coletivo é quase o dobro do gasto com transporte individual. Ou seja, mais uma vez, aqueles e aquelas que precisam pegar ônibus lotado para chegar ao trabalho, que pagam caro por isso, que muitas vezes não conseguem ir a um médico ou à praia porque o ônibus é inacessível, são penalizados. Têm menos acesso à mobilidade e, quando o conseguem, ficam mais tempo no trânsito.

Em suma, essa opção histórica por investimentos no uso de automóveis individuais, e, quando muito, na malha rodoviária, limita o acesso à cidade pela maioria da população. Temos uma mobilidade caótica. As ciclovias, quando existem, não são planejadas e, no lugar de integrar a cidade, ligam nada a coisa alguma, colocando em risco quem as utiliza. Somam-se a um transporte caro, demorado, transporte que consome mais energia e emite mais poluentes. Essa limitação à locomoção é uma violação explícita ao direito básico de ir e vir, que gera obstáculos ao direito de morar, de ter saúde, lazer, trabalho. Ela é, necessariamente, a limitação também ao acesso a outros diversos direitos.

O espaço urbano precisa ser repensado como um todo, inclusive as distâncias cada vez maiores das regiões centrais que foram sendo impostas aos mais pobres. Parte da solução é a Tarifa Zero, que, embora não seja a resposta completa aos dilemas que envolvem a mobilidade, é um imenso passo na democratização das cidades e em direção ao direito de vivenciá-las livremente. Hoje, é possível contestar com consistência os argumentos contrários a ela. É preciso dizer, portanto, que, antes de tudo, trata-se de uma proposta viável. Mas viável de que forma?

O modelo de privatização dos transportes públicos precisa ser enfrentado de frente. Além de envolver grandes gastos, transforma em mercadoria um direito social conquistado. Em geral, os poderes locais são capturados pelos monopólios de empresas de transporte, em especial ônibus. Então, muitas vezes, as prefeituras oferecem contrapartidas significativas para as operadoras de suas linhas de transporte, onerando o orçamento público. A cidade de São Paulo, por exemplo, subsidia o sistema de ônibus, que tem um custo total de R$ 8 bilhões, com cerca de R$ 3 bilhões de recursos públicos. Além disso, é necessário manter todo um corpo de funcionários voltado exclusivamente para o controle da prestação de contas das empresas. Há ainda gastos variados das próprias empresas para realização das cobranças. Todos esses recursos deveriam ser voltados para a realização do serviço em si, para investimento em transporte público, coletivo e gratuito. Aqui no Brasil, deveriam também ser viabilizadas outras alternativas para além da malha rodoviária.

A partir de 2018, o brasileiro passou a gastar mais com transporte do que com alimentação, perdendo apenas para os gastos com habitação. Em média, 18% dos ganhos dos assalariados se destinam ao transporte. Quanto menor o rendimento das famílias, maior o percentual de gasto com o transporte público; quanto maior o rendimento, maior o gasto com compras de veículos. Quantas Joanas têm que escolher entre pegar um ônibus e comprar mais um pouco de arroz e feijão?

Liberar uma fatia da renda dos trabalhadores para outros gastos poderia ter um efeito significativo nas economias locais, inclusive na arrecadação pública. Liberar uma fatia da renda dos trabalhadores é permitir às Joanas coisas hoje impossíveis. Quase 40% dos usuários dos transportes públicos recebem vale-transporte. Por que esses valores, em vez de destinados individualmente a cada trabalhador, não são otimizados e direcionados ao conjunto do sistema de transporte? As multas de trânsito, a publicidade nos veículos, pedágios restritivos a automóveis individuais nas regiões mais centrais também poderiam compor a fonte do financiamento dessa proposta. Idosos, pessoas com deficiência e estudantes das redes públicas já são beneficiados com passe livre. A viabilidade é concreta. É possível. Esta coletânea de textos sobre tema tão fundamental vai, sem dúvida, contribuir para a construção de alternativas ao atual cenário da mobilidade brasileira.

A transição para a Tarifa Zero é passo importante na direção de outro modelo de cidade, menos desigual, mais inclusivo e diverso. É urgente a transformação de nossas cidades em lugares menos caóticos e poluídos, mais amigáveis e sãos. É urgente tornar as cidades democráticas. A Tarifa Zero é, pela forma como se estrutura a desigualdade no Brasil, um instrumento muito eficiente de enfrentamento ao racismo expresso na limitação do direito de ir e vir. Uma saída para Joanas, Marias e Clarices.

Abre

Pelo embarque antirracista!
Se é o colonialismo que dirige o transporte, lutaremos para tomar seu leme

Movimento Passe Livre[2]

Poder!
Poder para o povo!
E o poder do povo
vai fazer um mundo novo!

canto Pantera Negra traduzido livremente
e entoado nas ruas pelo MPL

Nossas ancestrais foram sequestradas. Nossos antigos tiveram que passar pela árvore do esquecimento antes de saírem à força do continente africano. Amordaçados em porões de embarcações escravistas, tratados como animais e mercadorias, resistiram. Nosso povo enfrentou o saque colonial e a escravidão. Estas foram nossas primeiras catracas.

Desde então, essa sociedade racista foi impondo catracas com diferentes níveis de crueldade. Afinal de contas, sendo o racismo um estruturante das relações sociais, não é de se estranhar que o transporte tenha sido moldado pelos de cima para reproduzir, ampliar e promover a desigualdade racial, que reforça e se soma às desigualdades de gênero e de classe. Ao enfrentarmos aumentos de tarifas, as más condições do transporte, sua lógica privatista voltada ao lucro e à reprodução das

---
[2] Texto escrito por militantes negras e negros do MPL-Brasil.

desigualdades, percebemos que a mobilidade é cruel de formas distintas com muitos setores da sociedade – mulheres, trabalhadores(as), idosos, deficientes, populações periféricas. O transporte coletivo, na forma como está organizado, reafirma e reforça diferentes estruturas de opressão na sociedade.

A luta pelo transporte é parte da luta pela vida. Principalmente quando é lá que enfrentamos diariamente o aperto entre trabalhadores(as) buscando sustento familiar, levados a deixar nossos bairros, comunidades e periferias para abastecer o centro sem possibilidade de obter qualquer coisa que não seja um emprego, uma marmita, lotação. Sempre na tensão, atentos à iminente abordagem policial, quando decidirmos voltar mais tarde um dia ou se ficarmos por aí na noite, ebriamente lutando pelo direito à cidade. A mobilidade da cidade racista tem suas formas de efetivar o toque de recolher para quem precisa se movimentar... majoritariamente nós, pretos e pretas.

O transporte coletivo é uma continuação do navio negreiro. Não é coincidência que suas principais características sejam tão parecidas: o tratamento desumano a quem é transportado, o veículo precário superlotado, a violência constante durante a viagem, o trajeto nunca estar de acordo com nossas vontades e sim a das elites brancas que enriquecem à custa do tráfico/transporte de pessoas. Uma maioria negra transportada para trabalhar em regiões de maioria branca.

Esse transporte é também um local importante de disciplinamento. Nas catracas das estações, a segurança mira nossos corpos. No ônibus, no vagão, na van é onde conhecemos/somos mulheres negras que visitam semanalmente filhos na cadeia. Aqueles que, no saidão, vendem doces nas rodoviárias para ajudar as coroas em casa. É por lá que vemos meninos pretos da periferia rondando o centro para vender produtos quase sempre legais, quase nunca reais, nas rodoviárias para pessoas negras que no centro da mobilidade seguem presas aos papéis de excluídas sociais, pedintes, drogadas. No ônibus/vagão/van/navio podemos conhecer e tratar pessoas como gostaríamos de ser tratadas, vendo espanto alheio no reconhecimento vazio de nossa humanidade – logo esquecida ao fim da viagem.

Mas esse transporte, que só nos permite circular para trabalhar, não diz respeito somente à sanha de lucro dos donos das empresas. A constante piora do transporte coletivo prejudica diretamente a população negra. Esse suposto descaso com o transporte coletivo precisa ser entendido como parte da disciplina racista imposta à sociedade. As catracas e todas as formas violentas que os donos do poder usam para defendê-las são símbolos de um modelo de transporte racista que funciona para aprisionar e controlar corpos.

O transporte coletivo é um local importante para o povo preto perceber sua posição social, seja no volante ou apertado entre usuários(as). Por vezes, escolher a performance do espanto para entrar, falar e ser ouvido, seja pelo susto de manguear umas moedinhas, susto de entrar pela porta contrária à da catraca, o transtorno de convencer os outros de ficar ali e viajar sem ser convidado à delegacia ou a apanhar; susto de entrar com seus cabelos "no jeito" e não sentar uma vivalma ao seu lado.

A reprodução das lógicas racistas permanece e ganha contornos cruéis na mobilidade brasileira, do trabalhador negro no ônibus *versus* o empresário branco em seu carro de luxo particular, sem rosto, sem responsabilidade, mas ainda assim lucrando a cada senhorinha em pé depois das doze horas de trabalho em casas grandes das nobres branquitudes que vivem como senhores do engenho urbano.

Vivemos, no momento específico, uma situação em que o racismo da sociedade se junta à mobilidade urbana de forma trágica. Enfrentamos uma pandemia em que a prevenção mundialmente recomendada é ficarmos reclusos(as), sem exercer a mobilidade. Porém, o povo negro é forçado a sair às ruas para realizar funções essenciais e também conquistar algum sustento. Mais contaminado, enfrenta o racismo das diferentes instituições, jogado à vala comum da morte. O racismo na mobilidade urbana, em tempos de Covid-19, é racialmente genocida.

Lutar contra essa situação urgente é, concretamente, defender nossas vidas.

Lutamos, pois sabemos que a dinâmica da sociedade não é feita somente pela opressão e domínio; é principalmente enredada pelo conflito social, a resistência dos de baixo. São inúmeros episódios, processos de emergências e lutas da população negra em diferentes territórios contra a forma colonial e racista da mobilidade. A cultura de lutas contra a segregação racial no transporte é secular e constante desde o começo da colonização até os dias de hoje. Compreendemos que nossas batalhas atuais são mais um capítulo nesse enfrentamento, do qual recebemos a herança de toda a tecnologia ancestral de nossos mais velhos e mais velhas.

A luta contra o racismo no transporte coletivo tem, em parte, uma agenda geral: a melhoria e universalização do transporte beneficiará a toda a população e, por conseguinte, à população negra. Porém, há uma outra agenda, específica, que é o combate a práticas especialmente discriminadoras e distintas entre pessoas com diferentes aparências e origens. Devemos estar atentos(as) às pautas específicas da comunidade negra no combate ao racismo em todas as suas expressões.

Ou seja, lutar por um transporte coletivo público, gratuito e de qualidade é parte da agenda antirracista. Porém, para realizar-se além de uma aliança utilitária com a negritude, é importante que a luta seja desenvolvida fortalecendo as comunidades negras; construindo espaço, voz e protagonismo tanto a usuários e usuárias como a trabalhadores e trabalhadoras do transporte coletivo. Defendemos uma forma de luta pelo transporte em que as pessoas, por meio de sua organização e ação direta, desenvolvam o poder popular. A conquista de um transporte antirracista feita pelos de baixo é, também, a conquista do poder popular contra toda a estrutura racista de nossa sociedade. Poder para o povo preto!

Saudamos todos os autores e autoras desta presente publicação, pois entendemos a importância de refletir e produzir conhecimento sobre nossa realidade. Os diferentes textos produzidos aqui servirão para ampliar o debate sobre o tema e também para estimular práticas antirracistas na mobilidade. Brindamos este livro por realizar essa tarefa e avançar nessa agenda de lutas às quais continuaremos dando nossos maiores esforços.

A população negra sempre lutou contra o sequestro, o colonialismo, a escravidão, o domínio racial. Houve diferentes revoltas contra os sequestros coloniais no continente africano: as rebeliões em navios negreiros como *Amistad* e *Kentucky*; a Revolta dos Macuas; Akotirene, Zumbi, Dandara e Aqualtune no Quilombo dos Palmares; Luíza Mahin na Revolta dos Malês; João Cândido na Revolta da Chibata; Rosa Parks contra a segregação racial dentro dos ônibus; a luta negra sul-africana, liderada por Nelson Mandela, contra a Lei do Passe e o *apartheid*; as incursões do povo da diáspora pela sua livre circulação e acesso à Europa e à América do Norte – discriminados como migrantes –; Canudos; o Black Power; os Panteras Negras; o movimento Hip Hop. Os episódios são muitos. Inspiramo-nos neles para, ao nosso modo, lutar mais e mais contra o racismo. Queremos tomar o leme desta embarcação que domina nossos caminhos, acabar com seus rumos coloniais e construirmos a liberdade sem catracas.

FOGO NO COLONIALISMO!
POR UMA VIDA SEM CATRACAS

1. Segregação e racismo

1.1. Carta À Mãe África

GOG

É Preciso Ter Pés Firmes No Chão,
Sentir As Forças Vindas Dos Céus Na Missão...
Dos Seios Da Mãe África E Do Coração,
É Hora De Escrever Entre A Razão E A Emoção.
Mãe!
Aqui Crescemos Subnutridos De Amor.
A Distância De Ti,
O Doloroso Chicote Do Feitor...
Nos Tornou!
Algo Nunca Imaginável,
Imprevisível,
E Isso Nos Trouxe Um Desconforto
Horrível!

As Trancas,
As Correntes, A Prisão Do Corpo Outrora...
Evoluíram Pra Prisão Da Mente Agora.
Ser Preto É Moda, Concorda?
Mas Só No Visual
Continua Caso Raro Ascensão Social.

Tudo Igual, Só Que De Maneira Diferente,
A Trapaça Mudou De Cara, Segue Impunemente.

As Senzalas
São As Antessalas Das
Delegacias
Corredores Lotados Por Seus Filhos E Filhas...

Hum!
Verdadeiras Ilhas,
Grandes Naufrágios,
A Falsa Abolição Fez Vários Estragos.
Fez Acreditarem Em Racismo Ao Contrário,
Num Cenário De Estações Rumo Ao Calvário

Heróis Brancos, Destruidores De Quilombos
Usurpadores De Sonhos, Seguem Reinando...
Mesmo Separado De Ti Pelo Atlântico
Minha Trilha São Seus Românticos Cânticos.

Mãe!
Me Imagino Arrancado Dos Seus Braços
Que Não Me Viu Nascer, Nem Meus
Primeiros Passos.
Um Esboço!
É O Que Tenho Na Mente Do Teu Rosto...
Por Aqui
De Ti

Falam Muito Pouco.
E Penso...
– Qual Foi O Erro Cometido?
Por Que Fizeram Com A Gente Isso?
O Plano Fica Claro...
É O Nosso Sumiço!

O Que Querem Os Partidários,
Visionários Disso...

Eis A Questão...
A Maioria Da População

Tem Guetofobia, Anomalia Sem Vacinação.
E O Pior,
A Triste Constatação:
Muitos Irmãos, Patrocinam O Vilão...
De Várias Formas, Oportunistas, Sem Perceber,
Pelo Alimento,
Fome,
Sede De Poder!
E O Que Menos Querem Ser E Parecer...
Alguém Que Lembre,

No Visual,
Você.
A Carne Mais Barata Do Mercado É A Negra.
A Carne Mais Marcada Pelo Estado É A Negra. (2x)
Os Tiros Ouvidos Aqui Vêm De Todos Os Lados,
Mas Não Se Pode Seguir, Aqui, Agachado.
É Por Instinto Que Levanto O Sangue
Bantu-Nagô...
E, Em Meio Ao Bombardeio, Ainda Reconheço Quem Sou,
E Vou...

Mesmo Ferido, Ao *Front*, Ao Combate,
E, Em Meio À Fumaça, Sigo Sem Nenhum Disfarce.
Pois Minha Face Delata Ao Mundo O Que Quero:
Voltar Para Casa, Viver Meus Dias Sem Terno.
– Eterno
É O Tempo Atual, Na Moral,
No Mural
Vendem Uma Democracia Racial.
E Os Pretos,
Os Negros,

Afro-Descendentes...
Passaram A Ser Obedientes,
Afro-Convenientes.
Nos Jornais,
Entrevistas Nas Revistas,
Alguns De Nós,
Quando Expõem Seus Pontos De Vista,
Tentam Ser Pacíficos, Cordiais,
Amorosos...
E Eu Penso Como Os Dias Têm Sido
Dolorosos!
E Rancorosos,
Maldosos Muitos São
Quando Falamos Numa Mínima

Reparação:
Ações Afirmativas, Inclusão,
Cotas!?
O Opressor Ameaça Recalçar
As Botas...
Nos Mergulharam Numa Grande Confusão:
Racismo Não Existe,

E Sim Uma Social Exclusão.
Mas Sei Fazer Bem A Diferenciação:
Sofro Pela Cor, Pelo Patrão E O
Padrão!

– E A Miscigenação?
Tema Polêmico No Gueto,
Relação Do Branco, Do Índio

Com Preto.
Fator Que Atrasou Ainda Mais A Autoestima:
Tem O Cabelo Liso, Mas Olha

O Nariz Da Menina!

O Espelho Na Favela Após A Novela É O Divã,
Onde O Parceiro Sonha Em Ser Galã.
Onde A Garota Viaja...
Quer Ser Atriz Ao Invés De Meretriz...
Onde A Lágrima Corre Como Num Chafariz.
– Quem Diz!

Que Este Povo Foi Um Dia Unido,
E Que Um Plano O Trouxe Pra Um Lugar Desconhecido.
Hoje Amado

São Mais De Quinhentos Anos.
Criamos Nossos Laços, Reescrevemos Sonhos.
Mãe!

Sou Fruto Do Seu Sangue, Das Suas Entranhas
O Sistema Me Marcou, Mas Não Me
Arrebanha.
O Predador Errou Quando Pensou Que O
Amor Estanca...
Amo E Sou Amado No Exílio Por
Dona Sebastiana!
A Carne Mais Barata Do Mercado É A Negra.
A Carne Mais Marcada Pelo Estado É A Negra. (2x)

1.2. Mobilidade dos corpos racializados: entre liberdade e interdição

Rafaela Albergaria

Me veem na Bahia em pé, dão ré no Atlântico
Tentar nos derrubar é secular
Hoje chegam pelas avenidas, mas já vieram pelo mar.

"Mandume". Composição: Raphao Alafin, Amiri, Drika Barbosa, Rico Dalasam, Leandro Roque de Oliveira, Muzzike Phill Terceiro, Rafael Tudesco.

Este artigo se propõe a explicitar a intrínseca relação entre racismo e mobilidade. Essas dimensões são aqui entendidas como partes de um sistema social racializado que constitui a sociedade brasileira, institucionalizando nas políticas de mobilidade e no direito à cidade (operacionalizadas pelas e nas estruturas de transporte) as desiguais relações raciais. Essa reflexão é realizada a partir da apreensão de um conceito amplo de "mobilidade", entendido pela diversidade de deslocamentos existentes, possíveis e necessários à vida e às relações humanas como definido no livro *Não foi em vão*, na seguinte passagem:

> as possibilidades de "mobilidade de pessoas" como política pública e social abarcam perspectivas de deslocamentos corporativos, cooperativos, coletivos, inclusivos e individuais, relacionados a uma gama de construções e posições sociais que

implicam garantias democráticas. Essas garantias dizem sobre formas, usos e acessos ao espaço urbano, a direitos, serviços e políticas fundamentais, transformações socioambientais, aos contornos das desigualdades sociais e à qualidade de vida das populações locais. A mobilidade é, portanto, matéria primordial nas relações sociais, as quais delineiam meios e possibilidades de organização da vida nas cidades, sendo importante indicador para mapeamento do desenvolvimento das populações mundiais, objeto privilegiado para desvelar as estruturas desiguais e de violências institucionais nas cidades e nos países. (Albergaria et al., 2019, p. 18)

Para alcançar os pontos de junção dessas duas categorias – racismo e mobilidade –, propostas como centrais para compreender a lógica de edificação das estruturas de transportes públicos nas cidades brasileiras, vamos partir do debate da formação social brasileira, edificada pelo violento processo de colonização europeia que se materializou pela expropriação dos povos nativos na África Negra e depois nas Américas, causou a diáspora negra e o quase extermínio dos povos ameríndios e africanos (trazidos para este território), processo que continua na atualidade.

A essencialidade da travessia

Além das dimensões e formas jurídicas que subscrevem a concepção de mobilidade hegemonicamente compartilhada e modulada como políticas públicas, demarcadas na Lei n. 12.587, de 3 de janeiro de 2012, que institui a Política Nacional de Mobilidade Urbana, neste artigo propomos avançar numa concepção crítica avaliando dimensões outras, que dizem não apenas de estruturas e serviços de transporte e acessibilidade nas cidades, mas que demarcam as conformações e determinantes sociais que embasam a edificação desses equipamentos e medeiam as (im)possibilidades de efetivação da mobilidade como direito à cidade. Isso posto como premissa, admitida a perspectiva ampla de mobilidade, caracterizamo-la como *toda e qualquer possibilidade de deslocamentos que comporta o direito de ir e vir, estar e permanecer*, ou seja, que diz sobre existência, sendo a mobilidade condição precípua para a realização da vida humana.

Essa essencialidade da mobilidade não é fundação da modernidade, na qual a vida é organizada, regulamentada e condicionada por formulações jurídicas derivadas da "forma direito" que parametrizam seu conteúdo. Mas está assentada na definição de que a história da humanidade é em si a história dos trajetos e trajetórias percorridos por homens determinados no intercurso com a natureza e com outros homens, em diferentes contextos, pela necessidade de produzir e reproduzir os meios de subsistência e existência, em um processo dialógico em que, à medida que produzem novos mecanismos de produção, complexificam suas necessidades materiais e subjetivas[3]. Desse modo, a história da humanidade está demarcada pelos seus deslocamentos, que, por sua vez, são determinados pelas relações organizadas (princípios e modos) que esses homens estabelecem entre si, em diferentes contextos históricos.

A modernidade é aqui entendida a partir do processo das grandes navegações no contexto mercantilista, que instaurou o presente "sistema mundo" baseado nas relações coloniais de exploração europeia dos territórios do continente africano e posteriormente das Américas. Esse processo fomenta a conformação da presente geopolítica mundial a uma dimensão hierarquizada entre os continentes e povos, construídos como dominadores e dominados.

Demarcar a dimensão da modernidade para a concepção de mobilidade que nos propomos a ratificar é fundamental para balizar que esse decurso é edificado por uma relação racializada entre aqueles que, pela expropriação e exploração dos territórios e corpos, se constituem como norte civilizatório hegemônico e aqueles subalternizados numa escala de humanidade

---

[3] Essa formulação tem como referencial o materialismo histórico presente na obra marxista. Ver mais em Marx e Engels, *A ideologia alemã*.

que, por sua vez, foi idealizada pelos dominadores. Nessa escala concebida pelo europeu, os demais povos são percebidos como incivilizados, boçais, o que justificaria a expropriação de seus territórios, de seus corpos, de suas vidas, como evidenciado pelo Relatório Parcial da Comissão Estadual da Verdade da Escravidão Negra no Brasil:

> A forma devastadora, atroz e cruel com que se implementou o processo colonizatório só poderia ter lugar num quadro ideológico em que os povos submetidos à colonização fossem percebidos, numa escala de valores, como hierarquicamente inferiores aos colonizadores. Exemplo típico dessa percepção foi o longo debate no âmbito da Igreja católica quanto ao fato de os indígenas da América serem ou não portadores de alma, essa questão se estendeu de forma diferenciada aos negros africanos. Tanto assim é que uma das justificativas morais para o tráfico negreiro seria a salvação da alma das pessoas negras arrebatadas do continente africano. (OAB, 2015, p. 6.)

Desse modo, os encadeamentos entre racismo e mobilidade estão postos como fundamento de como se organiza a vida sob a égide da colonialidade, que edificou o que hoje é esta nação a partir de uma relação racializada. Ou seja, o marco do processo colonial, da modernidade, é a internacionalização de um modo de produção calcado em relações racializadas entre povos, em que a determinação de uma marca racializada define os acessos e os transcursos desses corpos em âmbito global. A codificação de corpos a partir da marca racializada pela interdição que seleciona corpos pretos e não brancos definiu globalmente aqueles sujeitos à exploração e expropriação de suas vidas, deslocados à força para a produção no processo de dispersão diaspórico dos povos e contenção violenta nos engenhos. Ao mesmo tempo que define os corpos atravessados pela interdição e violência, o europeu se define como portador da marca de liberdade, codificada em seu corpo branco. Quijano (2005) nos dá elementos importantes para essa asserção ao identificar que o uso moderno de "raça" só é observado a partir do processo colonial, com o domínio das Américas:

> a raça converteu-se no primeiro critério fundamental para a distribuição da população mundial nos níveis, lugares e papéis na estrutura de poder da nova sociedade... no modo básico de classificação social universal da população. (Quijano, 2005, p. 108)

Esse pertencimento racial age como um escudo ideológico para as relações de dominação estabelecidas pela colonização, na medida em que ontologiza essas relações desiguais, apresentando como naturais os papéis sociais determinados pelos dominadores.

Essa produção histórica da identidade definida pela ideia de raça não ocorre apenas no âmbito das imagens e representações. Está posta nas relações materiais sobre as quais a vida se organiza (Albergaria, 2019, p. 62).

O Brasil foi e é constituído nessa relação de grandes deslocamentos, demarcados ainda no presente, em que o sequestro, o atravessamento para a escravização de uma diversidade de corpos africanos de diferentes etnias da África Negra e o domínio, extermínio e exploração dos povos ameríndios, também constituídos como inferiores pela escala de valores colonial, forjaram o homem branco e seus descendentes como marco civilizatório pelo imaginário do ponto zero[4], deixando para os demais a marca da incivilidade, servidão e subordinação.

---

4 O "ponto zero" foi conceituado por Colaço e Damázio (2012) como "o imaginário segundo o qual um observador do mundo social pode se colocar em uma plataforma neutra de observação e [...] pode observar tudo e não pode ser observado de nenhum ponto" (p. 16). Esse imaginário referenda o lugar de totalidade e isenção a um suposto "sujeito universal", que seria o homem branco, entendido como portador do "marco civilizatório". Esse conceito é cunhado no discurso do direito ocidental moderno. Colaço assevera que aqueles reconhecidos nesse lugar "têm o poder de definir o que é o direito, humanidade, democracia etc. e impor esse direito como universal, servindo aos propósitos colonialistas" (p. 49).

As questões latentes e observáveis sobre mobilidade, sobre deslocamentos e suas possibilidades têm, desse modo, como fundamento as relações racializadas forjadas e possíveis a partir da mobilidade. A história do Brasil é também a história dos deslocamento dos corpos na produção deste país, em que milhares de africanos e seus descendentes foram sequestrados, acorrentados, transportados Atlântico adentro, expostos nos portos como mercadorias para produção, aprisionados em galpões (as senzalas), forçados ao trabalho para extração de riquezas e edificação das estruturas desta nação e, após o processo de escravidão, tornados alvo do extermínio em nome de um projeto higienista que almeja uma nação branca.

A reprodução dos negros, com posterior destituição de sua prole, representava uma das mais importantes fontes de renda dos senhores de engenho. O escravismo centrado no racismo que edifica a modernidade, diferentemente das relações de escravidão vivenciadas em períodos como a Roma Antiga e a sociedade espartana, entre outras, destituiu não apenas sujeitos de seu trabalho a partir de disputas e guerras civis, mas instaurou um regime internacional de expropriação para produção, em que esse sujeito foi tornado mercadoria por uma marca racializada, no qual se expropria mais do que o trabalho, mas também as relações, os sentimentos, crenças, prole, vida. O exercício desse sistema se dá nos deslocamentos que definem corpos livres e corpos interditados pela marca racializada impressa na pele. O transcurso para as Américas e a organização dos tumbeiros que levaram à realização do projeto moderno se forjam nessa relação, em que as grandes navegações para os brancos europeus são conquista e liberdade, mas, para negros africanos e seus descendentes, significaram interdição e escravidão.

O corpo jurídico da interdição

Ao observar as rupturas e continuidades nos diferentes períodos históricos que constituem esta nação, nota-se a permanência desse projeto racializado que institucionaliza nas diferentes esferas da vida as dimensões de liberdade e interdição, garantias e violências, construções estas absorvidas pela e na invenção do direito.

É importante resgatarmos aqui o "imaginário do ponto zero" tão bem conceituado por Castro Gomez (2005), que apresenta a significação de ocupar o lugar do ponto zero:

> ter o poder de nomear pela primeira vez o mundo; de traçar fronteiras para estabelecer quais conhecimentos são legítimos e quais são ilegítimos, definindo quais comportamentos são normais e quais são patológicos. Por isso, o ponto zero é o do começo epistemológico absoluto, mas também o do controle econômico e social sobre o mundo. Localizar-se no ponto zero equivale a ter o poder de instituir, de representar, de construir uma visão sobre o mundo social e natural reconhecida como legítima e autorizada pelo Estado. (Castro Gomez, 2005 apud Colaço; Damázio, 2012, p. 16)

Esse texto explicita que as relações materiais de exploração empregadas no contexto colonial massificam-se na construção do imaginário social que atribui aos dominadores o lugar de legitimidade e poder, lugar este construído no marco da modernidade pela invenção do direito, que apresenta como universais as normas análogas às estruturas de poder e domínio desenhadas na sociedade. Ou seja, a forma direito transpõe as relações materiais de exploração para o âmbito moral, a partir do estabelecimento de uma verdade jurídica sustentada por estruturas complexas, que apresenta como verdades universais essas construções parciais ditadas pelo interesse de preservação das relações de exploração. Um bom exemplo que explicita essa conexão a partir da definição da legalidade ou ilegalidade dos atos na relação e materialização da exploração pela imobilização e interdição dos corpos negros é o papel do direito civil no processo de controle e manutenção da escravidão, quando se rebelar e fugir da condição de escravizado constituía ato criminoso contra a propriedade do "senhor escravizador"[5]. A garantia do sistema escravocrata contava com o estabelecimento de uma série de instituições voltadas ao confinamento, ao transporte dos corpos recapturados e realocação na dinâmica de escravização, como a Companhia de Capitães do Mato, fundada em 31 de maio de 1809 pelo Império, que tinha como função a recaptura e o assalto aos quilombos com financiamento estatal e privado.

A ilegalidade da fuga é, desse modo, consequência do direito desses "senhores" de escravizar pessoas negras. Ou seja, as estruturas sociais erigidas como reprodutoras e asseguradoras dos princípios morais dessa sociedade são arregimentadas por aqueles que exercem a violência e usufruem dos lugares de dominação e poder.

É importante notar que as estruturas estatais de forma racializada não estão marcadas apenas no passado, mas são remodeladas em todos os contextos históricos, garantindo a perpetuação da lógica desigual entre corpos e povos racializados a partir do projeto de exploração em curso, no qual a possibilidade de deslocamento se apresenta como chave central.

Observamos, desde a abolição da escravidão, a edificação do projeto eugênico de nação que representava o desejo da elite brasileira do embranquecimento da população posto como condição de evolução, com emprego de uma política marcada pelo extermínio dos corpos negros e não brancos. Essa política eugenista, que tinha como referencial a evolução europeia, se fez tanto pela negação de condições, serviços e direitos considerados básicos e legítimos à existência e à condição de humanidade como pela produção sistemática de encarceramento e morte levada a efeito pelos policiais e endossada pelo sistema de justiça e estruturas estatais.

---

[5] Opto pelo termo "escravizador", no exercício de romper com o termo "escravo", que reproduz no âmbito linguístico a naturalização da escravidão.

Uma análise atenta das construções do direito e das políticas públicas e sociais nos permite elencar como essa desigualdade de acesso às esferas jurídica, de assistência, serviços outros e políticas sociais reforçou e aprofundou as desigualdades latentes, repercutindo na conformação desigual das cidades, marcada pelos corpos racializados nos territórios por eles ocupados.

A forma do direito, que determina e regula as relações em sociedade, opera por dimensões distintas (a partir das construções racializadas que estão na base dessa sociedade) porém correlatas: da legalidade e da ilegalidade, da garantia e da exceção, do direito e da coerção. A operacionalização dessa distinção entre os corpos codificados pela marca racializada se dá na possibilidade e impossibilidade da mobilidade desses corpos pelos espaços das cidades.

A estruturação de uma política de exceção marcada desde a escravidão e reforçada pelo projeto eugênico reservou ao povo preto o lugar do não direito, pela inexistência de políticas que vislumbrassem reparar os anos de escravização e garantir condições materiais de subsistência. E, a partir da aprovação de legislações que diminuíam as possibilidades de existência, preparadas e aprovadas antes mesmo da abolição, a exemplo da Lei de Terras, aprovada em 1850 – quando da proibição do tráfico transatlântico pela Inglaterra –, que estabeleceu as bases jurídicas para impedir que as pessoas recém-libertas pudessem usufruir de terras por posse, definindo que as terras só poderiam ser ocupadas por compra e venda ou por cessão do Estado. Essa lei, somada a tantas outras medidas que visavam ao cerceamento de acesso dos negros a condições de subsistência, empurraram essa população para formar os atuais bolsões de pobreza e miséria.

O controle dos corpos negros segue sendo realizado de modo a impedir a circulação e ocupação dos centros urbanos, o que repercutiu no modelo concentrador das cidades, onde os territórios negros localizam-se afastados dos centros urbanos (onde os equipamentos públicos e oportunidades se fazem presentes), nas periferias metropolitanas e nos territórios de favela sistematicamente vigiados, confinados e reprimidos. Entender a conformação racializada das cidades nos leva à questão axial para pensar sobre as formas como se estabelecem as estruturas de transporte no presente e como o debate da colonialidade, como as permanências do racismo, determinam as infraestruturas de transporte que impactam a vida cotidiana.

O transporte, admitido a partir de 2015[6] como direito social, e a política de mobilidade (que fala sobre estruturas e políticas que visam às garantias de circulação pela cidade) são determinantes para a efetivação e positivação de todos os outros direitos, ou de sua negação. Posto que o acesso à saúde, à educação, ao trabalho e ao lazer é delineado por uma diversidade de deslocamentos, e a viabilidade ou inviabilidade da travessia de espaços e territórios tem a capacidade de definir ou não sua garantia, um sistema de transporte ruim/caro impede ou dificulta nosso acesso à subsistência e à existência.

As formas como se organizam as estruturas de mobilidade, entre elas a de transporte nas cidades, ratificam a constatação de que a ordenação obedece a determinantes sociais substanciadas por desigualdades raciais. Há disponibilidade de equipamentos e estruturas de maior qualidade, eficiência e efetividade nos pontos mais abastados, que usufruem de maior investimento para aprimoramento dessas estruturas de mobilidade. Em contraponto, os territórios mais empobrecidos, periféricos, que têm grande parcela de sua população dependendo dos territórios centrais para trabalho, educação, saúde etc., levando muito mais tempo para se deslocar, precisando em grande medida do transporte público para alcançar seu destino, convivem com precárias e escassas estruturas de mobilidade e transporte. Os investimentos realizados para os Grandes Eventos de 2014

---

[6] Conforme a nova redação do artigo 6º da Constituição Federal, alterado em 15 de setembro de 2015 pela Emenda Constitucional n. 90. Disponível em: http://www.planalto.gov.br/ccivil_03/constituicao/Emendas/Emc/emc90.htm.

e 2016 mapeados pela Casa Fluminense atestam essa realidade, ao revelar que, para ampliação de uma única linha de metrô, construída para atender a parte nobre do Rio de Janeiro, com previsão de público diário de 300 mil passageiros/dia[7], foi investido o montante de 8,5 bilhões de reais; em contraponto, a empresa concessionária que opera os trens metropolitanos, que cortam territórios do subúrbio, favelas e periferias da região metropolitana do Rio, que opera com público de cerca de 600 mil passageiros/dia, com reconhecidos problemas de precarização que culminam em grande número de ocorrências violentas em suas operações[8], pela escassez de obras de manutenção e revitalização, recebeu cerca de 1,2 bilhão de reais. Aqueles que possuem mandato para elaborar, aplicar, gestar e coordenar os orçamentos públicos, principalmente os que tratam da política de mobilidade – uma das áreas mais capturadas por interesses de grandes conglomerados, como empreiteiras na produção de obras públicas de mobilidade e empresas de transporte –, ocupam posições elitizadas, como engenheiros e arquitetos urbanistas, e decidem sobre estruturas que definem a possibilidade de existência de milhões de pessoas sem conhecer a realidade dessas pessoas.

É importante destacar que a precarização dos equipamentos de transporte público que atendem aos territórios periféricos não é uma simples questão de gestão. É na verdade um projeto organizado para impedir acesso, a continuidade da interdição de corpos pretos e não brancos, pobres, a continuidade do extermínio dessas populações. Tendo a mobilidade, em especial o

---

7 Previsão não realizada, visto que a Linha 3 do metrô carioca alcança em média a metade do público projetado de operação, o que produz mais gastos ao Estado, pois, uma vez que as empresas são pagas por passageiro, o Estado precisa arcar com o custo da demanda represada.
8 Como mapeado na pesquisa "Não foi em vão", que levantou que, num período de dez anos, 368 pessoas morreram por homicídio culposo por atropelamento ferroviário, na região metropolitana do Rio de Janeiro.

transporte, como balizador das possibilidades de movimentação pela cidade que medeiam o acesso a todos os outros serviços e políticas públicas, a indisponibilidade de equipamentos para esses deslocamentos dá prosseguimento às políticas de exceção dirigidas a esses setores, ao passo que garantem para brancos, bem-nascidos nas regiões nobres da cidade, a prioridade na circulação e no usufruto da liberdade construída pela marca racializada da cidadania. O melhor exemplo disso são os registros e relatos levantados sobre a Operação Verão, aplicada pela Guarda Municipal e pela Polícia Militar no Rio de Janeiro. Organizadas anualmente durante o verão carioca e ampliadas a partir de 2011 na preparação da cidade para os megaeventos, essas operações, alvos de inúmeras denúncias movidas por organizações de defesa de direitos[9], consistem na abordagem de jovens no percurso para a orla carioca, por vezes realizadas no interior das composições do transporte público, especialmente aquelas que fazem o trajeto de áreas periféricas para a Zona Sul carioca (o ônibus 474 era reconhecido como ponto de abordagem dos agentes dessa operação por passar dentro da Favela do Jacarezinho) ou mesmo na orla da praia, supostamente organizadas como forma de prevenir "possíveis furtos e arrastões". Dezenas de jovens e adolescentes identificados como "suspeitos" pela polícia são abordados, impedidos de seguir caminho em direção à Zona Sul, revistados e encaminhados para recolhimento ou mesmo para a Delegacia da Criança e Adolescente, como demonstrou a reportagem publicada pelo Catraca Livre[10]. Na ocasião, o governador do Rio de Janeiro se manifestou endossando a ação da polícia de impedir o acesso à orla de jovens vindos de territórios periféricos e de favela, como forma de impedir crimes. Não à

---

9 A Justiça Global é uma das organizações que fazem a denúncia do caráter racista das abordagens. Ver em: http://www.global.org.br/wp-content/uploads/2016/03/CARTA-AO-COMITE_PORTUGUES.pdf.
10 Disponível em: https://catracalivre.com.br/cidadania/para-pezao-barrar-adolescentes-da-periferia-impede-eventuais-crimes-nas-praias.

toa, a maioria dos jovens abordados, recolhidos, denunciados são negros, explicitando que a precarização e a escassez dos meios de transporte são ferramentas para controle, interdição e confinamento realizado e operacionalizado na circulação de negros pela cidade.

Conclusão

A mobilidade, na medida em que se coloca como política fundamental para enfrentamento das desigualdades por ser meio e condição para a realização da vida, está marcada pelas relações de controle, dominação e exploração edificadas pelo racismo na modernidade.

A história do povo negro no Brasil, que recebeu 46% dos mais de 10.702.656 africanos identificados, sequestrados e atravessados pelo tráfico transatlântico no mundo entre 1501 e 1875, tendo sido este o último país a encerrar esse tipo de tráfico, segundo dados levantados pelo Slave Voyages, é a história de longos deslocamentos forçados. A travessia do Atlântico é descrita na literatura que rememora as dores da escravidão como o primeiro percurso de mortificação dos corpos. Nessa travessia eram todos transportados amontoados, acorrentados, entre fezes e urina, condição na qual se desenvolviam doenças que acometiam grande parte das vítimas da escravidão. Essa realidade é narrada no Relatório Parcial da Comissão Estadual da Verdade da Escravidão Negra no Brasil.

> O acondicionamento daqueles seres humanos empilhados, uns sobre os outros, dia após dia, era por si só uma modalidade de tortura. Aquelas pessoas viajavam nos porões dos navios sem condições mínimas de higiene... Necessidades físicas como defecação, a urina e o vômito eram feitas sem que aqueles encarcerados pudessem se movimentar. A sujeira misturava-se aos corpos vivos e às vezes aos mortos. O ar era irrespirável em razão disso, as escotilhas funcionavam como grades, que impediam aqueles seres vivos de irem à área descoberta do navio em busca de um pouco de ar respirável.

As condições eram de tal forma adversas que apenas os mais jovens e de melhor preparo físico conseguiam chegar vivos. Grande parte das pessoas que haviam embarcado em tais condições na costa da África tinha como destino ser lançada ao mar já sem vida. (Slave Voyages, p. 26)

A lógica de transporte de pessoas como mercadorias parece ser reiterada nos modais que atendem as populações negras moradoras de territórios de periferia, organizados meramente para transportar sujeitos para o trabalho, onde diariamente vivencia-se uma diversidade de violências e modos de morrer, como levantado pela pesquisa publicada no livro *Não foi em vão*, que identificou, entre 2008 e 2018, 368 pessoas mortas por atropelamento pelos trens metropolitanos do Rio de Janeiro.

O atual cenário de pandemia e de crise sanitária que atingiu dimensões mundiais, marcada com a declaração da Organização Mundial da Saúde (OMS) em 11 de março de 2020 sobre o estado pandêmico do novo Sars-Cov-2[11] (Covid-19), desnudou os contornos de desigualdade a partir da organização dos transportes. A epidemia, cujos primeiros casos foram identificados na China no final de 2019, com repercussões letais, ainda sem tratamento e cura conhecidos, já havia acometido mais de 50 milhões de pessoas em todo o mundo e matado mais de 1,2 milhão de pessoas até novembro de 2020[12], segundo dados da OMS[13]. No Brasil, seus reflexos têm sido devastadores e explicitaram de forma fulcral as desigualdades latentes na socieda-

---

11 Leia mais em: https://saude.abril.com.br/medicina/oms-decreta-pandemia-do-novo-coronavirus-saiba-o-que-isso-significa.
12 Vale ressaltar que esses dados só consideram os casos confirmados, deixando de fora as pessoas com suspeita de Covid que morreram com sintomas condizentes com a doença sem realização de testagem, ou aqueles que só realizaram testes rápidos, com grande percentual de falso positivo, levando em consideração que a taxa de testagem, ainda mais em países da América Latina, é bastante baixa.
13 Disponível em: https://www.paho.org/bra/index.php?option=-com_content&view=article&id=6101:covid19&Itemid=875.

de. Sendo um vírus que afeta o sistema respiratório, sem tratamento conhecido, que muitas vezes evolui rapidamente para um quadro grave após os primeiros sintomas, transmitido por *contato próximo ou toque de mão contaminadas, gotículas de saliva, espirro, tosse, catarro, objetos ou superfícies contaminadas, como celulares, mesas, talheres, maçanetas, brinquedos, teclados de computador etc.*[14], a principal medida de mitigação da doença apontada pelos principais organismos e órgãos sanitários do mundo passava pela adoção de regras rígidas de distanciamento e isolamento social, somadas a protocolos de higiene e saneamento, como higienização das mãos, entre outros.

A suspensão da circulação pelas cidades com a urgência da adoção de uma política de contingenciamento da mobilidade como centro para o enfrentamento da grave crise que ainda se arrasta, com possíveis repercussões letais para a população, trouxe à tona o retrato de um país que poucas vezes se pintou tão abrupta e explicitamente sincero sobre suas desigualdades.

Se no início da pandemia da Covid-19 se constatava a prevalência da doença nas classes mais abastadas, pois o vírus foi trazido ao país por pessoas que contraíram a Covid-19 em viagens ao exterior, o que acarretou no estágio inicial maior concentração de casos nas zonas ocupadas pelos grupos de maior poder aquisitivo, a impossibilidade de suspensão de circulação das camadas mais pobres da população e de outras medidas de resguardo à vida, como a incorporação em trabalho remoto, dispensa do trabalho e outras garantias previstas para enfrentamento da doença, visto que grandes parcelas das camadas mais pobres atuam em trabalhos manuais, precarizados e sem gozar de direitos trabalhistas, fez com que, progressiva e rapidamente, as curvas epidemiológicas da doenças se modificassem, subvertendo inclusive os perfis de grupos mais vulneráveis observados em outros países, determinando como o principal

---

14 Ver em Ministério da Saúde: https://coronavirus.saude.gov.br/sobre-a-doenca.

marcador de vulnerabilidade a raça e grupos mais pauperizados, como demonstra o levantamento encomendado pela revista Época[15] feito a partir dos dados do SUS, que demonstrou que o perfil mais acometido pela doença no Brasil é o de homens, negros, pobres, e relativamente maior o números de jovens em comparação aos demais países que vivenciam a crise.

O quadro pintado a partir da pandemia colocou a centralidade de se pensar outro modelo de mobilidade e de transporte, mas também da adoção de uma perspectiva de direito à cidade comprometida com a garantia de vida para essa população. Edificar políticas comprometidas com a promoção de equidade social requer o levantamento das demandas objetivas conformadas pelo racismo, requer a participação e ampliação do controle social sobre essas decisões, uma vez que se deslocar, pegar o trem, o ônibus, ir à faculdade, ao trabalho, ao hospital, diz sobre algo muito fundamental, nossas possibilidades de viver e de morrer. A ruptura com o quadro de uma política de mobilidade na interdição passa também pela ocupação dos quadros de decisão por aqueles que vivenciam essas relações de exploração, uma vez que a vivência das desvantagens produz soluções conectadas com os desafios. Entender os encadeamentos do racismo e sua materialidade é fundamental para a edificação de uma outra realidade, para a ruptura com estruturas de sustentação, para a efetivação de reparação e garantias.

---

[15] Marcelo Soares, com reportagem de Alice Cravo e Constança Tatsch, "Dados do SUS revelam vítima-padrão de Covid-19 no Brasil: homem, pobre e negro", *Época*, 3 jul. 2020. Disponível em: https://epoca.globo.com/sociedade/dados-do-sus-revelam-vitima-padrao-de-covid-19-no-brasil-homem-pobre-negro-24513414.

Referências

ALBERGARIA, Rafaela. *Da dispersão do povo traficado à contenção do corpo traficante*: drogas e relações raciais no Brasil. Rio de Janeiro, 2019. Dissertação (Mestrado do Programa de Pós-Graduação em Serviço Social) – Universidade Federal do Rio de Janeiro (UFRJ).

_____; MARTINS, João; MIHESSEN, Vitor. *Não foi em vão*: mobilidade, desigualdade e segurança nos trens metropolitanos do Rio de Janeiro. Rio de Janeiro: Fundação Heinrich Boll, 2019.

ARAÚJO, Denílson. Gestão racista e necropolítica do espaço urbano: apontamento teórico e político sobre o genocídio da juventude negra na cidade do Rio de Janeiro. In: COPENE SUDESTE, 2015, Nova Iguaçu. *Anais...* Disponível em: https://www.academia.edu/36614907/Gest%C3%A3o_racista_e_necropol%C3%ADtica_do_espa%C3%A7o_urbano_apontamento_te%C3%B3rico_e_pol%C3%ADtico_sobre_o_genoc%C3%ADdio_da_juventude_negra_na_cidade_do_Rio_de_Janeiro_Nova_Igua%C3%A7u_Anais_do_Copene_Sudeste_2015.

COLAÇO, Thais; DAMÁZIO, Eloise (orgs.). *Novas perspectivas para a antropologia jurídica na América Latina*: o direito e o pensamento decolonial. Florianópolis: Funjab, 2012. [Coleção Pensando o Direito no Século XXI, v. 4.]

MARX, Karl. *Crítica da filosofia do direito*. São Paulo: Boitempo, 2013.

_____; ENGELS, Friedrich. *A ideologia alemã*. São Paulo: Expressão Popular, 2009.

ORDEM DOS ADVOGADOS DO BRASIL (OAB). Relatório parcial da Comissão Estadual da Verdade da Escravidão Negra no Brasil. Rio de Janeiro, 2015.

QUIJANO, Aníbal. *Colonialidade del poder, eurocentrismo y América Latina*. Buenos Aires: Consejo Latinoamericano de Ciencias Sociales (Clacso), 2005.

SLAVE VOYAGES. Comércio transatlântico de escravos: base de dados do comércio de pessoas escravizadas. *slavevoyages.org*, [s.d.]. Disponível em: https://slavevoyages.org/voyage database.

VENTURA, Zuenir. *Cidade partida*. São Paulo: Companhia das Letras, 1994.

1.3. Ensaio sobre a mobilidade racista

Paíque Duques Santarém

Berimbau bateu,
Angoleiro me chamou
Vou-me embora que é noite,
Eu não posso demorar [...]
Minha aldeia é muito longe,
É na beira do mar [...]
Vou me embora que é noite,
Mata eu tenho que passar [...]
Eu moro muito longe,
Vamos logo vadiar.

Mestre João Grande, corrido de capoeira

Este ensaio apresentará o conceito de mobilidade racista como ferramenta para análise estrutural do transporte e da mobilidade no Brasil. O foco principal será o transporte coletivo no contexto da mobilidade urbana por ele ser o que serve para a circulação de mais pessoas e ter papel determinante na formação do sistema de transporte. Tratar-se-á de outras formas de mobilidade e transporte, numa abordagem estrutural. O ensaio trabalha uma hipótese sobre o transporte brasileiro.

Apresentação

Compreender o racismo em todas as suas consequências é tarefa fundamental para avançar em uma agenda de enfrentamento. O racismo é estrutural, ou seja, é parte determinante da ordem social (Almeida, 2019). É também estruturante, pois organiza as relações presentes e projeta as relações futuras. Por fim, ele orienta o desenvolvimento das instituições e formas sociais nacionais, tais quais trabalho, educação, saúde, segurança pública, saneamento, urbanismo, entre tantas outras. Poderia então o transporte ser analisado com base nesses pressupostos? Esta é a tarefa deste ensaio.

Em leitura imediata e intuitiva sobre o tema, *grosso modo*, análises sobre o racismo vinculado à mobilidade são realizadas como um apêndice conceitual da segregação socioespacial, tomando emprestados seus fundamentos e retirando daí deduções a respeito da circulação das pessoas nas cidades racialmente moldadas. Seguindo esse raciocínio, a mobilidade possuiria o racismo como consequência da configuração espacial racista da cidade.

No entanto, ao realizar análise específica dos mecanismos próprios da mobilidade urbana, emergem pistas de que ela mesma possui dinâmicas específicas promotoras de racismo para além das consequências da dimensão socioespacial. Assim sendo, a mobilidade possui especificidades racializadoras. Há alguma dinâmica oriunda da forma da circulação que é racista. A essas ferramentas específicas, dinamizadoras e promotoras do transporte tal qual ele é, propõe-se aqui nomear como mobilidade racista.

O objetivo deste ensaio é, portanto, descrever, delinear e definir características fundamentais do conceito de mobilidade racista. O intuito é articular, nos termos do transporte, seu mecanismo de diferenciação racial. Para além disso, trata-se de elaborar e avançar sobre a hipótese de que a mobilidade racista é um vetor determinante do transporte no Brasil. Não somente em relações sociais, mas também no desenvolvimento das tecnologias dos veículos, financiamento, produção técnico-científica, infraestrutura, circulação e logística. Entende-se aqui que a mobilidade racista é um dispositivo racial (Carneiro, 2005) estruturante do transporte enquanto política privada e de Estado; é o motor da mobilidade nacional. Por isso, no decorrer deste texto, alternaremos termos como *transporte coletivo, mobilidade urbana, transporte* e *mobilidade* tratando razoavelmente de um mesmo objeto articulado.

A hipótese da mobilidade racista

Existe uma relação dialética do povo negro com a mobilidade, uma vez que o transporte se organizou para colonizar, objetificar e animalizar a negritude – porém determinando ao negro a tarefa de construir e operar todo o sistema. O anseio negro por se humanizar/movimentar entra em atrito com a colonização do transporte, que busca aprimorar sua tecnologia e técnica colonial. No transporte escravista – expresso no navio negreiro –, o povo negro era simultaneamente a mercadoria a ser transportada e o motor do veículo. Assim, a luta negra pela sua autogovernabilidade conflita com o processo do tráfico. O desenvolvimento do transporte coletivo ampliou esse conflito inicial, pois o negro foi simultaneamente o motor, a mercadoria, o operador, o construtor do transporte. Por outro lado, a mobilidade foi realizada nos moldes do tráfico escravista para conter, controlar, subjugar, determinar o negro no espaço circunscrito pela branquitude. O transporte depende do negro para se moldar; o negro utiliza-se do transporte confinador e constrói mecanismos outros de mobilidade.

Há uma formulação dupla sobre a amplitude e consequências da mobilidade racista. Em primeiro lugar, ao determinar as formas de circulação precárias para o conjunto do transporte, faz com que todo o serviço seja realizado em condições degradantes, prejudicando a todas as pessoas que são obrigadas a utilizá-lo. O transporte racista prejudica pessoas não negras em situação de pobreza – e quão mais próximas de locais onde a maioria negra utilizará o transporte, mais as pessoas não negras são submetidas a condições de vida direcionadas à negritude, algo como uma condição específica do "devir negro do mundo" (Mbembe, 2018). No limite, prejudica toda a sociedade, pois ela depende desse serviço. A segunda formulação é que existem dimensões específicas do transporte que tornam a mobilidade mais precária e violenta para a população negra. Assim, pessoas negras e brancas em uma mesma condição econômica (seja alta, média ou baixa) enfrentam situações distintas no transporte, com prejuízo às pessoas de cor. A diferença racial na experiência da circulação em condições econômicas similares pode ser percebida em diferentes momentos da mobilidade.

A população negra foi sequestrada do continente africano em embarcações do tráfico negreiro para serem escravizadas nas Américas por três séculos. Em parte como mercadorias a serem revendidas e em parte como motores do próprio tráfico – tanto por serem forçadas a remar nos barcos como também pelo fato de o tráfico ter, em determinado momento, gerado mais riqueza do que os lucros produtivos escravistas, como demonstra Clóvis Moura (1988). Após embates, conflitos e mudanças de rotas, no século XIX o tráfico é proibido e seu ciclo econômico encerrado. Seus excedentes, porém, foram investidos na logística de mercadorias e também na infraestrutura de circulação nacional, inclusive as primeiras estruturas de transporte coletivo com propulsão motora no país – principalmente bondes elétricos e trens. O negro, no Brasil, simultaneamente constrói a estrutura de circulação e é transportado como mercadoria pelo interior do país, constituindo novamente a duplicidade de trabalhador e mercadoria transportada. Deve-se notar que, antes desse processo, os primeiros veículos de transporte do país, não motorizados, são caracterizados por negros escravizados e cavalos carregando seus senhores – a serpentina, a sege, a rede, a cadeirinha, a cangalha, a carreta, a liteira.

No Brasil, foi a mão de obra negra que construiu a infraestrutura e operou os nascentes veículos coletivos de propulsão motora ou animal – o bonde, a gôndola, o trem, o ônibus. A constituição desse sistema de transporte se realiza no período de forte tensão racial no desenho urbano: progressivamente, no século XIX e começo do século XX, havia muitos negros libertos, capoeiras, escravizados(as) de ganho (antes da abolição) e ex-escravizados(as) (no pós-abolição) habitando a cidade, tanto nas margens citadinas quanto em seu centro. Tratava-se definitivamente de cidades negras[16], com presença significativa e determinante de negros nativos e africanos definindo espaços, rotas e traçado urbano. O nascente transporte coletivo vai compondo o desenho da cidade e ampliando seu fluxo, aumentando a chance de circulação de negros na composição do espaço. Essa tensão apresentava-se nos aspectos cotidianos e assumia contornos mais drásticos em suas crises. O episódio da rebelião motivada pelo aumento de tarifas do transporte coletivo na então capital do país dá essa dimensão: Ana Flávia Magalhães Pinto (2018) apresenta a tensão racial presente na Revolta do Vintém em 1880 no Rio de Janeiro como reveladora da relação entre racismo e transporte naquele período. Ainda que o povo negro não fosse necessariamente maioria nas viagens do transporte coletivo, tem significativa participação nas manifestações, seja pela agitação de negros abolicionistas – José do Patrocínio e Ferreira de Menezes –, seja pela presença massiva nas mobilizações de rua. O impacto daquele aumento era certamente maior sobre a população negra, pois limitava sua já pequena circulação. Outro aspecto desse episódio é que, pelo desenho institucional do período, negros tinham pouco ou nenhum espaço institucional de intervenção na política, sendo comum a associação negra a diferentes revoltas acabar por imprimir-lhe um caráter racial (Moura, 1988). O impacto da Revolta do Vin-

---

16 Araújo et al., *Cidades negras: africanos, crioulos e espaços urbanos no Brasil escravista do século XIX*.

tém sobre a sociedade foi relevante para a fragilização do regime imperial, da escravidão, e para a emergência da República. Na transição dos séculos XIX-XX – do Império para a República e da escravidão para o trabalho assalariado – há toda uma reconfiguração racista das instituições brasileiras. O impasse da habitação negra nos centros urbanos foi atacado pela branquitude com as tecnologias de higienização dos centros. Lima Barreto é boa memória em conto, crônica e romance ambientando a crítica de eventos como reforma sanitária, higienismo desenvolvendo-se na eugenia[17]. A mobilidade racista enreda o transporte e o urbanismo da Primeira República no Brasil. O período subsequente do desenvolvimentismo varguista promove um tipo de transporte de massas próprio para levar trabalhadores(as) à fábrica num processo de circulação com diferenciação progressiva do transporte coletivo em relação ao transporte individual como forma de distinção racial e de classe. Carros circulam nos centros e ônibus acessam, por estradas, áreas que antes não eram possíveis pelos trilhos. Esse é o período em que o veículo motorizado a gasolina e diesel substitui os bondes elétricos e trens como principal forma de transporte, realizando mais uma ampliação do desenho urbano e das rotas negras na cidade. Simultânea e contraditoriamente, a presença e ausência do negro define a formatação do transporte coletivo.

A população negra tem simultâneos processos de localização espacial pautada pela diferenciação territorial e pela forma de mobilidade do centro, dos quais podemos formular alguns modelos: o sistema casa grande e senzala, marcado pelo distanciamento e bloqueio de acessos; o sistema quilombo *versus* engenho/cidade, caracterizado pelo medo, ódio destes em relação àquele e pela fuga, camuflagem, ataque, saque daquele em relação a estes (Moura,1988; Nascimento, 2002). A higienização e eugenia também foi parte do processo de expulsão da po-

---

[17] Uma filosofia de pureza racial com grande influência sobre médicos, engenheiros, urbanistas, educadores, jornalistas e elite intelectual brasileira.

pulação negra dos centros urbanos rumo às periferias e favelas, constituindo um "lugar de negro" (Gonzalez; Hasenbalg, 1983). A periferização tem efeito centrífugo sobre o desenho urbano, como processo de atração forçada do povo negro do campo e das cidades pequenas à periferia e espaços ilegais das grandes cidades. Essa dinâmica fez da luta pela legalização desses espaços um vetor constante de expansão urbana e especulação imobiliária (Santos, M., 1990).

O povo negro desenvolveu uma mobilidade própria para relacionar-se com o sistema racista e sobreviver às formas coloniais de determinação de sua circulação. O conflito racial na mobilidade pode ser descrito entre as distintas formas de movimentação do povo negro diante do esforço colonial para controlar a localização e circulação negra no espaço.

Categorias de distinção racial no transporte

Para compreender a mobilidade racista é necessário analisar elementos das diferenciações da população negra em distintos aspectos do transporte. Esboçaremos aqui alguns parâmetros baseados em componentes da mobilidade: os territórios; distâncias; perigo no traslado urbano; maior ou menor vulnerabilidade a episódios racistas; valores das tarifas e suas dimensões técnicas; abordagens policiais; roubos e homicídios banais; estereótipos, autoestima e ocupação do espaço; distinção territorial de infraestrutura; propriedade de automóveis individuais e morte por causas externas envolvendo o trânsito. A população negra ocupa posições desfavoráveis na mobilidade como um todo.

Territórios e imobilidades

A territorialidade permite observar aspectos gerais da mobilidade racista. A maioria expressiva da população negra está localizada nas regiões de expansão e/ou precarização urbana (Silva, M., 2006), onde o transporte coletivo regular não passa ou passa menos e há menos vias para circulação de veículos. A dinâmica de ocupação espacial brasileira destinou a maioria esmagadora da população negra a morar nos bairros mais afastados. Em alguns casos, bairros centrais de maioria negra são discriminados e vedados de acesso ao transporte urbano – por exemplo as favelas e ocupações negras nos centros urbanos. Ocupamos espacialidades ilegais da cidade como parte do processo de exclusão e também técnicas de aquilombamento, sobrevivência e proteção. Como observado por Sant'ana (2006), os territórios negros das cidades (compreendidos como os espaços urbanos legais e ilegais compostos de maioria histórica e populacional negra) são menos assistidos por infraestrutura urbana, serviços públicos, linhas de transporte coletivo formais. Há também perseguição quando se organizam lotações, caronas ou outras formas subeconômicas precarizadas de mobilidade.

O processo de legalização e desenvolvimento de infraestrutura em territórios negros é em parte capturado pelo vínculo entre conflito social e especulação imobiliária: mobilizações comunitárias de ampla expressão pública trazem imagens positivas ao espaço marginalizado, transformando o território "negro-ilegal" em "mercadológico-legal". Daí emergem dinâmicas de valorização imobiliária que empurram parte significativa da população negra original desse espaço para fora do bairro conquistado, rumo a novas ocupações de espaços ilegais, futuras zonas de especulação. Forja-se aí um ciclo de crescimento urbano em movimentos especulatórios e centrífugos. Essa contradição é latente: a conquista parcial do transporte circulando legalmente no território negro é, simultaneamente, uma forma de ampliação da mobilidade e um mecanismo de embranquecimento do espaço urbano. Em geral, essa forma urbana com empregos e atividades vitais centralizadas, valorização fundiária do centro, expulsão de pobres para as periferias, vazios urbanos com terrenos inutilizados por simples interesse da especulação imobiliária, amplas distâncias de trajetos e periferização permanente constitui aos habitantes dessas regiões afastadas o que Milton Santos (1990) chama de imobilidade relativa.

A já precária circulação por transporte coletivo de territórios negros para territórios brancos é piorada pela política de gestão de linhas da mobilidade vinculada estritamente às atividades comerciais e de trabalho. Os trajetos das linhas de transporte coletivo são desenhados com o foco único de ligar esses bairros para funções específicas, com pequena existência de desenhos de trajetos, pistas e infraestrutura pública que liguem distintas regiões negras entre si. Soma-se a restrição de horários e mobilizações da elite contra linhas de transporte coletivo que liguem os bairros negros às principais zonas de lazer da cidade – praias, shoppings, parques, lagos, estádios. As mobilizações elitistas de moradores das áreas nobres para impedir a circulação nas cidades acirram a produção da composição racial da mobilidade que realiza a segregação urbana (Santarém, 2013).

Fenótipo e aparência espacial

O racismo fenotípico brasileiro possui mecanismos de, por meio da leitura de traços corporais, prejudicar a mobilidade da população negra. O ataque à autoestima das pessoas negras na cidade também pode ser entendido a partir das chaves do controle racista da mobilidade. A vergonha do corpo, da própria beleza e o medo de ser visto(a) com traços negros é uma forma de restringir a circulação, prejudicando a plena presença e expressão no espaço. Em *Tornar-se negro* (1983), Neuza Santos Souza é profunda ao demonstrar o impacto do racismo no imaginário e na autorrepresentação da população negra. Depressão, boicote de si e auto-ódio são decorrentes de um ideal de humanidade, civilização, beleza e realidade alicerçados na branquitude.

O fenótipo negro é associado a perigo, violência e preconceito, é *a cor do medo* (Oliveira et al., 1998). Também é a cor do pecado, mais vulnerável aos ataques e assédios no espaço urbano, em especial quando se trata de mulheres negras enfrentando o racismo e o sexismo (Gonzalez, 1984). Por isso, negros(as) são os maiores alvos de discriminação em interações presenciais da mobilidade, como na compra de bilhetes, ao serem ignorados(as) ao acenar para o ônibus, abordados(as) pela polícia nas paradas, mandados descer de ônibus para revistas direcionadas da polícia quando há alguma denúncia de assalto na região.

Dentro dos veículos coletivos, em diferentes situações, são comuns os episódios de ninguém se sentar ao seu lado ou de, no aperto do transporte, ser alvo constante dos olhares amedrontados de pessoas brancas e mesmo negras – de quem você também está com medo. No transporte individual, os padrões de abordagem policial também são marcantes: andar de carro, bicicleta ou a pé pela cidade, especialmente pelo centro e demais territórios brancos, é mais perigoso quando você é negro(a). A mobilidade dos negros pelo espaço nobre também é cerceada, ainda que disponham de veículos individuais ou mesmo quando sejam residentes da região. Temos que ter muitas notas fiscais à mão. Esse tipo diferenciado de relação com a mobilidade causa uma forma específica de deslocamento ainda que se trate de pessoas negras de alta renda e/ou pertencentes aos estratos mais altos da sociedade. Breitner Tavarez (2012), abordando jovens negros discriminados, e Gilvan Silva (2009), tratando de policiais militares, refletem acerca desses estereótipos de discriminação ao relatar a figura do "peba", um fenótipo negro que é alvo preferencial de abordagens. Glêides Formiga (2010) aborda como a norma da cor enquanto signo de suspeição amplia as dinâmicas de violência racista sobre o espaço por meio de tecnologias preventivas de segurança privada que enunciam racialmente quem é suspeito e quem é potencial vítima de violência urbana – em um encadeamento narrativo composto por termos como "violência, risco, insegurança, prevenção e afastamento". Já Emerson Ferreira da Rocha (2019), ao tratar dos negros no mundo dos ricos, apresenta dados sobre a existência do racismo como forma de diferenciação determinante, ainda que se trate de negros dos mais altos estratos econômicos da sociedade.

Abordagem econômica da mobilidade racial

O transporte é uma atividade essencialmente econômica. É razoável, portanto, analisá-lo nesse aspecto desde uma perspectiva antirracista – observando a produção do serviço de mobilidade, os diferentes atores envolvidos e sua composição racial entrecruzada com a composição de classe em seus diferentes fragmentos.

A composição racial do grande empresariado brasileiro vinculado à mobilidade é branca[18]. São maioria nos proprietários de empresas de transporte, locatários de transporte alternativo/pirata, gestores e locatários do transporte de cargas. Também é branco o empresariado da construção civil, infraestrutura, setor automotivo. Trata-se de um argumento quase tautológico, dado que o grande empresariado brasileiro é esmagadoramente branco. Essa análise é relevante, talvez, para colocar em questão a existência ou não de um pequeno empresariado negro marginal e ilegal que realiza – esporadicamente ou submetido a tramas político-econômicas diversas – o transporte alternativo que alcança territórios não legalizados na cidade. Não há dados suficientes sobre a composição racial desse grupo – que pode estar ligado a milícias, iniciativas individuais, sub-ramos do próprio empresariado do transporte e concessionárias. No entanto, as especulações sobre sua composição não têm a qualidade de dados precisos. Do ponto de vista do usuário e usuária, tanto o transporte legal como o ilegal possuem perigos e desconfortos cruéis que não raro os tornam indiferenciáveis. Empresários de transporte controlam, por meio da execução, toda a dinâmica do serviço, impondo por meio desse poder formas e normas do exercício da circulação. São setores enriquecidos da sociedade, habitando áreas nobres e em constante relação com

---

18 Bedê (coord.), *Os donos de negócio no Brasil: análise por raça/cor (2003-2013)*.

o poder estabelecido. São donos das empresas que executam e, normalmente, determinam a gestão da mobilidade.

A gestão oficial do transporte é realizada pelo setor estatal, em especial prefeitos, secretários, governadores, parlamentares. Não é novidade compreender a maioria branca nesses setores (Gaspar, 2017) e, ainda: a suscetibilidade desses gestores aos financiamentos e pressões dos proprietários das empresas supracitadas – quando não se trata dos mesmos agentes em duplicidade. A gestão do transporte coletivo é realizada em empreendimentos públicos de diferentes tipos, composta por gestores eleitos, comissionados e concursados. No que diz respeito a trabalhadores(as) concursados(as), de maioria branca[19], grande parte da tecnocracia que organiza e opera os transportes coletivos é composta por esses servidores. Trata-se de trabalhadores submetidos às pressões próprias do setor público. Porém também são setores que dispõem da tarefa de decidir tecnicamente sobre a operacionalidade do serviço. Em meio a amplas pressões que misturam o setor estatal e o setor privado, a gestão do serviço é realizada por trabalhadores concursados de maioria branca. O debate intelectual e de inovação técnica do setor, por fim, é realizado em ambiente acadêmico e empresarial que, a despeito de recentes políticas de ação afirmativa, é dominado pela branquitude.

A composição racial dos trabalhadores do serviço de transporte coletivo é mais diversa que a dos empresários, indubitavelmente. Ali encontramos uma composição racial própria da classe trabalhadora, em especial nos serviços mais precários[20]. É grande a presença de motoristas e cobradores negros(as), parte expressiva na composição de classe desse setor. Há um crescimento recente no número de trabalhadores do transporte em função da mobilidade realizada por aplicativos. Tanto do lado

---

19 Servidores públicos federais: raça/cor – 2014, *folder* da Escola Nacional de Administração Pública (Enap), 2014.
20 Perfil dos motoristas de ônibus urbanos 2017, pesquisa CNT, Brasília, 2017.

de motoristas quanto de passageiros(as) são constantes os relatos de racismo – num sistema que reproduz e amplia a realidade já experienciada pelo serviço de táxi. Até o fechamento deste texto não encontramos nenhum censo racial que determinasse com exatidão a composição racial do setor, porém os diferentes relatos parecem suficientes para as hipóteses aqui levantadas. Não deixa de ser curioso, por fim, que as linhas que buscam e levam trabalhadores rodoviários de casa para as garagens das empresas no começo e no fim do dia, ou linhas da madrugada, sejam nomeadas em muitas cidades como "ônibus negreiros".

Da parte de usuários e usuárias do serviço, a composição racial pode ser percebida tanto pela experiência prática como por alguns dados parciais e laterais. Por exemplo, indicadores sobre propriedade de automóveis individuais por família/residência informam que a população negra é minoria entre proprietários de automóveis[21] – sem contar a correlação entre possuir e usufruir do mesmo, dados os crescentes custos de manutenção e combustíveis. O povo preto é maioria entre usuários dos serviços públicos e de políticas assistenciais. Apesar de não dispormos de um censo racial sólido sobre esse item, todos os indicadores parciais[22] apontam no sentido de que a maioria dos

---

21 Segundo dados do PNAD/IBGE 2019, a população negra (parda + preta) corresponde a aproximadamente 44% de quem reside em domicílios que possuem carro e são 69,1% daqueles que residem em domicílios que não possuem carros. A população branca corresponde a aproximadamente 54,7% entre aqueles/as que possuem carros em suas residências e 29,9% entre quem não tem. Ou seja, negros são minoria entre quem possui carros em suas residências e maioria entre quem não possui (ver Anexo 1).

22 Dados de pesquisas locais indicam que a maioria dos usuários são negros/as em São Paulo e no Distrito Federal. Série *Viver em São Paulo: mobilidade urbana* (São Paulo: Rede Nossa São Paulo; Ibope Inteligência, 2020) e pesquisa *Como anda Brasília: um recorte a partir dos dados da Pesquisa Distrital por amostra de domicílios* (Brasília: Codeplan, 2020).

usuários do transporte coletivo são negros e/ou a maioria dos negros são usuários de transporte coletivo.

A população negra é minoria entre os trabalhadores concursados e/ou que dispõem de CLT e, por consequência, de acesso aos vales-transporte como forma estável para deslocar-se ao trabalho. Essas formas empregatícias com maioria branca possibilitam, por um lado, uma relativa estabilidade no emprego em relação aos outros setores da classe trabalhadora e, por outro, o acesso estabelecido aos vales-transporte, frutos de lutas da classe trabalhadora realizadas nas décadas de 1970 e 1980. Trabalhadores negros recebem menos que trabalhadores brancos exercendo o mesmo cargo; são maioria, por outro lado, no mercado informal, no desemprego e no trabalho precário. Esses três segmentos são os que têm pouca ou nenhuma estabilidade, garantias trabalhistas, encargos, plano de carreira ou direitos acumulados. São setores mais fragilizados às distintas variações da economia, por exemplo propriedades de imóveis, pagamento de aluguéis e tarifas de serviços como o transporte coletivo[23]. A população negra mora mais distante do centro e tem mais encargos, rendimentos menores e mais variáveis, sendo mais suscetível aos constantes aumentos de tarifas.

Na dimensão técnico-operacional, observamos que a tecnologia econômica de cálculo das passagens de ônibus é baseada na perversa fórmula do Índice de Passageiros por Quilômetro (IPK)[24]. Ao basear o preço do serviço na média do número de passageiros que o veículo transporta dividido pela quilometragem, moradores de regiões mais distantes do centro têm esse índice aumentado, ficando suas tarifas mais caras. A passagem é calculada de forma a cobrar mais de quem mora longe, recebe menos e tem renda mais variável. O maior custo da tarifa quanto mais longo for o trajeto é somado às penosas baldeações en-

---

23 *Desigualdades sociais por cor ou raça no Brasil*, pesquisa do Instituto Brasileiro de Geografia e Estatística (IBGE), Rio de Janeiro, 2019.
24 *Tarifação e financiamento do transporte público urbano*, nota técnica do Instituto de Pesquisa Econômica Aplicada (Ipea), n. 2, jul. 2013.

tre ônibus, van, trem, metrô, barcas e suas sucessivas passagens. Estamos falando majoritariamente da população negra. Essa forma de cálculo da tarifa torna mais lucrativo o ônibus superlotado, tornando razoável para as empresas entulhar pessoas para obter mais lucro. O *design* e as qualidades mecânicas dos veículos são orientadas em torno desses e de outros interesses nem um pouco vinculados à qualidade da mobilidade. O IPK realiza um equívoco técnico estranho, ao tratar passageiros(as) do serviço como custo e deles tirar a renda do transporte. Dado que o transporte não muda significativamente seu custo pela quantidade de passageiros transportados, fica aberta a hipótese de que essa aberração algorítmica seja fruto de tratarem passageiros negros como carga e não como pessoas. Por isso não são poucas as semelhanças entre o transporte de pessoas e o transporte de cargas. Qualquer semelhança com o navio negreiro abarrotado de pessoas escravizadas em condições animalescas não é coincidência ou alegoria lírica. Deduz-se daí que o transporte de cargas foi orientado pelo transporte de pessoas negras, primeira forma de transporte coletivo de cargas escravizadas.

Mas a mobilidade não é composta somente pelo uso do transporte coletivo. Também são significativos os traslados realizados por outros meios de locomoção, como andar a pé, bicicletas e automóveis. As grandes distâncias territoriais transformam o exercício de andar a pé pela cidade uma tarefa racialmente complicada, trabalhosa e perigosa. Negros de bicicleta fazem longuíssimos trajetos e, normalmente, não é pelo benefício do exercício físico, mas sim pela impossibilidade de pagar as tarifas. O número de ciclistas e pedestres negros mortos por atropelamento nas cidades é uma expressão dessa diferenciação brutal da raça na mobilidade ativa.

A ideologia do automóvel pesa especialmente sobre a população negra, que, negada no transporte coletivo, faz notável esforço para comprar veículo individual de transporte. O sonho de comprar um carro, carango, possante, moto é enorme. Há impacto direto dessa demanda nos índices de endividamento da população negra e, também, no grande número de mortes por colisões de veículos[25]. Os índices de morte em carros são acentuados e, no caso de motocicletas, as maiores vítimas de colisões fatais são homens, jovens, negros e pobres[26]. Além das longas distâncias percorridas, a atual dinâmica profissional de motoboys precarizados também desponta como possível explicação desse fenômeno. No transporte coletivo, a precariedade tanto dos veículos como das infraestruturas de transporte ocasiona maior índice de homicídios culposos no transporte coletivo em territórios negros, com maior índice de pessoas negras mortas nesse tipo de episódios – conforme podemos observar na publicação *Não foi em vão: mobilidade, desigualdade e segurança nos trens metropolitanos do Rio de Janeiro*, de Rafaela Albergaria, João Pedro Martins Nunes e Vitor Mihessen (2019).

Encarceramento modal

As políticas públicas de restrição plena da mobilidade são ativas e direcionadas à população negra. A formação e composição racial do sistema penal brasileiro pode ser vista em uma continuidade indo desde o controle amplo da mobilidade e limitação do transporte progressivamente até as restrições permanentes da circulação com as detenções e prisões de maioria negra. A população negra convive com o horizonte concretamente possível de passar algum período de sua vida vinculada ao sistema prisional direta ou indiretamente (quando é você a pessoa presa

---

25 Óbitos por causas externas – Brasil. Óbitos por residência segundo cor/raça. Grande Grupo CID10: V01-V99 Acidentes de Transporte. Período 2012-2018. Fonte: MS; SVS; CGIAE – Sistema de Informações sobre Mortalidade (SIM) – Datasus (ver Anexo 2). Disponível em: http://tabnet.datasus.gov.br/cgi/tabcgi.exe?sim/cnv/ext10uf.def.
26 "Acidentes com motos matam mais jovens, negros e pobres, diz pesquisa", *O Globo*, Rio de Janeiro, 5 out. 2011. Disponível para assinantes em: https://oglobo.globo.com/rio/transito/acidentes-com-motos-matam-mais-jovens-negros-pobres-diz-pesquisa-2743567.

ou quando é algum parente, amigo, conhecido). Há que se compreender o impacto da ação racialmente punitiva da sociedade racista, uma vez que ela determina regras próprias ao grupo perseguido. Sabe-se, por exemplo, que uma das consequências possíveis de o corpo negro circular arbitrariamente pelos territórios brancos da cidade é a abordagem policial, quiçá uma detenção para averiguação.

A mobilidade racista e o sistema penal têm raízes nos desejos da branquitude em controlar a circulação negra na cidade. A instalação do sistema de segurança pública no Rio de Janeiro no início do século XIX pode dar uma noção sobre essa relação. Araújo et al. (2006) dizem que:

> A partir de 1809, houve uma profunda alteração na estrutura de controle social urbano, especialmente no Rio de Janeiro. É criada a Intendência Geral de Polícia do Rio de Janeiro. Suas atribuições iam muito além do que o nome sugere. A instituição foi criada nos moldes da existente em Lisboa desde 1760. Mas, por aqui, a realidade era outra. A grande circulação de escravos e principalmente africanos e pardos libertos tornava as cidades muito distintas das europeias. Para uma cidade que pretendia ser corte, a grande circulação de desordeiros em potencial deveria ser controlada de perto pelo governo. [...] O principal artifício usado no controle dos escravos urbanos foi o toque de recolher.

Formulações em perspectiva

O povo negro sempre lutou, de maneiras públicas, mandingadas, não ditas e secretas, para circular livremente no espaço. Não estamos no Brasil por nossa simples vontade, mas porque nossos ancestrais foram sequestrados para um sistema colonialista. Desde então estamos em conflitos distintos objetivando nossa liberdade.

Foi o transporte da mercadoria negro que estruturou o transporte de pessoas. O navio negreiro foi o primeiro grande negócio transatlântico (e depois nacional) de circulação de carga, sendo base econômica, política e técnica para o desenvolvimento de todo o transporte de mercadorias e pessoas no período posterior. Compreendemos que a sociedade é estruturalmente racista e constituiu suas instituições orientada para a diferenciação racial como forma de exercício de poder. Logo, a mobilidade é uma instituição social constituída e formatada pelo racismo, podendo então o transporte ser analisado à luz do racismo institucional. Daí emerge o conceito de mobilidade racista.

As relações raciais no Brasil são colonialistas e funcionam em torno de duas chaves principais: a escravidão e o genocídio (Nascimento, 1978). A escravidão foi o principal mecanismo de organização das relações raciais nos primeiros séculos do país. Desde a abolição e a República o projeto do genocídio da população negra é o mecanismo motor da organização das instituições e relações sociais. Isso significa que as instituições nacionais foram moldadas e organizadas para atender a esses anseios. O sistema de mobilidade urbana brasileiro constituiu-se no fim da hegemonia escravista e desenvolveu-se na constituição da forma genocida do racismo pós-abolição, sendo atualizado com base nos mesmos princípios nos sucessivos períodos nacionais até os tempos atuais. Seus mecanismos de organização e aparatos técnicos correspondem aos indicadores de desigualdade racial. Logo, trata-se de uma instituição racista.

A mobilidade racista é um princípio de organização da mobilidade e do transporte que opera em distintas instâncias. Atua como vetor do desenvolvimento tecnológico do serviço, orientando-o para ser organizado como o transporte de mercadorias não humanas. Atua como vetor no desenvolvimento das infraestruturas do serviço, compondo um desenho espacial marcado pelo conflito racial. Articula mecanismos de espoliação econômica acentuada para a população negra nos diferentes níveis e momentos em que ela ocorre. A mobilidade racista é um vetor de disciplinamento racial por meio do aprisionamento da circulação.

A luta contra o racismo implica o necessário combate pela livre circulação negra no espaço. Muitos embates negros no decorrer da história tiveram a mobilidade como principal terreno de realização. Compreender os conflitos sociais em torno do transporte como uma dimensão da luta antirracista é tarefa sociológica e política. Cabe analisar que tipos de agenda são encampados pela população negra para, neste período histórico, realizar a ruptura com a mobilidade racista e constituir uma mobilidade antirracista.

O devir negro do mundo supracitado neste ensaio trata de dois polos da humanidade. Por um lado, o atual estágio do neoliberalismo coisifica de tal modo as relações humanas que as condições de sujeito-mercadoria próprias da população negra se generalizam a todo mundo. Por outro, a força pujante do povo negro em desejar conscientemente a vida e recriá-la contra todas as condições adversas gesta chances de ruptura e transformação.

Enquanto finalizo este texto, atravessamos uma severa e grave pandemia que, por seus aspectos sociais, ataca especialmente a população negra. Simultaneamente, assistimos a assassinatos acontecendo contra negros que estão em isolamento social, buscando cestas básicas, esperando seus pais, circulando pelas ruas. João Vitor, George Floyd, Breonna Taylor, João Pedro[27]. Presenciamos agora um levante global contra o racismo

---

27 A filmagem do assassinato de George Floyd, negro asfixiado por um policial de Minneapolis em 25 de maio de 2020, foi o estopim para uma série de mobilizações massivas em diversos países, especialmente nos Estados Unidos. A ela somaram-se outras tantas mortes policiais semelhantes no país, das quais se destacam Breonna Taylor, Kenneth Walker, Jacob Blake, Dijon Kizzee, Daniel Prude. No Brasil, durante a pandemia do coronavírus, surgiram diversos relatos de violência policial em domicílio, das quais se destacam os assassinatos de João Pedro (baleado fatalmente pela polícia enquanto brincava com seu primo, em casa), João Vitor (morto a balas por uma ação policial durante distribuição de marmitas solidárias na pandemia). Sob o *slo-*

dirigido a um povo que luta por respirar e, ao se mover, move todo o globo. Parece razoável supor que a influência do racismo nas tecnologias estruturantes da mobilidade não é somente uma questão brasileira; a colonialidade é central na constituição das relações mundiais há séculos. A mobilidade racista é uma ferramenta colonial que, apesar de estruturante, existe em permanente conflito. Trata-se de um evento histórico que, tal como nasceu, pode acabar. Ela será demolida por meio de nosso poder. É uma luta ancestral.

gan Black Lives Matter/Vidas Negras Importam, movimentos pautaram pelas ruas o racismo em todo o planeta.

Referências

ALBERGARIA, Rafaela; NUNES, João P. M.; MIHESSEN, Vitor. *Não foi em vão*: mobilidade, desigualdade e segurança nos trens metropolitanos do Rio de Janeiro. Rio de Janeiro: Fundação Heinrich Böll, 2019.

ALMEIDA, Silvio Luiz de. *Racismo estrutural*. São Paulo: Sueli Carneiro; Pólen, 2019.

ARAÚJO, Carlos Eduardo Moreira; FARIAS, Juliana Barreto; GOMES, Flávio dos Santos; SOARES, Carlos Eugênio Líbano. *Cidades negras*: africanos, crioulos e espaços urbanos no Brasil escravista do século XIX. 2. ed. São Paulo: Alameda, 2006.

BARRETO, Lima (1881-1922). *Contos completos*: Lima Barreto. São Paulo: Companhia das Letras, 2010.

_____. *Toda crônica*. v. I. Rio de Janeiro: Agir, 2004.

BEDÊ, Marco Aurélio (coord.). *Os donos de negócio no Brasil*: análise por raça/cor (2003-2013). Brasília: Sebrae, 2015.

CARNEIRO, Aparecida Sueli; FISCHMANN, Roseli. *A construção do outro como não-ser como fundamento do ser*. São Paulo, 2005. Tese (Doutorado em Educação) – Faculdade de Educação, Universidade de São Paulo (USP).

FORMIGA, Glêides Simone de Figueiredo. *A cor vigiada*: uma crítica ao discurso racializado de prevenção ao crime. Brasília, 2010. 112f. Dissertação (Mestrado em Antropologia Sociologia) – Universidade de Brasília (UnB).

GASPAR, Osmar Teixeira. *Direitos políticos e representatividade da população negra na Assembleia Legislativa do Estado de São Paulo e Câmara Municipal de São Paulo*. São Paulo, 2017. Orientação Kabengele Munanga. Tese (Doutorado) – Faculdade de Direito e Direitos Humanos, Universidade de São Paulo (USP).

GONZALEZ, Lélia. Racismo e sexismo na cultura brasileira. *Revista Ciências Sociais Hoje*, Anpocs, p. 223-44, 1984.

_____; HASENBALG, Carlos. *Lugar de negro*. Rio de Janeiro: Marco Zero, 1983. [Coleção "2 Pontos"]

MBEMBE, Achille. *Crítica da razão negra*. Trad. Sebastião Nascimento. São Paulo: N. 1 Edições, 2018.

MOURA, Clóvis. *Rebeliões da senzala*. 4. ed. São Paulo: Mercado Aberto, 1988.

NASCIMENTO, Abdias. *O quilombismo*. 2. ed. Brasília; Rio de Janeiro: Fundação Cultural Palmares; O. R. Editora, 2002.

_____. *O genocídio do negro brasileiro*: processo de um racismo mascarado. Rio de Janeiro: Paz e Terra, 1978.

OLIVEIRA, D. D.; GERALDES, E. C.; LIMA, R. B.; SANTOS, S. A. (orgs.). *A cor do medo*: homicídios e relações raciais no Brasil. Brasília; Goiânia: Editora da UnB; Editora da UFG, 1998.

PINTO, Ana Flávia Magalhães. *Escritos de liberdade*: literatos negros, racismo e cidadania no Brasil oitocentista. Campinas: Editora da Unicamp, 2018.

ROCHA, Emerson Ferreira. *O negro no mundo dos ricos*: um estudo sobre a disparidade racial de riqueza no Brasil com os dados do Censo Demográfico de 2010. Brasília: Editora da UnB, 2019.

SANT'ANA, Marcel Cláudio. *A cor do espaço*: limites e possibilidades da análise da segregação socioespacial, o exemplo de Brasília. Brasília, 2006. Trabalho de conclusão (Mestrado em Arquitetura e Urbanismo) – Universidade de Brasília (UnB).

SANTARÉM, Paulo Henrique da Silva. *A cidade Brasília (DFE)*: conflitos sociais e espaciais significados na raça. Brasília, 2013. 158f. Dissertação (Mestrado em Antropologia Social) – Instituto de Ciências Sociais, Departamento de Antropologia, Universidade de Brasília (UnB).

SANTOS, Milton. *Metrópole corporativa fragmentada*: o caso de São Paulo. São Paulo: Nobel; Secretaria de Estado da Cultura, 1990.

SANTOS, Renato Emerson dos. Sobre espacialidades das relações raciais: raça, racialidade e racismo no espaço urbano. In: _____ (org.). *Questões urbanas e racismo*. Petrópolis; Brasília: DP et Alii; ABPN, 2012.

SILVA, Gilvan Gomes da. *A lógica da polícia militar do Distrito Federal na construção do suspeito*. Brasília, 2009. Dissertação (Mestrado em Sociologia) – Universidade de Brasília. Disponível em: https://repositorio.unb.br/handle/10482/4102.

SILVA, Maria Nilza. *Nem para todos é a cidade*: segregação urbana e racial em São Paulo. 1. ed. Brasília: Fundação Cultural Palmares, 2006.

SILVA, Tatiana Dias. Cor e raça nos quadros da administração pública. In: ENCONTRO NACIONAL DE ESTUDOS POPULACIONAIS, 19, 24-28 nov. 2014, São Pedro-SP. *Anais...* São Paulo: Abep, 2014.

SOUZA, Neusa Santos. *Tornar-se negro*: as vicissitudes da identidade do negro brasileiro em ascensão social. Rio de Janeiro: Graal, 1983.

TAVARES, Breitner. *Na quebrada, a parceria é mais forte*: jovens, vínculos afetivos e reconhecimento na periferia. São Paulo; Brasília: Annablume; FAC, 2012.

Anexos

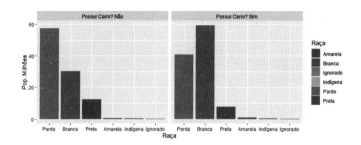

Anexo 1 – Índice por milhões de carros em domicílio por raça-cor
Fonte: PNAD/IBGE 2019

› ÓBITOS POR CAUSAS EXTERNAS - BRASIL

Óbitos p/Residênc por Cor/raça segundo Cor/raça
Grande Grupo CID10: V01-V99 Acidentes de transporte
Período: 2012-2018

Cor/raça	Branca	Preta	Amarela	Parda	Indígena	Ignorado	Total
TOTAL	117.180	14.668	674	140.057	768	8.842	282.189
Branca	117.180	-	-	-	-	-	117.180
Preta	-	14.668	-	-	-	-	14.668
Amarela	-	-	674	-	-	-	674
Parda	-	-	-	140.057	-	-	140.057
Indígena	-	-	-	-	768	-	768
Ignorado	-	-	-	-	-	8.842	8.842

Fonte: MS/SVS/CGIAE - Sistema de Informações sobre Mortalidade - SIM

Nota:
1. Em 2011, houve uma mudança no conteúdo da Declaração de Óbito, com maior detalhamento das informações coletadas. Para este ano, foram utilizados simultaneamente os dois formulários. Para mais detalhes sobre as mudanças ocorridas e os seus efeitos, veja o documento "Sistema de Informações sobre Mortalidade - SIM. Consolidação da base de dados de 2011".
2. No dia 13/06/2019, os arquivos do SIM referentes ao ano de notificação 2017 foram atualizados, com alteração das causas básicas de 2 registros e exclusão de 1 registro.

Anexo 2 – Óbitos em acidentes de automóvel por raça/cor

1.4. Geopolítica da morte: periferias segregadas

Denilson Araújo de Oliveira

Introdução

O objetivo deste artigo é compreender a relação entre geopolítica e necropolítica. Nosso foco é analisar a relação entre espaço, poder e raça na dinâmica da mobilidade urbana no Rio de Janeiro. Entendemos que normatizações raciais são utilizadas de forma tácita na definição de quem pode frequentar determinados espaços. Nossa hipótese é que subsídios raciais (Mbembe, 2014) espacialmente diferenciados são usados para interferir na mobilidade de corpos negros produzindo adoecimento e morte.

Entre a geografia, a geopolítica e a necropolítica

O ano de 2020 pode inaugurar um novo marco na história do capitalismo. Vivemos um momento de grande ansiedade e apreensão mundial com a difusão rápida, violenta e mortífera do coronavírus. Em pouco mais de cinco meses, milhões de pessoas foram contaminadas e mortas em todo o mundo e bilhões estão confinadas em suas casas com medo. A mobilidade em praticamente em todo o planeta foi drasticamente restringida e/ou interrompida. A crise mundial provocada por essa pandemia expôs de forma escancarada, além da frágil estrutura de saúde em vários países do mundo, os nossos problemas urbanos e sua intersecção entre raça, classe e gênero. Infelizmente, esse não é um problema brasileiro. A nossa espacialidade urbana desigual e as respostas de governos de direita e extrema direita, que dominam o quadro político atual brasileiro, têm transformado o país num dos centros planetário da pandemia.

A desigualdade socioespacial e os processos de segregação estruturantes de nossas cidades demonstram que a geografia dos transportes urbanos não articula o meio urbano, pelo contrário, ela define a distribuição espacial desigual das oportunidades, das infraestruturas e dos privilégios na cidade. Logo, criam-se grupos vulneráveis à pandemia e uma geopolítica que produziu um mórbido casamento com a necropolítica. No contexto da pandemia, esses processos revelam o desespero de moradores das favelas e áreas periféricas das cidades que vivem da agora interrompida mobilidade urbana, como ambulantes, catadores de materiais recicláveis, camelôs e outros trabalhadores informais sem nenhuma renda. Avaliar a dinâmica da mobilidade envolve atentarmos para os índices de poderes (Bourdieu, 2001) espaciais que sofrem os usuários que podem usar transporte privado ou ficar confinados, em relação aos que não podem ficar confinados e se lançam nas ruas e nos transportes públicos contaminadas na busca de renda. Ou seja, demanda-se uma análise geo-corpo-política do adoecimento e morte em decorrência do racismo, isto é, vidas que importam menos para o capitalismo.

Engana-se aquele que entende que a palavra *geopolítica* é uma contração entre as palavras geografia e política (Vesentini, 2013). A geopolítica envolve as disputas de poder no espaço (idem) em diferentes escalas, esferas e contextos. Apontar uma relação entre racismo e geopolítica significa compreender as tensões e os projetos de dominação racial em curso na definição de como o espaço será produzido, organizado, usado e apropriado. Com a pandemia, a relação entre espaço e poder ficou ainda mais explícita e o dado racial é dos centros explicativos, **já que a população pobre no Brasil é majoritariamente negra e vive em áreas muito aglomeradas e desprovidas dos equipamentos vitais de saúde.** O transporte **público, que é** hegemonicamente usado pela população pobre e negra, torna-se um espaço de adoecimento e produção de morte. Homens e mulheres[28] indo para a escola, a universidade e o trabalho das periferias para o centro e "**áreas nobres**" das cidades têm seus itinerários condicionados pelo medo da pandemia.

A geopolítica do racismo envolve a definição onde será exercido o *soft power*[29] racial (um exercício do poder racialmente brando) e o *hard power* racial (um exercício do poder mais violento). Assim, o controle da mobilidade não será o mesmo nos diferentes espaços da cidade. Depende da combinação de classe, gênero e raça.

A dimensão geopolítica do *soft power* racial age nas "**áreas nobres**", onde pode ser reconhecida, filmada e gerar um fato midiático e comprometer a imagem de povo cordial e democracia racial. O *soft power* racial é o violento que se vê como pacífico. A ideia de poder brando é uma grande ideologia vendida para silenciar conflitos raciais no Brasil. Esse exercício de poder é a busca de dissimular que não somos racistas e que no máximo casos de racismo são esporádicos. Ou seja, o *soft power* racial

---

28 Parte significativa de mulheres pobres das periferias urbanas majoritariamente negras que trabalham nas "áreas nobres" como empregadas domésticas e cuidadoras passam dias e noites cuidando dos patrões e dos(as) "filhos(as) das madames" não tendo tempo, apoio de seus companheiros, solidariedade e recursos para cuidar de si e de seus filhos, responsabilizando mães e avós pela criação dos filhos. Lembremos que o primeiro caso de morte no Brasil da Covid-19 foi de uma empregada doméstica contaminada por seus patrões, que tinham voltado de viagem. Patriarcado, a exploração de classe e o racismo fazem aí um casamento perverso, oprimindo mulheres pobres e negras.

29 Os conceitos de *hard power* e *soft power* são de autoria de Joseph Nye. Eles foram utilizados para explicar a geopolítica dos Estados Unidos no contexto pós-Guerra Fria e no início do século XXI.

é o famoso *coisa para inglês ver* que dissimula ações violentas de coação e ameaça a grupos raciais que estariam promovendo uma desobediência a um comportamento racial no uso do espaço[30]. Essa desobediência de um comportamento racial esperado dos transeuntes dos transportes mobiliza um *hard power* racial, legitimado e justificado pelo discurso de ódio local, que se afirma para punir, através de linchamentos por motivação de um medo racial (Martins, 2015) e/ou abordagens policiais violentas mobilizadas pela classificação racial dos abordados. Paradoxalmente, nesse violento processo de extermínio da mobilidade de negros nos transportes em direção **às "áreas nobres"**, seus protagonistas não se veem como racistas, mas como defensores da ordem urbana contra baderneiros e marginais. Contudo, nas **"áreas nobres"**, esse *hard power* racial precisa ser camuflado para não expressar que somos racistas.

> Martins (1995), avaliando os EUA, aponta que há dois tipos de modalidades de justiçamento criadas pelas práticas de linchamentos. Entendemos que essas duas modalidades têm emergido no Brasil no atual contexto em diferentes intensidades e contribuído para promoção de ajustes espaciais racistas do urbano. O primeiro *mob lynching* **são** "[...] grupos que se organizam súbita e espontaneamente para justiçar rapidamente uma pessoa que pode ser ou não ser culpada do delito que lhe atribuem" (Martins, 1995, p. 297). As motivações racistas deste tipo de violência marcam tanto o consciente quanto o inconsciente coletivo dos praticantes. No contexto que analisava Martins nos anos 90, a *mob lynching* era a modalidade de justiçamento predominante na realidade brasileira, aponta o autor. No atual contexto, a segunda modalidade proposta por Martins apresenta um intenso crescimento no uso e na apropriação dis-

---

30 A fala de que os ônibus da Baixada Fluminense e/ou da Zona Norte em direção as praias da Zona Sul "só tem gente feia" busca dissimular que o racismo no Brasil definiu o branco como símbolo do belo e o negro como símbolo do feio. Logo, seria necessário purificar racialmente os espaços das "áreas nobres" dos feios (os negros, especialmente pobres e moradores de favelas).

criminada dos espaços-vitrines da cidade com os justiçamentos conhecidos por *vigilantism*. Para o autor, "os justiçamentos nesse caso decorriam da ação de grupos organizados que impunham valores morais e normas de conduta através do julgamento rápido e sem apelação da própria comunidade" (idem, p. 297). Esta modalidade nos Estados Unidos tinha uma geograficidade própria, o Sul. Nesta região as práticas de linchamento visavam manter os negros nos limites da sua casta, e no Oeste "o objetivo era o oposto: desencadear uma pedagogia da violência com o objetivo de impor o acatamento da moralidade puritana tradicional, a ordem e a lei" (ibidem, p. 298)[31]. Mas, "nos dois casos, a inspiração dos linchadores era conservadora e orientada para a preservação da ordem [socioespacial] que se acreditava ameaçada" (ibidem). (Oliveira, 2017, p. 91)

A dimensão geopolítica do racismo se manifesta no controle racial de quem usa os transportes. Ela busca ser legitimada através do discurso de que o negro, como aponta Mbembe (2014), liberta dinâmicas passionais e provoca exuberância irracional. Assim, é aquele que vemos quando nada queremos compreender. O controle dos usuários dos transportes é a resposta fascista que produz um delírio paranoico acerca da presença negra em espaços hegemonizados pelos brancos. No contexto da pandemia da Covid-19, essa paranoia se expressa no medo de negros que usam máscaras (Oliveira, [no prelo])[32]. Os grupos que emergem para garantir a segurança e a defesa dos espaços da branquitude, como visto na citação anterior, estabelecem uma relação de inimizade com moradores de favelas, periferias e negros. Reafirma-se a célebre frase de Brecht: "a cadela do

---

31 O vigilantismo também atinge no Brasil a população LGBTT ao expressar as suas afetividades no espaço público. A biopolítica do deixar viver ou fazer morrer tem a dimensão da sexualidade.
32 Várias cidades brasileiras e nos Estados Unidos já apresentam relatos de jovens negros, vistos como *elementos suspeitos* (Ramos; Musumeci, 2005), abordados pela polícia (*hard power* racial) devido ao uso de máscaras de proteção contra a Covid-19.

fascismo está sempre no cio". Só que agora ela reproduz intensamente filhotes.

O *soft power* racial mobiliza o uso ideológico de paisagens emblemáticas para afirmar uma pretensa democracia racial e impõe muros para silenciar a desigualdade racial inscrita no espaço. Na geopolítica do turismo internacional, tanto o governo brasileiro quanto as empresas do ramo usam de um *soft power* racial para acobertar números de violência marcada por critérios raciais e o fato de que somos uma sociedade regida pelo *hard power* racial, que mata e encarcera milhões de negros por serem negros, ou melhor, por serem considerados "elementos suspeitos" (Ramos; Musumeci, 2005). O foco principal do *soft power* racial no Brasil é afirmar que não somos racistas, apesar de todas as evidências, e produzir comportamentos raciais submissos no uso dos espaços. A perda do *soft power* racial significa a evidenciação da barbárie sem filtros.

A lógica neoliberal é racialmente geonecropolítica. A política dos transportes públicos é historicamente diferenciada nas **"áreas nobres"** e nos espaços periféricos. Não é só a classe que tem sido mobilizada na produção espacial dessa desigualdade, mas também a raça, já que são espaços racialmente estigmatizados. Os transportes públicos de qualidade foram construídos no Rio de Janeiro como *bens oligárquicos sob hegemonia econômica, racial e generificada* (Oliveira, 2014). Ou seja, são gestados constrangimentos para os usuários pobres, negros e mulheres que rompem com a trajetória submissa (ou seja, pessoas que buscam lazer, entretenimento e uso do espaço de forma autônoma). Gerir os usuários dos transportes funciona como um dispositivo de interdição e/ou evitação de corpos racializados geradores de mal-estar. Vemos aí um racismo de Estado que busca silenciar múltiplos conflitos e violências diárias nos espaços usados pelos mais pobres, majoritariamente negros(as), em: 1) estruturas inseguras e precárias das plataformas de viagens de trens, barcas, ônibus e metrô; 2) longos períodos de espera[33]; 3) transportes superlotados, de má qualidade, sujos e obsoletos[34]; 4) omissão e conivência de concessionárias e órgãos estatais responsáveis pelo monitoramento das concessões (Albergaria et al., 2019) e a não punição pela criação de políticas geopoliticamente diferenciadas[35]; 5) diminuição da frota de transportes públicos tanto para as "**áreas nobres**" nos finais de semana quanto para as periferias da cidade e metrópole; 6)

---

[33] No contexto da pandemia do Covid-19, isso significa maior exposição a patógenos provocadores de adoecimento e morte.
[34] Idem.
[35] Com referência ao transporte de trem, Albergaria et al. (2019, p. 38) apontam que: "[...] o fato da saída da Estação Vila Rosali se fazer por dentro do cemitério, realidade impossível de se transpor ao imaginar uma estação de metrô em Ipanema. [...] vagões superlotados partindo com portas abertas, as progressivas falhas mecânicas no meio do percurso (as quais obrigam passageiros a se arriscarem nos trilhos), a recorrência de ocorrências em que pessoas se lesionam e até morrem ao ficarem presas nas portas, ao cair nos imensos vãos entre o trem e a plataforma, são fundamentais para a mudança desse quadro. As condições constatadas no Ramal de Belford Roxo contraposta à realidade dos metrôs que circulam na Zona Sul, área privilegiada da metrópole, ou mesmo com os ramais ferroviários que atravessam bairros médios da cidade, como o Ramal Deodoro, atestam que as periferias experimentam qualidades distintas na prestação dos serviços. Essas distinções aprofundam padrões de desigualdades, reforçados pela baixa representação político-institucional destes territórios nas instâncias de poder e decisão." Imagens captadas das câmeras de segurança da Super Via (empresa responsável pelos trens urbanos da cidade do Rio de Janeiro com os municípios da Baixada Fluminense) flagraram a inércia de policiais militares acompanhando, sem nada fazer, os seguranças da empresa chicoteando e dando socos nos passageiros, na estação de Madureira, que estavam na porta do trem superlotado na hora da partida. Infelizmente, esses relatos têm sido apresentados já durante muito tempo. Cf. http://g1.globo.com/Noticias/Rio/0,,MUL1085693-5606,00-SOU+TRABALHADOR+ACORDEI+AS+H+DIZ+JOVEM+QUE+TERIA+LEVADO+SOCOS+E+CHICOTADAS.html.

retirada de horários do transporte público aumentando o tempo de espera dos usuários nos pontos e terminais[36]; 7) criação de pistas com pedágios para regular o tipo econômico e racial de usuário das "**áreas nobres**"; 8) trabalhadores precarizados podem morrer e/ou ser expostos a condições insalubres e não higiênicas nos transportes públicos, pois são classificados como não rentáveis e de menor valor (Valverde, 2019); 9) monitoramento das *hexis corporais* (Bourdieu, 2011) "ameaçadoras" pelos aparatos públicos e privados de segurança.

Ramos e Musumeci (2005) afirmam que, no Rio de Janeiro, os locais em que o jovem, sobretudo o jovem negro, é considerado suspeito são: nos ônibus, nas agências bancárias, nos shoppings e nos supermercados. Para as autoras, existe uma espécie de "código geográfico de classe e de cor na cidade" (ibidem, p. 78).

Enquanto as "**áreas nobres**", majoritariamente brancas, do Rio de Janeiro se mantêm confinadas com a pandemia, abastecidas com serviços de entrega de *deliverys*[37], operações policiais

---

[36] No contexto da pandemia da Covid-19, isso significa maior exposição a patógenos provocadores de adoecimento e morte.

[37] Os trabalhadores de serviços de *delivery* são majoritariamente homens, pobres, negros, das periferias, sem nenhum direito trabalhista e superexplorados que, com a pandemia, transitam por transportes insalubres. Telejornais em todo o país noticiam grandes aglomerações e revoltas em terminais de ônibus, trens e metrôs que mudaram horários e itinerários sem comunicação para as pessoas que estão na linha de frente dos serviços essenciais (trabalhadores da limpeza urbana, postos de combustíveis, funcionários de farmácias e supermercados, entre outros) e de trabalhos em que os patrões não liberaram (porteiros, faxineiras, zeladores, empregadas domésticas, entre outros). Ou seja, uma economia de morte que define quem pode morrer e quem deve viver. Já têm sido noticiadas manifestações em várias cidades brasileiras desses trabalhadores, que recebem baixos rendimentos por entrega, são expostos à Covid-19 e não têm tido o apoio de nenhuma política de saúde. Até o momento, não há diretrizes e cobranças do Estado sobre empresas de aplicativos e sobre operadoras dos trans-

em favelas do subúrbio e da Baixada Fluminense[38], áreas tradicionalmente negras, são mantidas, expondo ainda mais essas populações a condições de adoecimento e morte. Informações também de milicianos nessas áreas de que as taxas cobradas serão mantidas pressionam esses trabalhadores a se exporem em transportes insalubres[39].

Racismo - mobilidade - corporeidade

Interdições espaciais tanto em transportes públicos (ônibus, trem, lotações e metrô) quanto de transporte privado (carro)

---

portes públicos de protocolos e ações que garantam a segurança sanitária e a salubridade dos trabalhadores que são obrigados a usar os transportes públicos e seus terminais no contexto da pandemia.

38 "De domingo dia 25 de abril a 29 de abril foram 15 operações da polícia militar na Baixada Fluminense, resultando em 4 pessoas assassinadas e 3 feridos. Essas Operações da Polícia ainda têm impedido ações de solidariedade e combates à Covid-19 nas favelas e periferias. Ao longo de todo o período de pandemia, a Baixada Fluminense já registrou 1.375 casos e 146 pessoas morreram devido só à Covid-19", em Equipe IDMJR, "Necropolítica na Baixada: Covid-19 e operações policiais", *Direito à memória e justiça racial*, 29 abr. 2020. Disponível em: https://dmjracial.com/2020/04/29/necropolitica-na-baixada-covid-19-e-operacoes-policiais.

39 "A Iniciativa Direito à Memória e Justiça Racial (IDMJR) recebeu diversos relatos de que distintas frações de milícias proibiram o fechamento do comércio durante a quarentena! Nas últimas semanas, milicianos vêm exigindo a retomada da atividade para manterem cobrança de 'suas taxas'. Em alguns municípios da Baixada Fluminense-RJ, como Nova Iguaçu, Mesquita e Nilópolis, podemos até ter a sensação de que o isolamento social está sendo efetivado, pois nas áreas centrais os comércios estão fechados, mas basta adentrarmos as áreas periféricas que veremos que as milícias impuseram abertura de todo o comércio e prestação de serviço", em "Covid-19 e as milícias na Baixada Fluminense", *Boletim IDMJR*, ed. esp., 2020. Cf. os boletins semanais da IDMJR, disponíveis em: https://dmjracial.com/?fbclid=IwAR3SDobP3KjBsCDbUtLRbszBTUA0dTofG3LMddASrMDNj8Ey3qGSrq3PgjQ.

são marcadas por *distinções corpóreas de direitos* (Barbosa; Barbosa, 2017) de *hexis corporais* (Bourdieu, 2011) negras. A *hexis corporal* (idem) das masculidades negras implica ímpetos destrutivos da branquitude que apresenta corporeidades negras como símbolos de perigo e ameaça. Gesta-se o que Freud (2010) chamava de narcisismo das pequenas diferenças como um dos critérios classificatórios para diferenciação/hierarquização das corporeidades nos transportes em direção às "áreas nobres". Em outras palavras, o mal-estar diante da proximidade do corpo negro e a avaliação negativa de seus menores atos. Essa branquitude defende, com unhas e dentes, os seus espaços a partir de sistemas classificatórios de que as corporeidades negras são provocadoras de medo. Esse sistema classificatório racial pode ser compreendido na associação da cor da pele da multidão aglomerada, na forma de rir em público, a forma de falar (alto ou baixo, com ou sem gírias), gestos (expansivos ou contidos), a forma de andar (gingando ou não), do tipo de indumentária (boné, touca, bandana, bermuda caída, roupa de marca, está com ou sem camisa), do tipo de cabelo (*dread*, trança nagô, cabelo estilo *black*, cabelo pintado de loiro), usar ou não calçado[40] (além de que tipo de calçado – tênis de marca). Essa ortopedia criada sobre as corporeidades negras são as bases objetivas para interditar usuários dos transportes normatizados pelo nanorracismo.

> Por nanorracismo entenda-se esta forma narcótica do preconceito em relação à cor expressa nos gestos anódinos do dia a dia, por isso ou por aquilo, aparentemente inconscientes, numa brincadeira, numa alusão ou numa insinuação, num lapso, numa anedota, num subentendido e, é preciso dizê-lo, numa maldade voluntária, numa intenção maldosa, num atropelo ou numa provocação deliberada, no desejo obscuro de

---

[40] No contexto da escravidão, o uso de calçados era um instrumento de diferenciação de quem era livre e de quem era escravizado (Graham, 2012).

estigmatizar e, sobretudo, de violentar, ferir e de humilhar, contaminar o que não é considerado como sendo nosso.

[...] A sua função [...] consiste em colocar em condições insustentáveis um número cada vez maior dessas pessoas tidas por indesejáveis, cercá-las no quotidiano, infligir-lhes repetidamente incalculáveis golpes e feridas racistas, despojá-las de todos os direitos adquiridos, atirá-las para fora da colmeia e desonrá-las, de modo que apenas lhes reste a autodeportação. (Mbembe, 2017, p. 95-6)

Para Mbembe (2017), o nanorracismo produz golpes duros, difíceis de sarar e de serem eliminados da memória. Ele ataca o corpo, a dignidade e a autoestima do negro[41]. O nanorracismo é um complemento necessário de um tipo de racismo hidráulico tanto nos micro quanto nos macrodispositivos jurídico-burocráticos e institucionais criados pela máquina estatal que segrega "(enquanto jura a neutralidade e imparcialidade do Estado laico republicano, indiferente à diferença)" (Mbembe, 2017, p. 97).

A mobilização das *hexis corpóreas* (Bourdieu, 2011) busca tanto visibilizar o medo branco da onda negra quanto significa o processo de precarização de vidas negras. São corpos em trânsito sendo racialmente normatizados. Mas há um gerenciamento do risco social pela segurança privada (a milicialização do território promovida pela branquitude nas "**áreas nobres**" da cidade) em defesa da sociedade hierarquizada que saiba racialmente o seu lugar. Produz uma violência "autodefensiva" pretensamente justificada e legítima propagando o ódio racial. Dessa forma, os dispositivos de vigilância e controle que promovem cerceamento e repressão criam fronteiras intersubjetivas que definem quem pode ou não circular sem constrangimento racial. São dispositivos que desumanizam *hexis corpóreas* (Bourdieu, 2011) *negras* em trânsito pelos espaços hegemonizados pela branquitude. Eles são regidos por uma lógica de segurança que institui o mal como algo banal, ou melhor, a *banalidade do mal* (Arendt, 1999),

---
41 Esse nanorracismo cria um tribunal racial de rua.

ao definir policiais e seguranças como fiéis cumpridores de ordens, que veem essas vidas negras como vazias de humanidade (Mbembe, 2014). O movimento internacional Vidas Negras Importam **é o enfrentamento à** *banalidade do mal*. "O nanorracismo é o racismo tornado cultura e respiração, na sua banalidade e na sua capacidade de se infiltrar nos poros e nas veias da sociedade, numa altura de generalizada lavagem cerebral, de descerebração mecânica e de alienação das massas" (Mbembe, 2017, p. 97).

A produção diferenciada de comoção social é reveladora tanto da geopolítica quanto da corpopolítica das mortes. Isso é, a valorização desigual de vidas e mortes pelo endereço, pela classe e pela classificação racial. Uma das marcas do racismo é a produção da indignidade. Algumas vidas são dignas de serem vividas (outras não) e algumas mortes são dignas de luto (outras não) (Butler, 2015). A (in)dignidade é racialmente construída e geopoliticamente diferenciada. A indignidade justifica e legitima a segregação, o extermínio dos negros. Dessa forma, não haveria nem crime, nem assassinos, pois são vidas com menos provimento de aparato jurídico-político (Agamben, 2004). Espera-se que pobres e negros tenham três destinos: 1) assumam "condutas de dependentes" (Fanon, 2008), isto é, aguardem a autorização da branquitude para transitar ou não pelas "áreas nobres"; 2) transitem pelas "áreas nobres" como racialmente subalternos, ou seja, invisíveis sociais; 3) a comprovação de sua indignidade como criminosos dá ao racista o direito de interditar, de humilhar e de matar. Mas o racismo busca produzir a indignidade territorial dos espaços hegemonizados por negros. Logo são espaços que causam medo e temor. Os seus moradores seriam a expressão do caos e do risco. O nanorracismo separa os grupos raciais (os brancos classificam todos os demais grupos, mas não se veem como raça) que devem ter vida e espacialidade ampliada, ou seja, um uso indiscriminado do espaço (Oliveira, 2014), dos que merecem ser tratados como indivíduos descartáveis e ter uma espacialidade restrita, isto é, devem ter um uso discriminado do espaço (idem). A rotulação do negro como sinônimo de pobreza e de criminoso estabelece um *complexo de autoridade aos agressores e um complexo de inferioridade e dependência às vítimas* (Fanon, 2008). Para Mbembe (2006), o racismo regula: 1) a presença ou ausência de negros em determinados espaços; 2) a distribuição racial espacialmente diferenciada das mortes dignas de luto (Butler, 2015); 3) torna possíveis funções mortíferas do Estado na definição de quem pode ou não circular por determinados espaços. Exemplos racializados apontados como símbolos da desordem a serem eliminados tanto do plano material quanto do simbólico são inúmeros: os "farofeiros" e os funkeiros indo para praias e/ou áreas nobres da cidade, negros aglomerados indo para "áreas nobres", a população em situação de rua, as cracolândias, entre outros, são largamente utilizados. Não são vistos como pessoas, são a expressão do não ser (Fanon, 2008). São indivíduos interditados, separados, rejeitados e segregados (Foucault, 2005). O exercício bio-necropolítico de poder racial estabelece contenções territoriais, ou seja, meios de execução como "tentativas de barrar, de conter essas 'massas' através de um dispositivo do tipo 'barragem'. [...] Novos processos de contenção territorial ocorrem na medida em que uma sociedade voltada fundamentalmente para a mobilidade e a circulação exige a contenção de determinados fluxos" (Haesbaert, 2010). Mas Haesbaert aponta que, como numa barragem, é impossível controlar todo o volume que chega, sempre havendo vertedouros "por onde o conteúdo, quando aumenta em volume, acaba fluindo. Você barra sempre de forma parcial ou temporária. Não existe mais a possibilidade de um fechamento completo" (idem). O racismo age como elemento que legitima barragens.

> Não por acaso, o arbítrio policial e formas paralelas de controle ocupam lugar de destaque na vida dos moradores das periferias urbanas. É neste sentido que se pode afirmar que a favela se converteu no espaço paradigmático para o exercício de uma peculiar economia da violência: a distribuição calculada da morte e da punição como instrumentos políticos de controle territorial.

> Isso equivale a sustentar que, no caso brasileiro, a nova "arte de governar" que Foucault (1991) acreditou suplantar os mecanismos despóticos do poder soberano tem racionalidades múltiplas: ela opera simultaneamente na produção espacial da favela como lugar da desordem e do crime (biopoder), na disciplina espaço-corporal a partir do trabalho "pedagógico" de conselhos comunitários de segurança e das ONGs com foco nos jovens tidos como "problema social", e nas intervenções estatais letais (necropráticas), como dão conta as ações policiais resultantes nos famigerados "autos de resistência" ou "resistência seguida de morte". A morte aparece, na favela, como parte do cotidiano dos seus moradores e a violência estatal, em suas múltiplas dimensões, se incorpora também como estratégia seletiva de contenção social. Controlar as geografias racializadas da cidade por meio desta tática[42] parece ser uma maneira "eficiente" para o estado neoliberal restabelecer seu poder sobre aqueles vistos como uma ameaça ao movimento livre dos "cidadãos" e do capital. (Alves, 2011, p. 117-8)

Esse projeto bionecropolítico de gestão da cidade e de populações racializadas estabelece e reproduz fascismos sociais. Na sociedade brasileira, os efeitos de barragem não estão escritos em lei, e sim inscritos no imaginário social. Eles criam uma psicosfera. "A psicosfera, reino das ideias, crenças, paixões e lugar da produção de um sentido, também faz parte desse meio ambiente, desse entorno da vida, fornecendo regras à racionalidade ou estimulando o imaginário" (Santos, 2002, p. 172). Numa sociedade de formação colonial como a nossa, a raça será um dos elementos centrais na construção de psicosferas, criando *atitudes de reserva* (Simmel, 1967) da branquitude diante das corporeidades negras. A *atitude de reserva*

---

[42] As unidades de polícia pacificadora (UPPs) no Rio de Janeiro e as bases comunitárias de segurança em São Paulo são exemplos das novas técnicas de governança territorial. Novas pesquisas poderiam investigar os custos da paz social a ser "conquistada" nesses territórios por meio da articulação entre polícia, ONGs, igrejas, o que sugere uma nova prática de governamentalidade com velhos *modi operandi*.

> não está relacionada apenas à condição econômica do indivíduo, mas também, se refere aos preconceitos e estereótipos raciais instituídos no imaginário social e na consciência das pessoas sobre os negros e moradores de morros, favelas e comunidades. (Oliveira, [s.d.], p. 8-9)

A psicosfera das relações raciais, não eliminadas na abolição, e alimentadas pelas engrenagens do racismo estrutural, (re)inventa cotidianamente o "elemento suspeito", expressando o caráter consuetudinário da dominação racial no Brasil. Ou seja, atualiza o negro como um problema espacial para a branquitude (Oliveira, 2019) como algo natural, afirmando que os negros precisam saber seu lugar (Oliveira, 2011). A psicosfera das relações raciais é o reino da privação na produção, no uso e apropriação do espaço, pois ela define relações verticais. Ela define quem deve ser disciplinado, controlado, e quem são os matáveis. Dessa forma, não geram comoção social; pelo contrário, produzem alívio imediato. Logo, o Estado não é posto como assassino, mas aquele que eliminou a desordem (Agamben, 2004; Oliveira, 2019). A dimensão geográfica atual do racismo no Brasil busca instituir espaços racialmente compartimentados e o entendimento negativo da corporificação do espaço. O negro foi inventado moderno-colonialmente como corpo. Logo, o problema espacial inventado pela branquitude é corporificado.

> Correm constantemente o risco de ser atingidos de repente por alguém, por uma instituição, por uma voz, por uma autoridade pública ou privada, que lhes pede para justificar quem são, por que razão estão ali, de onde vêm, para onde vão, por que não voltam para casa [...]. (Mbembe, 2017, p. 96)

O enfrentamento a esse problema espacial criado pela branquitude (Oliveira, 2019) torna-se um dos principais elementos para compreender os constrangimentos e obstáculos raciais na mobilidade no Rio de Janeiro. Eis os desafios a serem enfrentados no combate ao racismo inscrito na mobilidade urbana.

Referências

ALBERGARIA, R.; MARTINS, J. P.; MIHESSEN, V. *Não foi em vão*: mobilidade, desigualdade e segurança nos trens metropolitanos do Rio de Janeiro. Rio de Janeiro: Fundação Heinrich Böll, 2019.

AGAMBEN, G. *O estado de exceção*: homo sacer II. São Paulo: Boitempo, 2004.

ALVES, J. A. Topografias da violência: necropoder e governamentalidade espacial em São Paulo. *Revista do Departamento de Geografia – USP*, v. 22, p. 108-34, 2011.

ARENDT, H. *Eichmann em Jerusalém*: um relato sobre a banalidade do mal. São Paulo: Companhia das Letras, 1999.

BARBOSA, J. L.; BARBOSA, A. T. A. Relações de gênero: espacialidades de poder em tempos de violência. In: BARBOSA, J. L.; HILGERS, T. (orgs.). *Identidade, território e política em contextos de violências na América Latina*. Rio de Janeiro: Observatório de Favelas, 2017.

BOURDIEU, P. *A economia das trocas simbólicas*. 7. ed. São Paulo: Perspectiva, 2011.

_____. *O poder simbólico*. Rio de Janeiro: Bertrand Brasil, 2001.

BUTLER, J. *Quadros de guerra*: quando a vida é passível de luto? Rio de Janeiro: Civilização Brasileira, 2015.

FANON, F. *Pele negra, máscaras brancas*. Salvador: EdUFBA, 2008.

FOUCAULT, M. *Em defesa da sociedade*. São Paulo: Martins Torres, 2005.

FREUD, S. *O mal-estar na civilização*: novas conferências introdutórias à psicanálise e outros textos (1930-1936). São Paulo: Companhia das Letras, 2010.

GRAHAM, S. L. Ser mina no Rio de Janeiro do século XIX. *Afro-Ásia*, v. 45, p. 25-65, 2012.

HAESBAERT, R. Territórios, insegurança e risco em tempos de contenção territorial. In: PÓVOA NETO, H.; FERREIRA,

A.; VAINER, C.; SANTOS, M. (orgs.). *A experiência migrante*: entre deslocamentos e reconstruções. Rio de Janeiro: Garamond, 2010. p. 537-57.

MARTINS, J. S. *Linchamentos*: a justiça popular no Brasil. São Paulo: Contexto, 2015.

MBEMBE, A. *Política da inimizade*. Lisboa: Antígona, 2017.

_____. *Crítica da razão negra*. Lisboa: Antígona, 2014.

_____. *Necropolítica*. Sevilha: Fundación Biacs, 2006.

NYE, J. S. *Paradoxo do poder americano*. São Paulo: Editora Unesp, 2002.

OLIVEIRA, Denilson A. O negro: um problema espacial. In: COPENE SUDESTE, 3, 2019, Vitória. *Anais...* Vitória: ABPN, 2019.

_____. Colonialidade, biopolítica e racismo: uma análise das políticas urbanas na cidade do Rio de Janeiro. In: CRUZ, Valter do Carmo; OLIVEIRA, Denilson Araújo de (orgs.). *Geografia e giro descolonial*: experiências, ideias e horizontes de renovação do pensamento crítico. 1. ed. Rio de Janeiro: Letra Capital, 2017.

_____. Gestão racista e necropolítica do espaço urbano: apontamento teórico e político sobre o genocídio da juventude negra na cidade do Rio de Janeiro. In: COPENE SUDESTE, 2015, Nova Iguaçu. *Anais do...*

_____. O marketing urbano e a questão racial na era dos megaempreendimentos e eventos no Rio de Janeiro. *Revista Brasileira de Estudos Urbanos e Regionais*, v. 16, n. 1, p. 85-106, maio 2014.

_____. *Por uma geografia das relações raciais*: o racismo na cidade do Rio de Janeiro. Niterói, 2011. 274f. Tese (Doutorado em Geografia) – Instituto de Geociências, Universidade Federal Fluminense.

_____. Prefácio. In: *Um pouco além das rimas*: o negro e a cidade. Rio de Janeiro: Projeto Gráfico Samba Group, [s.d.]. Disponível em: https://afro21.files.wordpress.com/2017/02/um-pouco-alc3a9m-das-rimas-o-preto-e-a-cidade.pdf.

_____. *Racismo, necropolítica e Covid-19.* [no prelo].

RAMOS, S.; MUSUMECI, L. *Elemento suspeito*: abordagem policial e discriminação na cidade do Rio de Janeiro. Rio de Janeiro: Civilização Brasileira, 2005.

SANTOS, M. *A natureza do espaço.* São Paulo: Edusp, 2002.

SIMMEL, G. A metrópole e a vida mental. In: VELHO, O. G. (org.). *O fenômeno urbano.* Rio de Janeiro: Jorge Zahar, 1967.

VALVERDE, C. O neoliberalismo aplica a necropolítica: deixa morrer pessoas que não são rentáveis. *Revista Orp*, 23 abr. 2019.

VESENTINI, J. W. *Novas geopolíticas.* São Paulo: Contexto, 2013.

1.5. Bem-vindos à Terceira Guerra Mundial

Lucas Koka Penteado

Bem-vindos à Terceira Guerra Mundial
a guerra da diversidade e dos ideais
vejo pessoas lutando pelo retrocesso
e vejo filhos sem acesso como nossos pais

Candelária não foi a única chacina
e Covid não é a única pandemia
pra mim, o racismo é uma doença,
mas o governo não investe na vacina

A eleição já não é confiável,
democracia hoje é algo raro
a Constituição não passa de papel
e o brasileiro dança mais do que o rodrigo faro

E toda guerra tem soldados dos dois lados
o lado deles tem polícia e poder
é cheio de branco engravatado
que pisam nas pessoas pra poder crescer

Nesse filme não tem super-herói,
mas não subestime a juventude preta
enquanto vocês alienam cem com uma novela
eu conscientizo um milhão com uma caneta

E não adianta me silenciar
nessa caminhada eu não tô sozinho
tá eu, renato, a kimani
o drumond, jade fany
o alquimista, a tawani e o leozinho

Não adianta me chamar de vitimista
que eu não tenho dom pra vítima e nem quero sua pena
e se tu acha que essa poesia é foda
espera pra tu ver o que escrevi na quarentena.

2. Repressão, vigilância e controle

2.1. Coragem dá em pé de querer

Meimei Bastos

tem lugar que tristeza é o que se alegra. aos seus olhos, quando parecer triste, duvide, receie. que para quem em carne sentiu, há de haver a maior alegria. possas crer!

imagine você, que nuns anos desses, veio aqui em casa um amigo de um amigo meu dizendo de um caso que tinha passado o familiar de um conhecido. era dessas coisas absurdas, não por causa do que fizeram, também por isso, mas era por causa de uma espécie de coragem tão profunda, feito essa gente que ateia fogo ao próprio corpo em praça pública, feito corpos que param tanques de guerra, por uma coisa maior que si. de tão absurdo, de tanto de sonho que era, bonito foi. verdade.

passeia pelas ruas, uma gente, na quebrada, braba, que não tem medo é de nada, nem de coisa nenhuma. tem essa estória do menino que não tinha nada, tinha, mas era só o querer. que querendo, foi se enfiar numa dessas festas de gente quarada, sem ter sido convidado. penetra. dizem que era curiosidade de saber como é pr'aquelas bandas grã-finas, dizem que era por causa de um irmão que ficou aguado por conta de uma comida que tinha visto num cartaz.

parece que o irmão queria tanto a comida que sentia o gosto, sem nunca ter provado. queria tanto que não conseguia comer mais coisa alguma. ficou aguado, de verdade. de tal modo, que começou a amofinar. passava o dia salivando. era tanta saliva que foi ficando desidratado, magro. antes, traquino e espoleta, ficou parecendo uma caveira, coitado. dizem que a mãe tomou ciência da condição do filho, e que era quebranto e só com simpatia desfazia.

    a mãe tinha de pedir um punhado de comida em sete casas diferentes, juntar tudo e dar para a criança comer até se fartar. só a criança aguada podia comer dessa comida, é a simpatia. dizem que a mulher passou o dia pedindo, de casa em casa, mais de sete, já que nem todo mundo tinha comida assim sobrando. rodou foi muito, mas conseguiu. chegou em casa, com um tanto de comida que apanhou, estendeu num pano e mandou trazer o coitado. dizem que, de tão fraco, quem o trouxe nos braços foi o menino. a mãe ofereceu a comida, dizendo que era toda só para ele, que podia comer tudo sozinho. cheia de esperança, crente que o menino ia se fartar e melhorar. ficaram assim: estáticos, esperando para ver a reação do menino. parecia com aquele segundo antes do gol, que a torcida toda silencia e reza. o pobrezinho olhou, olhou e, vendo aquele tanto de comida, procurou, suspirou e deitou no ombro do menino. a casa toda virou silêncio, parecia que a fome do mundo tinha devorado seus corações. o menino, vendo a situação, entendeu que se não fosse a comida que o irmão queria, não teria jeito e, não tendo jeito, o fim já se sabe. dizem. de um dia pro outro, danou a perguntar sobre uns lugares que só tinha visto na TV. ouviu toda gente. uns diziam que este lugar existia, mas que era tão longe, que pra chegar lá a pessoa tinha que pegar o primeiro ônibus que passava, depois, descer e pegar mais um. disseram que lá as pessoas usavam roupas novas e sapatos dentro de casa e que comiam mais de uma vez no dia. dizem que o menino acreditou que era lá que tava a tal comida e em segredo inventou de ir. foi. sem nem saber bem pra onde. acompanhado de coragem. a lonjura nem bateu nas canelas do menino, nem nos olhos. não fez distinção da hora que saiu pra hora que chegou. era tanto caminho novo que o menino nem viu o Sol trocando com a Lua.

    chegou num lugar. parecia na cabeça do menino com um tipo de festa. ele, inocente, quis entrar na bendita. logo foi impedido por um parente de localidade que, na portaria do tal lugar, não vendo brancura na cara e nem na veste do menino, reconheceu-se. queria o "parente" que esse desse um tal de convite, que, tendo, o menino só tinha o querer. foi na querência de machucar que o tal parente botou o menino pra longe. pensava. ligeiro, de rato, acostumado a passar despercebível, que o menino nas ideias acreditou de pular a muralha, mais esta, que, antes, era coisa de duas conduções pra ir, mais uma BR, mais duas estradas-parques, um eixo e uma tesourinha, pra chegar. tô falando que coragem nessa gente dá, e num é de repente, mesmo, dá é de nascença! obstinado com o querer de entrar, trepou na barra de ferro que dava bem na cerca de choque, pronta no querer de esturricar os meninos de coragem que dela quisessem passar. fosse por sorte, vacilo da morte, erro humano, não se sabe. sabesse que o menino travessou num impulso a bicha mortal, parecesse treinamento de exército, passou espremido no meio das cercas e chegou no chão. tenho pra mim que é coisa de não saber, se soubesse o menino que o querer daquela cerca era pôr fim ni'preto, talvez num tivesse travessado. talvez. **coragem dá em pé de querer. disso eu sei e não é de teoria.**

já do outro lado, encantado, com tanta mesa com de comer. esfomeado. nem se deu conta da dor. na vista, só dava as pernas brancas e a fartura das mesas. num deu conta nem de dor, nem de presença. surpresa! questão de segundos, o menino foi tirado do sonho. *suspendido, suspeito por querer*. tava colado na guela do menino, o parente. vez dado conta da presença, veio a dor. na fissura de chegar, na travessia, tinha partido meia perna de menino. o que a cerca num esturricou, o chão quebrou. coisa do coisa ruim. *que mal que tinha o menino querer? quem é que não quer? desde o ventre da mãe a gente já tem chance de querer. sem querer a gente não nasce! até pra vir ao mundo, passar o arrochado sinistro, a gente tem que querer. o querer nascer é o nosso primeiro querer.*

querendo ver que o menino não ficava de pé, quis o parente saber por quê.

imagine que quando viu a causa, só pensou o parente em querer mais castigar. judiação. todo mundo vendo, mas sem querer ajudar o menino. querendo mesmo só ruindade. mé que pode um povo cheio de licença, de finuras, querer só ruindade pros pobres? quer ver essa gente virar, é nóis querer. querer é só pra eles. nóis existe só pra fazer o querer deles. pra eles.

arrastado pelo tinhoso, com permissão, foi levado o menino, vermelho rubro, de pele e sangue. amarrado na grade, ficou soluçando o menino, querendo não sentir dor, não chorar. só querendo. até dar na espinha que ia morrer, tava na reta da morte. acreditou. **tem um dizer por aqui que diz que a morte usa farda. verdade**. que eu já escapei dela. e olha que eu nem sou dessa gente toda de coragem não. tava era vendo a morte o menino. ela vindo. querendo levar o menino. nem deu pio. quando chegou, de coturno, deu foi de querer revistar o menino. querendo que o coitado ficasse de pé sem poder. rumaram de levar o menino pra bura, algemado na perna quebrada. dava nem um pio, a cabeça erguida. que era pra num fazer querer de verme. subiu na bura, ninguém mais viu.

2.2. Repressão e resistência: percursos e memória da luta por transporte em São Paulo desde 2013

Movimento Passe Livre – São Paulo

O ano de 2013 ficou marcado pelas massivas manifestações que tomaram as ruas de diversas cidades do país, em protesto contra os aumentos no preço das passagens dos transportes coletivos. É sempre bom lembrar que as lutas por transporte em São Paulo e no Brasil não se iniciaram naquele ano. Na verdade, trata-se de uma luta histórica, presente desde que os deslocamentos diários tornaram-se uma obrigação para grande parte da população urbana e uma fonte de lucro para grupos de empresários que exploram essa necessidade cobrando tarifas[43]. Ainda assim, as Jornadas de Junho, como ficaram conhecidas as manifestações de 2013, trouxeram grandes transformações. Os aumentos das passagens foram revogados em mais de cem cidades[44] devido à pressão popular, e isso evidenciou 1) que

---

[43] Podem ser encontrados exemplos desde o século XIX, como a Revolta do Vintém, que tomou as ruas do Rio de Janeiro (na época capital do Império) entre 1879 e 1880, contra o aumento do preço das passagens dos bondes (Jesus, 2006).
[44] "Veja em quais cidades houve redução da tarifa do transporte em 2013", *G1*, 4 jul. 2013. Disponível em: http://g1.globo.com/brasil/noticia/2013/07/veja-em-quais-cidades-houve-reducao-da-tarifa-do-transporte-em-2013.html.

o valor da tarifa não é uma questão puramente "técnica", mas uma decisão política; e 2) que só a luta muda a vida – foi única vez na história recente[45] que as tarifas de transporte foram reduzidas na cidade.

As repercussões de junho de 2013 também se fizeram sentir em outras lutas nos anos seguintes. O imaginário político fora alargado e abriam-se as possibilidades de conquistar pautas concretas a partir da ação direta e da organização desde baixo. As evidências desse impulso às mobilizações podem ser encontradas, por exemplo, no número de greves que ocorreram no Brasil em 2013, o maior da história do país (Marcelino, 2017).[46] Em 2014, duas dessas paralisações que ocorreram em São Paulo foram de trabalhadoras(es) do transporte: a greve de rodoviárias(os) e a greve de metroviárias(os), organizadas por pessoas que fazem a cidade funcionar todos os dias, e que não entravam em greve havia anos. Os atos de rua também se tornaram mais frequentes e, em muitos casos, maiores. As manifestações tornaram-se parte do repertório de práticas políticas de uma parcela maior da população e foram experiências de formação para novas gerações.

No entanto, após serem obrigados a ceder revogando os aumentos de tarifa, governantes de diferentes partidos e esferas, da municipal à federal, buscaram blindar-se da pressão exercida pelas mobilizações, que fervilhavam com demandas por mais mudanças. A resposta que veio de cima foi, de modo geral, uma escalada na repressão e uma sofisticação das técnicas de controle social, visando inviabilizar, criminalizar e isolar ma-

---

45 Encontramos um único outro momento em que as tarifas de transporte foram reduzidas na cidade de São Paulo, também em função da luta da população: depois do grande quebra-quebra de agosto de 1947 (Duarte, 2005).

46 Até hoje, o Dieese, órgão responsável pelas estatísticas oficiais de greves no Brasil, ainda não terminou de contabilizar as greves de 2014 e de 2015. Suspeita-se que, em 2014 o número tenha sido ainda maior do que o de 2013.

nifestações de rua, impedindo sua disseminação e crescimento. O que nós, do Movimento Passe Livre (MPL) de São Paulo, pretendemos com este capítulo é fazer um apanhado das transformações e avanços dos mecanismos de repressão do Estado desde 2013 e de suas consequências. Tratamos especialmente da repressão à luta por transporte e de seus desdobramentos, a partir de nossas experiências nas ruas.

Antes de entrarmos de fato nas atualizações das técnicas repressivas ocorridas nos últimos anos, achamos importante fazer algumas considerações sobre a forma dos atos chamados pelo Movimento Passe Livre, apresentando a nossa compreensão do porquê de esses atos receberem um tratamento específico dos aparatos de repressão do Estado. Um dos princípios do MPL é a horizontalidade, o que significa que não temos líderes ou hierarquias. Nas próprias manifestações, também procuramos manter uma estrutura horizontal, pois sabemos que, apesar de sermos nós que propomos essas ações, elas só acontecem porque há um envolvimento e uma força coletiva em torno das pautas. Só existem manifestações contra os aumentos de tarifa porque há muitas pessoas afetadas por isso e porque há uma organização de quem depende do transporte público para se deslocar diariamente, e de quem não tem dinheiro para ultrapassar algumas ou todas as catracas do caminho.

Construir as manifestações de forma horizontal (ou tendo a horizontalidade como objetivo) também significa que não há ninguém individualmente responsável pela ação, nenhuma liderança que represente todas as pessoas ali reunidas e que possa negociar com as autoridades em nome delas. Não nos colocamos nesse lugar de representantes porque não o somos. Além disso, não acreditamos que exista motivo para fazer esse papel, pois as pautas dos atos são simples e concretas – contra os aumentos de tarifa, contra cortes de linhas de ônibus, por Tarifa Zero etc. São nossas pautas que fazem com que manifestantes que não se conhecem e que vêm de diversas partes da cidade e da região metropolitana se reúnam. Não nos interessa participar de reuniões de gabinete em que, a portas fechadas, governantes propõem acordos diferentes daquilo que demanda a população. Quando as manifestações de luta por transporte interrompem temporariamente o fluxo de carros, isso é apresentado pela polícia e pela grande mídia como um impedimento do "direito de ir e vir" dos cidadãos, uma "baderna" e uma ação despropositada que atrapalha a ordem natural de funcionamento da cidade. Mas o que buscamos questionar é justamente a "naturalidade" dessa ordem. Por que as ruas, espaços públicos e coletivos, são reservadas como direito prioritário das pessoas que dirigem automóveis? Por que o tal "direito de ir e vir" dos donos de carros vale mais do que o da maioria da população, que depende do transporte coletivo e sofre com os aumentos de tarifa? A interrupção dos fluxos promovida pelas manifestações é momentânea, mas mostra que a interrupção maior e cotidiana é aquela gerada pela suposta normalidade.

Desde 2005, quando o MPL foi organizado em várias cidades do país, somos pressionados pela Polícia Militar a enquadrar nossos atos nos seus instrumentos de controle. Há uma constante busca por identificar supostas lideranças, individualizando e personificando as ações coletivas, para impor a criminalização. Também são antigas as tentativas de obrigar o Movimento a combinar os trajetos das manifestações antecipadamente em reuniões com a polícia, submetendo o direito à manifestação à aprovação policial. Nunca cedemos a essas pressões autoritárias. A resposta repressiva, então, vem de forma mais intensa e violenta, justamente porque essas mobilizações não podem ser controladas a partir da negociação com representantes. Porque o controle das pessoas nas ruas não é nem algo que está nas mãos do Movimento e muito menos algo que pode ser entregue à polícia. Assim, depois de as proporções das manifestações se multiplicarem em 2013, observou-se um avanço acelerado das técnicas e aparatos policiais que buscam impor novamente o controle. E essa preocupação em manter a ordem silenciando protestos apenas aumentou com a perspectiva de grandes eventos internacionais sediados no Brasil, como a Copa do Mundo de 2014.

O governo do estado teve um papel ativo nesse processo, inovando na repressão às manifestações, principalmente na cidade de São Paulo. De fato, as medidas adotadas pelas últimas gestões (Geraldo Alckmin, de 2011 a 2018, e João Doria, de 2018 até atualmente), ambas do PSDB, parecem ter como objetivo a construção de uma imagem do estado como "vanguarda da repressão", posição que seria alcançada por meio dos crescentes gastos públicos nesse setor. Entre 2013 e 2016, R$ 77 milhões foram gastos apenas na compra de armamento "antitumulto" para a Polícia Militar[47]. A esse gasto somou-se ainda uma significativa contribuição do governo federal, que distribuiu *kits* de repressão (armas de balas de borracha, bombas de "efeito moral" e de gás lacrimogênio, *sprays* de pimenta) para os estados que receberiam jogos da Copa em 2014. Entre todos os estados, São Paulo foi o que recebeu a maior remessa de armas menos letais[48].

É importante notar que, apesar de as manifestações de 2013 terem disparado uma resposta repressiva tão intensa e rápida, o projeto de modernização da vigilância e do controle policiais é anterior. É o caso da operação Olho de Águia, uma diretriz editada em 2011 pelo comando da Polícia Militar de São Paulo que prevê um conjunto de procedimentos e tecnologias (captação, transmissão, gravação, gerenciamento de imagem e áudio e difusão) voltado ao registro de imagens em espaços públicos. Apesar de ter sido criada dois anos antes, seu uso tornou-se mais explícito desde junho de 2013, nas manifestações contra o aumento da tarifa. Ao longo dos últimos sete anos, toda manifestação na cidade de São Paulo foi filmada pela PM e é notável o crescimento

---

47 Rodrigues, "Em 3 anos, gasto com arsenal 'anti-tumulto' em SP chega a R$ 77 milhões", *Folha de S.Paulo*, Cotidiano, 25 jan. 2016. Disponível em: https://m.folha.uol.com.br/cotidiano/2016/01/1733132-em-3-anos-gasto-com-arsenal-anti-tumulto-em-sp-chega-a-r-77-milhoes.shtml.
48 Paula; Bartelt, *Copa para quem e para quê?*

da equipe voltada a tal atividade. O que está se construindo não é apenas um sistema de vigilância, mas sobretudo um extenso banco de dados de manifestações e manifestantes para fins de controle e repressão social. Relatos de secundaristas detidos durante ocupações de escolas (2015-2016) confirmam que um dos procedimentos mais usuais nas delegacias consistia no reconhecimento de nomes de pessoas em imagens mostradas por policiais. Os relatos também apontam que as imagens apresentadas estavam tanto em equipamentos oficiais da corporação quanto em aparelhos de uso pessoal de policiais, como celulares. A prática de fazer registros privados, sabidamente ilegal, indica que existem bancos de dados extraoficiais construídos pela polícia, com informações e imagens de militantes[49].

A perseguição jurídica, menos visível do que a violência policial nas ruas, também avançou significativamente. Houve uma forte articulação entre os poderes Executivo, Legislativo e Judiciário, de modo a legitimar a repressão através da criminalização de manifestações. Isso é evidenciado pela série de Projetos de Lei (PL) que procuraram restringir o direito de manifestação, agravando penas para crimes como "desacato", além das tentativas de tipificar novos crimes como "desordem em local público", "bloqueio de vias públicas" e "vandalismo" (Marques, 2018). Em agosto de 2013, foi sancionada a Lei de Organização Criminosa (Lei n. 12.850/2013), que deu autorização ao Estado para "interceptar ligações telefônicas, ter acesso sem autorização judicial a dados de empresas telefônicas, instituições financeiras, provedores de internet e administradoras de cartão de crédito, além de prever que policiais possam se infiltrar em atividade de investigação" (Marinho; Campagnani; Consentino,

---

[49] Além disso, a real dimensão da quantidade e qualidade das informações colhidas e analisadas a partir da diretriz é escondida do público, com o respaldo do Judiciário estadual. Em sucessivas ocasiões, a Ouvidoria do Estado, a Comissão Estadual de Acesso à Informação e o Tribunal de Justiça do Estado de São Paulo emitiram decisões favoráveis à manutenção do sigilo em torno da diretriz.

2014, p. 34), para investigar crimes de "associação criminosa". A partir daí, estavam justificadas legalmente a vigilância e violação total de privacidade de manifestantes.

Ainda em junho de 2013, tivera início uma investigação, a mando do governo federal, voltada a identificar e criminalizar pessoas que supostamente teriam praticado atos de "vandalismo" e seriam "*black blocs*". Em outubro, com base nessa investigação e na Lei de Organização Criminosa, uma ação conjunta do Governo do Estado de São Paulo, do Ministério da Justiça, do Ministério Público e da Polícia Militar de São Paulo instaurou um inquérito policial (n. 1/2013) denominado "Inquérito Black Bloc". Sob a alegação de que o "Black Bloc" seria uma organização criminosa para promover o vandalismo, o inquérito pôs em prática uma criminalização generalizada de manifestantes e pessoas próximas. Centenas de pessoas foram intimadas a depor ao longo dos meses seguintes.

Com o objetivo de mapear a posição e atuação políticas de manifestantes e aterrorizar as pessoas a fim de afastá-las de novos protestos, esse inquérito era ilegal como um todo, já que não investigava crimes (esta seria a função jurídica dos inquéritos) e sim pessoas. Mas, dentre as práticas ilegais promovidas pelo inquérito, vale ressaltar as sistemáticas visitas domiciliares feita por policiais para causar medo nas pessoas intimadas e em seus familiares, a revista de casas e a apreensão de pertences individuais sem ordem judicial. Em junho de 2014, nove meses após a instauração do inquérito, o Departamento de Investigação sobre o Crime Organizado (Deic) tentou conduzir coercitivamente militantes do MPL para que depusessem. Entendendo ser importante dar uma resposta política, que denunciasse o absurdo da ação do Estado, o Movimento realizou um acorrentamento coletivo na Secretaria de Segurança Pública do estado[50] e entrou

---

50 "SP: membros do MPL se acorrentam em frente à secretaria". *Terra*, 30 maio 2014. Disponível em: https://www.terra.com.br/noticias/brasil/cidades/sp-membros-do-mpl-se-acorrentam-em-frente-a-secretaria,1935e7a739d46410VgnVCM4000009bcceb0aRCRD.html.

com um pedido de *habeas corpus*, exigindo o fim das prisões para averiguação[51], das conduções coercitivas e a suspensão do inquérito. Somente após essa ação as visitas e ligações ameaçadoras de policiais cessaram.

Pouco depois da abertura do inquérito, no fim de 2013, a Polícia Militar de São Paulo deu início a outro avanço na repressão às manifestações. Usando como justificativa as manifestações por Tarifa Zero que ocorreram em outubro daquele ano e tendo em vista os protestos que ocorreriam no ano seguinte contra a Copa do Mundo, a PM formou um grupo, inicialmente chamado de "tropa do braço", especificamente para reprimir atos de rua. Composto por mais de cem policiais altamente treinados em artes marciais, trajados com armaduras estilo "robocop", capacetes e máscaras, esse grupo especializado na repressão teria a função de remover da manifestação as pessoas que fossem identificadas como "vândalas" antes mesmo de um crime ser presenciado. Essa identificação seria feita a partir das observações de policiais infiltrados[52]. Ou seja, o projeto repressivo já contava com a infiltração de agentes em meio aos manifestantes. E o procedimento de ataque da polícia contra qualquer um que fosse considerado ameaçador apenas reforçou e legitimou os recortes raciais e de classe, sempre presentes na ação policial quando se trata de encontrar os "inimigos".

De fato, vale notar que, desde 2013, observamos um aumento muito significativo na quantidade de policiais infiltrados nas

---

51 Essas detenções, que fazem parte da ação cotidiana da polícia nas periferias, são realizadas sem a imputação de qualquer crime, e consistem em selecionar arbitrariamente pessoas – quase sempre negras e pobres – que participam dos atos ou circulam próximas a eles, forçando-as a passar a noite e a madrugada presas em delegacias de polícia, passando por violências físicas e verbais durante todo o processo.

52 Turollo Jr., "Polícia Militar vai usar 'tropa do braço' em protestos em SP", *Folha de S.Paulo*, Cotidiano, 13 fev. 2014. Disponível em: https://www1.folha.uol.com.br/cotidiano/2014/02/1411475-policia--militar-vai-usar-tropa-do-braco-em-protestos-em-sp.shtml.

manifestações, apesar de ser difícil fazer afirmações em relação à quantidade, já que essa prática é pouco divulgada ou reconhecida pela Polícia Militar. A atuação desses infiltrados, os chamados P2, consiste em gravar ou fotografar as pessoas dos atos, por vezes fazendo perguntas a fim de obter informações sobre a organização e localizar supostas lideranças, além de tentar causar tumultos no interior da manifestação, desorganizando e enfraquecendo a ação coletiva.

No ano de 2014, em junho, consolidou-se mais um grande investimento na vigilância policial. Foram concluídas as obras do atual prédio do Centro de Operações da Polícia Militar de São Paulo (Copom), que tiveram início em 2012. A ideia era que o edifício ficasse pronto a tempo da Copa, pois uma das novidades que ele trouxe foi uma sala de gerenciamento de crises, altamente equipada para o monitoramento de grandes eventos[53]. Com um gigantesco *videowall*, uma parede de 3,4 metros de altura por 23 metros de largura coberta por telas, essa sala permite o acesso imediato às imagens captadas por câmeras espalhadas pela cidade, e conta com um sistema que integra diversos bancos de dados da polícia. Ali, com base em todo esse aparato, são tomadas decisões em relação às estratégias na repressão de manifestações e rebeliões em presídios, definindo, por exemplo, os locais onde o trânsito será bloqueado e o posicionamento das tropas[54].

Em 2015, a tarifa dos transportes de São Paulo foi elevada (em cinquenta centavos) pela primeira vez desde 2013. Apesar dos avanços na repressão às manifestações nos dois anos anteriores, os atos contra o aumento nesse ano começaram ainda

---

53 Jalonetsky, "Conheça o Copom, centro de excelência no atendimento de emergências", Último Segundo, 9 nov. 2017. Disponível em: https://ultimosegundo.ig.com.br/policia/2017-11-09/copom.html.
54 "Vai ficar mais fácil ligar 190 para emergências", *site* do Governo do Estado de São Paulo, 16 jan. 2012. Disponível em: https://www.saopaulo.sp.gov.br/spnoticias/na-imprensa/vai-ficar-mais-facil-ligar-190-para-emergencias.

maiores do que os primeiros das Jornadas de Junho. Não à toa, as respostas repressivas do Estado continuaram tentando estreitar cada vez mais nossas possibilidades de luta. Foram comprados catorze veículos blindados israelenses, semelhantes a tanques de guerra, para serem usados pela PM em manifestações. Segundo a PM, a compra dessa frota de blindados, que custou R$ 35,2 milhões aos cofres públicos, era uma demanda antiga da corporação, que foi reforçada após junho de 2013[55]. Percebemos com esse exemplo que, além da ação repressiva do Estado, o uso de armamentos e veículos policiais para criar cenários de combate busca caracterizar nossos atos como espaços de perigo e violência, afastando e assustando a população do entorno e quem acompanha os acontecimentos pelos noticiários.

Em 2016 ocorreu um caso emblemático para dimensionar os avanços da repressão em São Paulo: na concentração do segundo grande ato contra o aumento da tarifa, a Polícia Militar executou uma tática conhecida como Caldeirão de Hamburgo, que consiste em cercar a manifestação com um cordão policial, impedindo as pessoas de sair. Uma vez cercadas, as pessoas não puderam escapar das inúmeras bombas de gás lacrimogêneo lançadas no meio da aglomeração. Muitas desmaiaram ou ficaram feridas. Essa prática, considerada internacionalmente como um crime de guerra e condenada até mesmo no manual de conduta da polícia, já vinha sendo utilizada em menor escala desde 2014. Desde então, o "envelopamento" dos atos pela Polícia Militar tornou-se usual.

Mais recentemente, um marco da escalada repressiva contra os atos foi a Lei n. 15.556/2014[56]. Ela só foi regulamentada

---

55 Melo, "SP: PM usará blindado israelense contra protestos em 2015", *Terra*, 9 jan. 2015. Disponível em: https://www.terra.com.br/noticias/brasil/policia/sp-pm-usara-blindado-israelense-contra-protestos-em-2015,3087ce58d7bca410VgnVCM3000009af154d0RCRD.html.
56 Skodowski, "Doria regulamenta lei que proíbe uso de máscaras em protestos", *R7*, 19 jan. 2019. Disponível em: https://noticias.r7.com/sao-paulo/doria-regulamenta-lei-que-proibe-uso-de-mascaras-em-

oportunamente no meio da luta contra o aumento da tarifa de 2019, por meio de decreto do governador João Doria, que ficou conhecido como "Ditadória" por legislar sem o Poder Legislativo estadual e violar o direito à manifestação. O decreto proíbe a utilização de máscaras em protestos, tentando privar manifestantes de uma proteção contra o gás lacrimogêneo e obrigar a sua exposição aos aparatos de vigilância e controle[57]. Além disso, equipara objetos comuns e de reivindicação política, como bandeiras e faixas, a armas, algo usado como justificativa para revistar e prender manifestantes. Como se não bastasse, a medida ainda exige o aviso prévio de cinco dias para a realização de protestos com mais de trezentas pessoas e reuniões com a Polícia Militar para que o trajeto seja autorizado. Esse trajeto, segundo o decreto "Ditadória", não poderia ocupar espaços que atrapalhassem o trânsito de veículos ou pedestres, nem a realização de outros eventos. Na prática, o decreto busca proibir manifestações.

Como as modernizações na repressão se inserem no jogo mais amplo, em que figuras como João Doria buscam se promover na política institucional, a imagem gerada pela repressão é algo muito importante. Por isso, as mais recentes formas de repressão adotadas pelo governador tendem a substituir a violência policial mais explícita nos atos por outras formas menos visíveis, como os enquadros e/ou detenções após o término das manifestações. Também em busca de melhorar a imagem da

---

-protestos-19012019.

57 Quanto ao uso de máscaras, é curioso notar que, enquanto manifestantes são criminalizados, os policiais da tropa de choque e do Batalhão de Ações Especiais da Polícia (Baep) estão sempre com os rostos cobertos e escudados pela indecifrável identificação alfa-numérica nas fardas, tendo a proteção do anonimato para cometer atrocidades. Um exemplo pode ser visto na reportagem de Stabile, "PM arrasta mulheres pelos cabelos em ato do MPL", *Ponte Jornalismo*, 16 jan. 2020. Disponível em: https://ponte.org/pm-arrasta-mulheres-pelos-cabelos-em-ato-do-mpl.

PM e do governo do estado na mídia foi criada a função de policiais "mediadores". Durante os atos contra o aumento da tarifa de 2019, grupos de 2 a 4 policiais de colete azul passaram a acompanhar as manifestações alegando que sua função seria "mediar" a relação com o Movimento, prevenindo possíveis conflitos e violências. É claro que uma mediação entre a Polícia Militar e o Movimento feita pela própria polícia não passaria de uma farsa. Em nenhuma ocasião a presença desse "mediadores" serviu para impedir detenções arbitrárias, espancamentos ou violências sexuais contra manifestantes.

É preciso dizer, contudo, que por mais absurdos que tenham sido os abusos cometidos contra as manifestações nos últimos sete anos, eles não dão a dimensão real da violência historicamente empreendida nas periferias, que apenas tem aumentado[58]. Se, ao longo destes últimos anos, a atuação policial foi extremamente repressora em manifestações ocorridas no centro da cidade, em operações descentralizadas a brutalidade foi muito maior. Nas periferias, as ações do poder público têm menos visibilidade, mas sempre tiveram nome: terrorismo do Estado, política de extermínio.

Por fim, queremos ressaltar que a luta por transporte não foi e não será derrotada pelas ações covardes vindas de cima. Ela continua de diversas formas e não acontece apenas nos momentos em que as ruas são ocupadas por manifestações. Essa luta acontece todos os dias em ações menores e menos visíveis, mas que fazem parte do esforço constante da população pobre e periférica para manter a vida, realizar necessidades e desejos. Pedir carona para pegar ônibus, entrar pela porta de trás ou descer pela frente. Pular a catraca do metrô, passar por baixo ou deixar a roleta liberada para a próxima pessoa. Motoristas, cobradoras e cobradores solidários que permitem a entrada de quem não tem dinheiro para a tarifa. Marreteiras e marretei-

---

[58] "Letalidade da polícia de São Paulo aumenta 46% em 20 anos", *Rede Brasil Atual*, 4 jan. 2020. Disponível em: https://www.redebrasilatual.com.br/politica/2020/01/letalidade-policia-sp-46-em-20-anos.

ros que se articulam para garantir seu sustento nos vagões dos trens e resistir à truculência da militarização no transporte. São constantes os episódios de revolta da população contra as más condições de funcionamento do transporte coletivo na cidade. Estas são todas práticas de quem luta por um transporte público de verdade. São ações cotidianas pelas quais não nos subordinamos a um sistema excludente e genocida. Como mostra a história das lutas dos de baixo, somos a maioria e nossa organização e nossas ações têm poder transformador. Seguiremos lutando até o fim de todas as catracas. Só a luta muda a vida.

Data	Avanço na repressão	Órgão/ instituição responsável
2011 (edição)/ 2013 (implementação)	**diretriz Olho de Água**: conjunto de procedimentos e tecnologias de captação e armazenamento de imagens e áudios de manifestações pela PM	Comando da Polícia Militar de São Paulo
setembro de 2013	**Lei de Organização Criminosa**: autorizou o Estado a interceptar ligações telefônicas, ter acesso a dados de empresas telefônicas, bancos, provedores de internet e cartão de crédito sem autorização judicial, além de prever que policiais possam se infiltrar em atividade de investigação.	Governo Federal

Data	Avanço na repressão	Órgão/ instituição responsável
junho de 2013 (investigação)/ outubro de 2013 (abertura do inquérito)	**inquérito "Black Bloc"**: intimação de centenas de pessoas a prestarem depoimentos sobre a participação em manifestações, sua posição política e pressão para identificarem supostas "lideranças dos Black Blocs", sob a alegação de que o "Black Bloc" seria uma organização criminosa para promover o vandalismo	Ministério da Justiça, Secretaria de Segurança Pública do Estado de São Paulo, Ministério Público estadual, Polícia Civil e Militar
2012 (início das obras)/ 2014 (conclusão das obras)	**novo Centro de Operações da Polícia Militar de SP (Copom) com "sala de crise"**: edifício com uma sala especializada para o monitoramento de grandes eventos, rebeliões em presídios e manifestações. Ali as respostas repressivas são definidas a partir da integração de informações de diversas instituições e das câmeras espalhadas pela cidade	Secretaria de Segurança Pública do Estado de São Paulo
2013 (treinamento)/ 2014 (atuação)	**criação da "tropa do braço"**: grupo da PM especializado na repressão de atos de rua composto por mais de cem policiais treinados em artes marciais, trajados com armaduras, capacetes e máscaras	Secretaria de Segurança Pública do Estado de São Paulo

Data	Avanço na repressão	Órgão/instituição responsável
2015	**compra de blindados israelenses**: catorze veículos semelhantes a tanques para serem usados pela PM em manifestações. Alguns deles com canhão que pode lançar jatos de água, tinta e gás lacrimogêneo, outros para transportar policiais	Secretaria de Segurança Pública do Estado de São Paulo
2016	**Caldeirão de Hamburgo**: tática ilegal de cercar e isolar a manifestação dentro de um cordão policial, seguida pelo ataque aos manifestantes com bombas de gás lacrimogêneo	Polícia Militar de São Paulo
2014 (criação)/ 2019 (regulamentação)	**decreto "Ditadória"**: de forma inconstitucional, foi decretada a proibição de manifestações com mais de trezentas pessoas que não tenham trajeto combinado previamente com a PM, que interrompam o trânsito de pessoas ou veículos. Também foi proibido o uso de máscaras por manifestantes e o porte de bandeiras	Governo do Estado de São Paulo

Referências

DUARTE, Adriano Luiz. O "dia de São Bartolomeu" e o "carnaval sem fim": o quebra-quebra de ônibus e bondes na cidade de São Paulo em agosto de 1947. *Rev. Bras. Hist.* (online), v. 25, n. 50, p. 25-60, 2005. ISSN 1806-9347. Disponível em: https://www.scielo.br/scielo.php?pid=S0102-01882005000200003-&script-sci_abstract&tlng=es.

JALONETSKY, André. Conheça o Copom, centro de excelência no atendimento de emergências. *Último Segundo*, 9 nov. 2017. Disponível em: https://ultimosegundo.ig.com.br/policia/2017-11-09/copom.html.

JESUS, Ronaldo Pereia. A Revolta do Vintém e a crise na Monarquia. *História Social*, Campinas, n. 12, p. 73-89, 2006.

MARCELINO, Paula. Sindicalismo e neodesenvolvimentismo: analisando as greves entre 2003 e 2013 no Brasil. *Tempo Soc.*, São Paulo, v. 29, n. 3, p. 201-27, dez. 2017. Disponível em: http://www.scielo.br/scielo.php?script=sci_arttext&pid=S0103-20702017000300201&lng=en&nrm=iso.

MARINHO, Glaucia; CAMPAGNANI, Mario; CONSENTINO, Renato. Brasil. In: PAULA, Marilene de; BARTELT, Dawid Danilo (orgs.). *Copa para quem e para quê?* Um olhar sobre os legados dos mundiais no Brasil, África do Sul e Alemanha. Rio de Janeiro: Fundação Heinrich Böll, 2014. p. 12-59. Disponível em: http://www.global.org.br/wp-content/uploads/2016/03/copa_para_quem2_web_boll_brasil_1.pdf.

MARQUES, Camila (coord.). *5 anos de junho de 2013*: como os três poderes intensificaram sua articulação e sofisticaram os mecanismos de restrição ao direito de protesto nos últimos 5 anos. Infográfico Artigo 19 Brasil, 2018.

MELO, Débora. SP: PM usará blindado israelense contra protestos em 2015. *Terra*, 9 jan. 2015. Disponível em: https://www.terra.com.br/noticias/brasil/policia/sp-pm-usara-blindado-israelense-contra-protestos-em-2015,3087ce58d7bca-410VgnVCM3000009af154d0RCRD.html.

PAULA, Marilene de; BARTELT, Dawid Danilo (orgs.). *Copa para quem e para quê?* Um olhar sobre os legados dos mundiais no Brasil, África do Sul e Alemanha. Rio de Janeiro: Fundação Heinrich Böll, 2014. Disponível em: http://www.global.org.br/wp-content/uploads/2016/03/copa_para_quem2_web_boll_brasil_1.pdf.

RODRIGUES, Artur. Em 3 anos, gasto com arsenal "anti-tumulto" em SP chega a R$ 77 milhões. *Folha de S.Paulo*, Cotidiano, 25 jan. 2016. Disponível em: https://m.folha.uol.com.br/cotidiano/2016/01/1733132-em-3-anos-gasto-com-arsenal-anti-tumulto-em-sp-chega-a-r-77-milhoes.shtml.

SKODOWSKI, Thais. Doria regulamenta lei que proíbe uso de máscaras em protestos. *R7*, 19 jan. 2019. Disponível em: https://noticias.r7.com/sao-paulo/doria-regulamenta-lei-que-proibe-uso-de-mascaras-em-protestos-19012019.

STABILE, Arthur. PM arrasta mulheres pelos cabelos em ato do MPL. *Ponte Jornalismo*, 16 jan. 2020. Disponível em: https://ponte.org/pm-arrasta-mulheres-pelos-cabelos-em-ato-do-mpl/.

TUROLLO JR., Reynaldo. Polícia Militar vai usar "tropa do braço" em protestos em SP. *Folha de S.Paulo*, Cotidiano, 13 fev. 2014. Disponível em: https://www1.folha.uol.com.br/cotidiano/2014/02/1411475-policia-militar-vai-usar-tropa-do-braco-em-protestos-em-sp.shtml.

2.3. Novas formas de controle policial na perspectiva da cartografia social: mobilidade racial urbana

Marcelle Decothé e Monique Cruz

Introdução

Pensar sobre mobilidade, vigilância, controle e repressão na contemporaneidade implica necessariamente considerar o racismo que baliza as relações de poder e a atuação estatal nas cidades. Neste artigo nos interessa apresentar alguns elementos que colaborem para as reflexões sobre esses temas muitas vezes esquecidos nos debates sobre o acesso a direitos. Serão trazidos elementos experienciados na cidade do Rio de Janeiro e cidades da região metropolitana.

Para além das questões que se relacionam com o controle das pessoas por meio da gestão dos sistemas de transportes públicos nas cidades nos importa destacar esse controle como parte dos importantes processos de militarização pelos quais passamos. Militarização não somente no sentido trabalhado por Farias et al. (2018), como um dispositivo de gestão das populações, mas como uma espécie de ideologia que ultrapassa a ação fisicamente violenta do Estado e outras organizações – como também destacado pelas autoras.

Wacquant (2007) explora a ideia de que a militarização dos execráveis bairros de pobreza urbana serve para moldar e projetar a nova aparência desse peculiar "transcendental histórico" que é o Estado neoliberal ao exagerar sua capacidade de controlar as populações e os locais problemáticos da cidade grande e reestabilizar, através da imposição agressiva da lei, as hierarquias que suas classificações oficiais idolatram.

Nesse sentido, estamos propondo neste estudo considerar militarização de forma ampla, como a influência da ideia de que existem inimigos a serem eliminados, territórios a serem controlados e a mobilidade voltada basicamente para o trabalho, moldada a partir desse projeto de vigilância e controle. Cabe ressaltar que os dispositivos de discursos, práticas e subjetividades inerentes à militarização são construídos e executados a partir das relações cotidianas que se dão em várias escalas diferentes: do poder que mobiliza as instituições públicas e privadas para a eliminação concreta e subjetiva daqueles que representam "o inimigo", até as relações individuais entre pessoas que compartilham a existência na cidade durante a circulação.

Barros (2018) ressalta que "militarização da vida" é entendida como espraiamento das práticas, símbolos, narrativas e tecnologias que têm na força bélica o aspecto principal. Explorando a militarização como chave analítica, avançaremos num estudo sobre como a mobilidade urbana, ou ausência dela, conecta-se com o projeto racial de controle e vigilância do Estado imposto historicamente sobre a realidade diaspórica brasileira.

Partindo do pressuposto de que, se existe uma "cidade" construída a partir de dispositivos conectados à lógica de militarização, cabe aos instrumentos de mobilidade urbana e seus modais traçarem também uma "rota urbana racialmente militarizada" e reproduzirem no cotidiano as funções de controle, segregação e vigilância que o estado imputa em seu projeto político, imprimindo na realidade fluminense o que Mbembe chamou de lógica do recinto fechado.

Cabe a estas pesquisadoras, negras e periféricas, desenvolver este breve estudo a partir da metodologia da Cartografia Social. Rocha (2003, p. 65) destaca que, na América Latina, considerando a existência de países submetidos durante longo período a governos autoritários, a pesquisa-ação crítica, assim diferenciada das experiências reformistas desenvolvidas nos Estados Unidos, estará ligada a projetos emancipatórios e autogestionados. Entendida como uma ação que visa a mudanças na realidade concreta com uma participação social efetiva, a pesquisa-ação crítica está centrada no agir, através de uma metodologia exploratória, tendo seus objetivos definidos no campo de atuação pelo pesquisador e pelos participantes. Seus resultados estão vinculados à tomada de consciência dos fatores envolvidos nas situações de vida imediata e na participação coletiva para a mudança da ordem social (Rocha, 2003, p. 71).

Permitindo essa analogia, o trem deste estudo parte com dois corpos negros femininos que irão discorrer – dentro das próximas páginas – experiências de controle e vigilância a partir da mobilidade urbana que vivenciam, também, em seus respectivos territórios. A pesquisa contribui, dessa forma, com uma reflexão racializada sobre este tema tão importante para a sociedade brasileira de forma geral.

"Se eu perder esse trem...": controle, mobilidade e desigualdades raciais urbanas

De maneira geral para quem mora na região metropolitana do Rio de Janeiro, na maior parte dos municípios que a compõem, perder o trem significa ter que encontrar a casa de um(a) amigo(a) para dormir porque, assim como na famosa letra de Adoniran Barbosa, lançada há 56 anos, "só amanhã de manhã". As opções de linhas de ônibus são poucas e, assim como os trens e metrô, têm horário reduzido. Talvez à exceção de quem vive nas favelas que fazem o caminho do centro até o início da Zona Norte da cidade, chegar em casa pode significar pegar até quatro conduções. E, no caso de alguns ramais como o Japeri, aos sábados, a perda do trem das quatro já é motivo para "ficar a pé".

Considerando que a mobilidade urbana é gerida por políticas públicas de urbanismo e, no caso do estado do Rio de Janeiro, especialmente na capital e na região metropolitana, pela lógica da (in)segurança pública, pensar os espaços por onde circulamos da casa para o trabalho e o lazer – especialmente porque a segunda opção quase sempre está ligada à primeira – nos levou a pensar sobre a malha ferroviária que nos une, os ramais Gramacho e Saracuruna, considerando algumas das explicações para a precariedade e limitação que nos é imposta em nossos locais de moradia.

A história do Brasil como a conhecemos é relativamente recente, 520 anos tratados sob diversos vieses. Sobre isso nos posicionamos em um campo que tem no movimento negro sua vanguarda, que desconstrói ideias como a do "descobrimento", da "escravização amigável", do "bom senhor", consequentemente da "abolição" e da "democracia racial" (Nascimento, 2016).

Isso significa dizer que localizamos a história da formação socioespacial brasileira como racialmente determinada sob o viés colonial do pensamento moderno. Nesse contexto, importa dizer que as cidades, como demonstrou Moura (1983), foram formadas por pessoas negras escravizadas e seus descendentes, sobreviventes que se organizaram para a construção de espaços de moradia, sendo ao longo do tempo jogadas para as favelas (Chalhoub, 2017; Mattos, 2007, 2014).

As favelas são os *quartos de despejo* denominados por Carolina Maria de Jesus (1963) em relação ao que ela chamou de *cidade* ou *sala de visita*. A relação direta construída pela autora entre um sentimento de inferioridade em relação à "cidade" dadas as condições de seu local de moradia (descritos por ela em seu diário), demonstram o sucesso das ideologias que forjaram a sensibilidade e a subjetividade das e em relação às pessoas negras no Brasil. Com importação e adaptação de teorias raciais europeias ainda no século XIX, as pessoas negras eram consideradas inferiores, naturalmente criminosas, violentas, portadoras de doenças etc. (Schwarcz, 1993). Esse foi o resultado de uma incansável busca das elites brasileiras por um "destino" para os negros libertos, considerados inaptos para o trabalho livre (Azevedo, 1987; Chalhoub, 2017).

As favelas e periferias, ainda que tenham suas peculiaridades, são em todo o Brasil colocadas como contraponto às áreas consideradas nobres, e a elas têm sido historicamente direcionadas políticas de controle violentas. Na dualidade característica das sociedades coloniais (entre o negro e o branco, o rico e o pobre, o bem e o mal) é possível fazer um paralelo entre a *cidade do colono e a cidade do colonizado*:

> A cidade do colonizado [...] a cidade negra, a *medina*, a reserva, é uma cidade mal-afamada, povoada de homens mal-afamados, aí se nasce não importa onde, não importa como. Morre-se não importa onde, não importa de quê. É um mundo sem intervalos, onde os homens estão uns sobre os outro, as casas umas sobre as outras. A cidade do colonizado é uma cidade faminta, faminta de pão, de carne, de sapatos, de carvão, de luz. É uma cidade de negros, uma cidade de árabes. (Fanon, 1968, p. 29)

Os lugares onde vivemos e atuamos politicamente como ativistas/militantes são territórios negros, como apontamos em nossas pesquisas de mestrado (Decothè, 2019; Cruz, 2020), lugares onde a violência institucionalizada, exercida por agentes públicos e privados, têm no estado de exceção a regra (Agamben, 2004). Esses locais se construíram nas cidades, cada um com suas características, em seu tempo e espaço, a partir da necessidade do trabalho e da sobrevivência das pessoas negras. São territórios, nos termos de Santos (1998), onde a vida se faz nas relações de solidariedade, apoio mútuo, nas relações sociais, econômicas e políticas que constroem identidades.

Voltando a um dos muitos elementos que nos unem nas análises relacionadas neste texto, é interessante destacar que nossos locais de moradia – Manguinhos e Parada de Lucas – são favelas que se construíram no entorno da linha férrea que se desenvolveu entre o final do século XIX e início do XX[59, 60]. A periferia atravessada em direção ao porto – localizado no que hoje é o bairro Centro – foi criada no entorno do caminho de ferro, construído para transportar majoritariamente mercadorias.

Nas regiões atravessadas pelos ramais que nos unem, além de terem induzido a criação de moradias, também se promoveu a criação de indústrias e outras vias, como é o caso da avenida Brasil, que data da década de 1950. O metrô, por outro lado, que atende a bairros próximos, cria uma linha de valorização por onde passa[61]; foi fundado no Centro (comercial da capital)[62] e se diferencia muito do trem: o tipo de linha férrea, a velocidade, o conforto; a comparação entre a linha 1, a linha 2 e a linha 4 demonstra isso. Experienciamos trens nas linhas 1 e 4 que atendem às áreas nobres bem menos lotados que o da linha 2, que, além disso, conta com composições mais velhas, menos confortáveis e mais demoradas.

Assim, ressaltamos que mobilidade, controle e repressão não podem ser descolados da perspectiva que aponta para quais sujeitas(os), constituídas(os) em quais territórios, estão no alvo das políticas genocidas que no Brasil compõem o quadro necropolítico instituído desde a Colônia até os dias atuais sem que contudo sejam reconhecidas(os) como sujeitas(os) de transformação em sua circulação pelas cidades para o trabalho, para a luta e para a visibilização desses mesmos processos de tentativas de (i)mobilidade.

---

59 "Manguinhos", *Estações Ferroviárias do Brasil*. Disponível em: http://www.estacoesferroviarias.com.br/efl_rj_petropolis/manguinhos.htm.
60 "Parada de Lucas", *Estações Ferroviárias do Brasil*. Disponível em: http://www.estacoesferroviarias.com.br/efl_rj_petropolis/paradalucas.htm.
61 "Mapas", *Metrô Rio*. Disponível em: https://www.metrorio.com.br/VadeMetro/Mapas.
62 "Breve história do metrô fluminense", *Metrô do Rio (não oficial)*, 25 ago. 2011. Disponível em: http://metrodorio.blogspot.com/2011/08/breve-historia-do-metro-fluminense.html.

Próxima estação: fronteiras raciais da mobilidade

As formas contemporâneas de controle social são extensas quando as projetamos sobre territórios de favelas e periferias, o dispositivo de militarização é ativado pela sociedade moderna também como um *modus operandi* marcado por políticas públicas de segurança, assistência social, mobilidade, saúde e até educação. Moita (2013) investiga o conceito de "militarização" a partir do estudo da construção de sociedades africanas recém-libertas de processos de colonização ainda no século XX. Para esse autor, o conceito de militarização inclui seguramente diversos significados, e, para estas pesquisadoras, será trabalhado a partir de seus impactos diretos e subjetivos em corpos negros que circulam geograficamente em espaços à margem do centro da produção capitalista urbana.

Quando estudamos na história recente as políticas de controle urbano militarizadas, destacamos a criação das unidades de polícia pacificadora (UPP), política de segurança pública construída durante a gestão do governador Sérgio Cabral (estado do Rio de Janeiro) – atualmente preso por corrupção e desvio de dinheiro público – e administrada por seu secretário de Segurança, José Mariano Beltrame. A ocupação militar, seguida de instalação permanente de uma unidade policial em favelas e periferias, foi considerada como condição imprescindível para a integração desses territórios à cidade "formal", segundo os idealizadores dessa política. O distanciamento da "cidade" para a "favela" foi/é traçado historicamente por dispositivos militarizados de repressão, controle e segregação racial. Em regimes democraticamente militarizados, os signos culturais e religiosos provenientes de espaços negros e periféricos, como o samba, o candomblé, o funk, são ora apropriados pela cidade, ora incluídos no rol da perseguição e aniquilação provocadas pelo Estado.

À luz de políticas de controle social, os instrumentos de mobilidade urbana são construídos e instrumentalizados a fim de exercer também esse tipo de ação. Na cidade do Rio de Janeiro, poucos são os bairros de favela e periferia não cortados por grandes rodovias, estações de metrô e trens urbanos. O capital produtivo concentrado nos centros urbanos tem a política de moradia, mobilidade e de segurança a seu serviço, estimulando assim a autoafirmação de fronteiras de circulação seletivas, que separam "trabalhadores" e "desocupados"; "negros" e "brancos"; "mulheres" e "homens".

Para nos ajudar a refletir sobre o papel que os instrumentos de mobilidade urbana exercem na sociedade militarizada, resgataremos o conceito de *checkpoint*, cunhado pelo antropólogo social Pradeep Jeganathan (2004). Para Díaz (2019, p. 293), refletir sobre os postos de verificação e checagem (*checkpoint*) é interessante porque eles se constituem em limites territoriais nos quais as fronteiras entre legal e ilegal encontram-se borradas. Os agentes militarizados do Estado por vezes utilizam as estruturas que cercam os espaços de favela, como estações de trem e metrô, pontos de ônibus e mototáxi, como uma estratégia "legal" para conter, controlar e vigiar os corpos que por ali circulam.

De acordo com Jeganathan, o *checkpoint* deve ser entendido como a arquitetura epistemológica da modernidade, uma vez que o verificado tem que provar a sua inocuidade baseada em ser legível como não perigoso, o que coloca em jogo questões de identidades social e política no momento da verificação, com as quais o Estado identifica seus cidadãos (subjetivação). E, para alinhar a subjetivação mais presente nos postos de checagem, o que diferencia a ocupação militar dos modais de transporte urbano e a produção das práticas repressivas, utilizaremos o filósofo sul-africano Achille Mbembe (2017), que aponta para a raça como aquilo que permite identificar e definir que grupos de populações são, individualmente, portadores de traços diferenciais e mais ou menos aleatórios, ou seja, objetos de checagem, corpos desumanizados que precisam avançar por barreiras de repressão para ter seu direito à circulação garantido.

Jeganathan (2004) aponta, também, que os pontos de verificação devem ser entendidos como uma manifestação da insegurança e incerteza estrutural e global, tornando-se uma tecnologia que divide os cidadãos de uma mesma cidade em "vizinhos" e "corpos elimináveis" e, de maneira acentuada e cristã, entre bons e ruins, separando a ordem criminosa e aniquilável (o interior) da nova ordem imaginária construída sob a apropriação de segurança (o exterior). A política urbana carioca foi construída em cima de signos de marginalização e segregação racial, portanto, a mobilidade instituída em muitos centros urbanos serve para facilitar e impulsionar as práticas repressivas geridas pelo Estado.

Parte dos cenários da expansão dos recursos de controle e punição, dispostos como tendência mundial na transformação do espaço das cidades, noutros termos, representante de modelos globais de técnicas de militarização territorial – implementados via o chamado "efeito bumerangue" (Graham, 2016), depois internalizados como dispositivos de vigilância de fronteiras e, a seguir, como meios de controle populacional, como os *checkpoints* que delimitam as fronteiras raciais de periferias cariocas e brasileiras (de forma geral), ganham alcance e poder de destruição com o advento do uso de tecnologias como o drone militar utilizado pelas polícias para vigilância de territórios favelados, ou o uso de helicópteros em operações policiais, assim como bases de tiro e controle instaladas nas margens fronteiriças das favelas, conectadas, por exemplo, com pontos de transição e passagem de modais de transporte urbano.

Considerações finais

Nessa lógica de criação de identidades criminalizadas – em seu sentido amplo, jurídico e político – é que se ligam os(as) sujeitos(as) aos territórios nos quais vivem e a uma suposta necessidade de controle da sua circulação na cidade. A precarização imposta pelas políticas públicas voltadas a esses territórios e sujeitas(os) nos levam a pensar sobre quais [são essas] políticas [e] para quais sujeitos (Aguião, 2017). A contribuição de Aguião é utilizada aqui em outra escala de análise e nos ajuda a pensar que para os(as) sujeitos(as) negros(as) das favelas estão direcionadas políticas seculares de controle que se sofisticaram ao longo dos séculos.

É a partir da gestão do "ir e vir" que impulsionamos as relações entre mobilidade e controle de corpos negros nas periferias e favelas do Rio de Janeiro exploradas neste artigo. Para a ótica de favelados e faveladas, vozes narrativas desta pesquisa, a mobilidade urbana vigente na cidade é um projeto de gestão militarizado desenvolvido pelo Estado. Além do controle social representado pela presença de agentes bélicos no território, cabe aqui reforçar a ideia de Butler (2003) quando aborda a subjetividade corporizada e sutil do controle, que pode se apresentar através do domínio masculino local, mas também nas práticas de militarização tradicionais e – principalmente – nas ausências programadas de políticas sociais. A gestão da circulação intraterritório é cartografada como uma das facetas presentes no cotidiano de violência e dor impostas para quem vive dentro das fronteiras raciais do Estado.

Referências

AGAMBEN, G. *O estado de exceção: homo sacer* II. São Paulo: Boitempo, 2004.

AGUIÃO, S. Quais políticas para quais sujeitos. *Cadernos Pagu*, n. 51, 2017.

AZEVEDO, C. M. M. D. *Onda negra, medo branco*: o negro no imaginário das elites – século XIX. Rio de Janeiro: Paz e Terra, 1987.

BARROS, R. Rio de Janeiro: o caleidoscópio da militarização urbana. In: FARIAS, J. et al. (orgs.). *Militarização no Rio de Janeiro*: da pacificação à intervenção. Rio de Janeiro: Mórula, 2018, p. 283-96.

BUTLER, J. *Problemas de gênero*: feminismo como subversão da identidade. Rio de Janeiro: Civilização Brasileira, 2003.

CHALHOUB, S. *Cidade febril*: cortiços e epidemias na corte imperial. São Paulo: Companhia das Letras, 2017.

CRUZ, M. C. *"Aqui a bala come, não tem aviso prévio"*: favela, necropolítica e a resistência das mulheres-mães guardiãs da memória. Rio de Janeiro, 2020. Dissertação (Mestrado do Programa de Pós-Graduação em Serviço Social) – Escola de Serviço Social, Universidade Federal do Rio de Janeiro (UFRJ).

DECOTHÈ, M. S. *"Baixada cruel"*: uma cartografia social do impacto da militarização na vida das mulheres da Baixada Fluminense. Rio de Janeiro, 2019. Dissertação (Mestrado) – Núcleo de Estudos de Políticas Públicas em Direitos Humanos, Universidade Federal do Rio de Janeiro (UFRJ).

DÍAZ, A. A zona cinza: ordem criminosa e autodefesa armada no México. *Tempo soc.*, on-line, v. 31, n. 1, p. 277-99, 2019.

FANON, F. *Os condenados da terra*. Rio de Janeiro: Civilização Brasileira, 1968.

FARIAS, J. et al. (orgs.). *Militarização no Rio de Janeiro*: da pacificação à intervenção. Rio de Janeiro: Mórula, 2018, p. 283-96.

GRAHAM, Stephen. *Cidades sitiadas*: o novo urbanismo militar. São Paulo: Boitempo, 2016.

JEGANATHAN, Pradeep. Checkpoint: Anthropology, Identity, and State. In: DAS, Veena; POOLE, Deborah. *Anthropology in the Margins of the State*. Santa Fé: Sar Press, 2004, p. 67-80.

JESUS, M. C. *Quarto de despejo*. São Paulo: Edição Popular, 1963.

MATTOS, R. C. *A ocupação policial do Morro da Favela no contexto do 1º Centenário da Independência e o discurso de José da Barra (o "Chefe de polícia" da localidade)*. Rio de Janeiro: [s.n.], 2014.

_____. Aldeias do mal. *Revista de História da Biblioteca Nacional*, Rio de Janeiro, n. 25, p. 28-33, out. 2007.

MBEMBE, A. *Necropolítica*: biopoder, soberania, estado de exceção, política da morte. São Paulo: N-1 Edições, 2017.

_____. *A crítica da razão negra*. Lisboa: Antígona, 2014.

MOITA, L. As forças armadas dos Palop. *Janus*, n. 15, jan.- -dez. 2013.

MOURA, C. *Brasil*: as raízes do protesto negro. São Paulo: Global, 1983.

NASCIMENTO, A. *Genocídio negro no Brasil*: processo de um racismo mascarado. São Paulo: Perspectiva, 2016.

ROCHA, Marisa. Pesquisa-intervenção e a produção de novas análises. *Psicologia Ciência e Profissão*, v. 23, n. 4, p. 64-73, 2003.

RODRIGUES, H. B. C.; SOUZA, V. L. B. A análise institucional e a profissionalização do psicólogo. In: KAMKHAGI, V.; SAIDON, O. (orgs.). *Análise institucional no Brasil*. Rio de Janeiro: Rosa dos Tempos, 1987.

SANTOS, Milton; SOUZA, Maria Adélia A. de; SILVEIRA, Maria Laura (Orgs.). *Território*: globalização e fragmentação. São Paulo: Hucitec: ANPUR, 1998.

SCHWARCZ, L. M. *O espetáculo das raças*: cientistas, instituições e questão racial no Brasil. 1870-1930. São Paulo: Companhia das Letras, 1993.

WACQUANT, L. *Punir os pobres*: a nova gestão da miséria nos Estados Unidos. Rio de Janeiro: Zahar, 2007.

2.4. Mobilidade urbana, encarceramento e violações de direitos: a quem serve que pessoas encarceradas fiquem cada vez mais inacessíveis?

Agenda Nacional pelo Desencarceramento[63]

Toda prisão é política: os inimigos do Estado

O Brasil, segundo os dados mais recentes disponibilizados pelo Departamento Penitenciário Nacional (Depen), possui uma população prisional majoritariamente negra, e o maior contingente dessa população está encarcerada por crimes ligados ao patrimônio. Com 1.412 unidades prisionais[64], possui um déficit de 312.925 vagas[65].

---

63 Autoras: Eveline Duarte, Fernanda Oliveira e Vitória Murta. Relatos que ajudaram na construção do texto: Maria Augusta (Rio de Janeiro); Nathallya (Rio Grande do Norte); Priscila (Amazonas); Rosilda (Mato Grosso do Sul) e Sandro Augusto (Mato Grosso do Sul). Revisão: Fabíola Cordeiro.
64 Ministério da Justiça, "Infopen: Levantamento nacional de informações penitenciárias – jun. 2019", *dados.gov.br*, jan. 2019-abr. 2020. Disponível em: http://www.dados.gov.br/dataset/infopen-levantamento-nacional-de-informacoes-penitenciarias1.
65 Departamento Penitenciário Nacional, "Levantamento nacional de informações penitenciárias, dez. 2019". Disponível em: https://app.powerbi.com/view?r=eyJrIjoiZTlkZGJjODQtNmJlMi00OTJhLWFl-MDktNzRlNmFkNTM0MWI3IiwidCI6ImViMDkwNDIwLTQ0NG-MtNDNmNy05MWYyLTRiOGRhNmJmZThlMSJ9.

Na esteira dessa questão, a construção de mais unidades prisionais tem sido apresentada como uma solução que definitivamente recebe grande adesão do poder público e da mídia. Por certo, isso é alimentado dia a dia pelos discursos de disseminação do medo e do ódio propagados pela mídia, que estampa rostos de pessoas com ou sem condenação judicial em um teatro de aberrações em que esses indivíduos são retratados como monstros. O medo e o ódio também são ferramentas úteis aos políticos que prometem acabar com toda a criminalidade que há no país com bala e prisão, negligenciando a necessidade de construção de políticas públicas de segurança estruturadas pelo respeito aos direitos humanos.

O que não é dito é que o sistema de justiça criminal e o encarceramento têm sido dispositivos usados pelo Estado para transformar determinadas pessoas – notoriamente a população negra e moradora de favelas e periferias – em "inimigos da sociedade" em vez de admiti-los enquanto cidadãos de direito. O chamado "inimigo da sociedade", que na verdade é inimigo do Estado, é alguém destituído de humanidade e, na condição de monstro, pode ser colocado em celas superlotadas, com algumas gotas de água suja por dia, esgoto a céu aberto e comida podre. Em última análise, o inimigo é uma vida que pode ser eliminada, pode ser morto por fome, por doença ou por tiro, ser submetido a desaparecimento forçado. Ao contrário do cidadão de direito, que precisa ter acesso a moradia, saneamento básico, comida saudável, creche, educação, saúde, previdência social etc., condição que implica direitos reconhecidos, que podem ser reivindicados e resultam em custos econômicos e políticos.

A noção de exclusão do indivíduo pintado como inimigo pelo Estado encontra algum aporte teórico no direito penal do inimigo, que cada vez mais expande sua aplicabilidade também no âmbito do direito processual penal e nas atuações policiais. Gunther Jakobs (2007, p. 49) aponta:

> Quem por princípio se conduz de modo desviado, não oferece garantia de um comportamento pessoal. Por isso, não pode ser

tratado como cidadão, mas deve ser combatido como inimigo. Esta guerra tem lugar com um legítimo direito dos cidadãos, em seu direito à segurança.

Em um país fundado a partir do extermínio da maior parte da população nativa, da utilização de mão de obra de africanos negros escravizados e povos indígenas remanescentes e do estabelecimento de poder pelas elites brancas europeias, não é difícil chegar à conclusão de que os inimigos do Estado estão entre os descendentes de pessoas que outrora foram escravizadas. Pessoas que foram formalmente libertas da condição de escravizados, mas que não tiveram acesso a nenhum tipo de indenização. Formou-se uma massa sem-terra, sem-teto e sem nenhuma fonte de renda reconhecida como lícita, pois, mesmo os postos de trabalhos gerados, o Estado tratou de ocupar com imigrantes brancos, necessários às políticas públicas de branqueamento implementadas pelo governo brasileiro.

Eugenio Raúl Zaffaroni, em sua obra *Criminologia: aproximación desde un margen* (1998), aponta para a construção de um saber criminológico racista-colonialista com o objetivo de legitimar com uma narrativa de inferioridade pautada na raça a dominação dos brancos europeus sobre os negros, indígenas e "mestiços".

> Estas teses racistas brasileñas, fortalecidas en período de la "República Velha", es decir, desde la caída del Imperio – en forma casi inmediata a la abolición de la esclavitud por la regente princesa Isabel –, que pretendieron frenar el mestizaje mulato... (Zaffaroni, 1998, p. 47)

Intensificou-se o processo de criminalização de atividades ligadas ao uso e comercialização de entorpecentes, sempre com um recorte racial bem delimitado nas ações policiais, junto a outras inúmeras tentativas de criminalizar a população negra. Esse processo inclui a criminalização de condutas como mendicância, vadiagem, que consiste em "entregar-se habitualmente à ociosidade, sendo válido para o trabalho, sem ter renda que lhe assegure meios bastantes de subsistência, ou prover à própria subsistência mediante ocupação ilícita"[66], numa explícita criminalização da pobreza. Além da perseguição através do braço armado do Estado a atividades culturais ligadas à população negra, como rodas de capoeira, samba e, mais recentemente, os duelos de rap e bailes funk.

O processo de encarceramento em massa contemporâneo só pode ser entendido a partir desses processos e como parte de um processo mais amplo de criminalização e extermínio que os movimentos sociais têm denunciado nacional e internacionalmente como genocídio. Não é por acaso que mais da metade da população carcerária está presa por conta de crimes contra o patrimônio, como furto e roubo, e um em cada cinco presos está encarcerado por conta de atividades ligadas ao tráfico de drogas[67]. Deparamo-nos com abordagens policiais cada vez mais violentas direcionadas à população negra e periférica, uma polícia militarizada que entra nas favelas com armamento de Exército e realiza operações espetacularizadas pela mídia cujo resultado são corpos negros espalhados pelo chão, muitas delas resultam também em "autos de resistência", desaparecimentos forçados e prisões que têm como única prova a palavra do policial.

Crianças e adolescentes também estão inclusos na política encarceradora: os dados estão defasados, mas os mais recentes divulgados pelo governo mostram que, entre os jovens de 12 a 21 anos privados de liberdade em unidades de internação no país, os atos infracionais análogos a roubo, furto e tráfico de drogas somam mais de 65% das incidências (Brasil, 2019a). O tráfico de drogas praticado por crianças está na lista das piores

---

66 Decreto-Lei n. 3.688/41, art. 59.
67 Departamento Penitenciário Nacional, "Levantamento nacional de informações penitenciárias, dez. 2019". Disponível em: https://app.powerbi.com/view?r=eyJrIjoiZTlkZGJjODQtNmJlMi00OTJhLWFl-MDktNzRlNmFkNTM0MWI3IiwidCI6ImViMDkwNDIwLTQ0NG-MtNDNmNy05MWYyLTRiOGRhNmJmZThlMSJ9.

formas de trabalho infantil, elencada pela Organização Internacional do Trabalho (OIT) e mesmo assim o Brasil insiste em interpretar crianças a partir de 12 anos envolvidas no tráfico de drogas como agentes de atos infracionais. São crianças e adolescentes, em sua ampla maioria negros e moradores de favelas e periferia, vítimas do abandono por parte de um Estado que, se não os mata na infância de fome, de doença ou de tiro, os encarcera nas unidades de internação e mais tarde nas unidades prisionais. Situação bem explicitada por Acácio Augusto:

> Na sociedade de soberania, o poder exercido sobre os potenciais revoltosos crianças e jovens filhos de escravos reafirmava a imposição de castigos físicos públicos. O suplício no tronco marcava a pele de quem desrespeitava a lei do senhor e exibia aos outros escravos o inevitável depois de um simples desacato ou da cisma de seu proprietário. Na sociedade disciplinar, a tecnologia do exercício de poder opera pela lógica do confinamento de corpos para a extração de produtividade econômica e docilidade política, compondo uma anatomia política do corpo. (Augusto, 2009, p. 61)

As normas de comportamento impostas nas unidades de privação de liberdade reproduzem a obstinação pela subjugação desses corpos rebeldes: mãos para trás, cabeça baixa e silêncio, assim como ficavam as pessoas escravizadas da lavoura para a senzala. Assim, as prisões e unidades de internação são resultados históricos de um processo político de controle social e extermínio da população negra. Desse modo, entende-se que toda prisão é política.

Prendem uma pessoa, punem uma família

E então eles, homens do poder, criaram os cárceres para tirar toda a dignidade humana dos que eles consideram inimigos do Estado, os familiares de encarcerados ocupam espaços de dor e sofrem crueldades em todo o território nacional. Apesar das singularidades locais, sempre será um lugar privilegiado para efetivação das violações e de manifesta tortura praticada pelo Estado, expressa em tudo que representa ou finge representar segurança pública em torno do sistema prisional.

Dentro do direito penal trataram de criar expressões e conceitos que ocultam para os desconhecedores dos cárceres e de suas estruturas a morte do ser como ferramenta de controle. Uma dessas formulações é a chamada "ressocialização", apresentada no primeiro artigo da Lei de Execução Penal (LEP) em vigor:

> Execução penal tem por objetivo efetivar as disposições de sentença ou decisão criminal e proporcionar condições para a harmônica integração social do condenado e do internado.[68]

No entanto, quando se olha de dentro dos muros, as famílias conseguem entender claramente a que veio esse termo, o prefixo "re" fala de trazer de volta, mas há que se trazer de volta aquele que nunca se foi? Os indignos de vida, desmerecedores desde o útero e antes dele do acesso à educação, saneamento básico e aos direitos fundamentais consagrados a toda a humanidade[69].

No entanto, a família é a melhor chance de recuperar uma vida que foi encarcerada, uma pessoa só se torna melhor apesar do cárcere e nunca pelo cárcere, que só piora o ser, prendendo pessoas para diminuir a violência justamente num lugar onde a violência vai ser sua arma para sobreviver.

É a família que, com um amor transcendente, olha para aqueles seres humanos ali esquecidos pela sociedade e pelo Estado e nunca desiste. Em cada lugar deste país há uma mãe, uma esposa, avós e avôs, pais, tias e tios, irmãs e irmãos. A família vai madrugar, tirar de seu suor o sustento para seu familiar privado de liberdade, para que minimamente se possa levar dignidade, tentar prover o que seria função do Estado, mas que este não provê, apesar de a LEP prever essa assistência:

---

68 Lei n. 7.210, de 11 de julho de 1984, que institui a Lei de Execução Penal, art. 1º.
69 Declaração Universal dos Direitos Humanos.

Art. 10. A assistência ao preso e ao internado é dever do Estado, objetivando prevenir o crime e orientar o retorno à convivência em sociedade.

Parágrafo único. A assistência estende-se ao egresso.

Art. 11. A assistência será: I – material;
...
Art. 12. A assistência material ao preso e ao internado consistirá no fornecimento de alimentação, vestuário e instalações higiênicas.

A família vai lembrar de toda a lista dos itens de higiene a semana inteira, da alimentação, das vestimentas que são autorizadas em cada unidade prisional, se informar sobre os processos e cobrar do Judiciário os benefícios vencidos. Vai providenciar tudo, e preparar-se para a visita sempre tão aguardada. Aguardada tanto pela família cheia de esperança quanto pelo encarcerado, que tem um refúgio na visita, no abraço, no olhar acolhedor, nos conselhos de amor. Reconhece o esforço da família, nas correrias[70] por uma rara vaga de estudo ou trabalho e na batalha para que seu familiar encarcerado volte vivo para casa.

Para onde levar os inimigos do Estado: da letra da lei à realidade

O sistema brasileiro segue em linhas gerais uma lógica progressiva, com um regime inicial de isolamento completo, seguido por uma fase de isolamento noturno e saída para trabalho e estudo durante o dia e, por último, o livramento condicional. A LEP em vigor estabelece algumas diretrizes relacionadas à localização de cada tipo de estabelecimento prisional, partindo dessa lógica progressiva da pena. A penitenciária, em tese, é o estabelecimento onde deveriam estar apenas os condenados ao regime fechado e deve ser "construída, em local afastado

---

70 Alguns grupos referem-se às lutas por superar dificuldades relacionadas ao próprio sustento, trabalho e emprego como "correrias".

do centro urbano, a distância que não restrinja a visitação"[71], e a cadeia pública, por sua vez, é o estabelecimento destinado ao recolhimento de presos provisórios e deveria ser "instalado próximo de centro urbano"[72] "a fim de resguardar o interesse da Administração da Justiça Criminal e a permanência do preso em local próximo ao seu meio social e familiar"[73].

A LEP ignora a situação de vulnerabilidade socioeconômica das famílias de grande parte dos condenados no Brasil, pois só o fato de as penitenciárias estarem distantes do meio social e familiar já é um fator que restringe a visitação. Quando tratamos do caso de presos provisórios, ultrapassamos uma desconsideração da própria lei: apesar de prever que esses presos devem permanecer em local próximo ao seu meio social e familiar e em estabelecimento diferente das penitenciárias para presos com condenação, a lei é ignorada, grande parte das unidades prisionais abriga presos de diferentes situações: condenados e sem condenação. As unidades prisionais muitas vezes ficam em locais aos quais o transporte público não é acessível em dias de visita.

Quando se trata da construção de unidades de internação para jovens que praticam atos infracionais, a lei que institui o Sistema Nacional de Atendimento Socioeducativo (Sinase) faz duas referências às localizações em que as unidades devem estar: ela não deve ser de qualquer forma "integrad[a] a estabelecimentos penais"[74] e "o adolescente deverá ser internado em Unidade mais próxima de seu local de residência"[75]. Além dessas duas menções diretas à localização da unidade, o Sinase estabelece que um dos princípios que rege a execução da medi-

---

[71] Lei n. 7.210, de 11 de julho de 1984, que institui a Lei de Execução Penal, art. 90.
[72] Idem, art. 104.
[73] Idem, art. 103.
[74] Lei n. 12.594, de 18 de janeiro de 2012, que institui o Sistema Nacional de Atendimento Socioeducativo (Sinase), art. 16, §2º.
[75] Idem, art. 49, II.

da socioeducativa é o "fortalecimento dos vínculos familiares e comunitários no processo socioeducativo".[76]

A realidade dos jovens marcados como inimigos do Estado e de seus familiares é bem diferente da descrita em lei, com grande parte ficando internada distante de seus vínculos familiares e comunitários. Chama ainda a atenção que em nove dos estados da federação há apenas uma unidade de internação que recebe adolescentes mulheres, fazendo com que meninas do interior sejam levadas para cumprir a medida na capital. Roraima possui uma única unidade de internação, em Boa Vista, sendo ela mista. Na Bahia, dependendo do município de residência do jovem, ele cumpre a medida em Brasília, a distâncias superiores a 500 km de casa (Brasil, 2019a), e, no Rio de Janeiro, todas as unidades estão concentradas na região metropolitana da capital.

Uma conclusão lógica a que se poderia chegar diante desse cenário é que os juízes hesitariam em aplicar a medida de internação a jovens autores de atos infracionais, aplicando-a apenas a crimes contra a vida, por exemplo. Infelizmente essa não é a realidade: os dados nacionais mais recentes apontam que menos de 10% dos adolescentes estão internados por prática de homicídio; em contrapartida, mais de 60% estão internados por atos infracionais análogos a crimes contra o patrimônio e atividades ligadas ao tráfico de drogas. Há superlotação nas unidades de internação de doze estados, chegando ao índice de 209% de lotação em Pernambuco[77].

O longo caminho de quem "puxa cadeia"

As famílias que vão ao sistema prisional para visitar parentes costumam afirmar que estão "marchando" ou "puxando cadeia" com "seus(suas) presos(as)" há tanto tempo, numa ostensiva

---

76 Idem, art. 35, IX.
77 Brasil, dados do *Panorama da execução dos programas socioeducativos de internação e semiliberdade nos estados brasileiros*, feitos pelo Conselho Nacional do Ministério Público, 2019.

percepção de que o princípio da intranscendência da pena[78] não se aplica, pois a pena ultrapassa em muito a pessoa do condenado atingindo seus familiares cotidianamente.

O transporte público apresenta problemas inerentes: destinado a transportar a força de trabalho, não tem por que se preocupar com outras questões. Fins de semana são dias de menor circulação de ônibus, metrôs e trens, pois a massa da força de trabalho não se desloca nesses dias e é absolutamente indesejável para os donos dos meios de produção e seus capatazes a circulação com facilidade. Para eles, os trabalhadores têm que ficar em casa e descansar para a próxima semana de trabalho. No entanto, mesmo quando o motivo do deslocamento não é o lazer, não há por que adequar todo um sistema de transporte aos familiares de quem não cumpriu com a regra básica do sistema: trabalhar muito, ganhar pouco e nunca reclamar.

As soluções encontradas por essas famílias para reduzir a dificuldade do deslocamento para as visitas são variadas, mas nenhuma delas passa pelo poder público. Por todo o país, a peregrinação dos familiares para chegar às unidades é grande. Destacamos alguns casos: o Mato Grosso, onde familiares chegam a percorrer 2,5 km andando na rodovia até as penitenciárias que se localizam fora do perímetro urbano; o Rio Grande do Norte, onde até alguns anos atrás existia transporte público que fazia o deslocamento até as penitenciárias fora do perímetro urbano, mas as linhas foram canceladas e hoje as famílias têm que recorrer a transportes irregulares para conseguir visitar seus parentes presos; o Complexo de Jericinó, no Rio de Janeiro, onde as famílias têm que muitas vezes percorrer um trajeto que dura trinta minutos andando da entrada do complexo até o local da visita, após esperar longas horas na fila.

Na Região Norte, a predominância de redes de transporte fluviais e a escolha do Estado por manter os presos em locais

---

78 Constituição da República Federativa do Brasil, art. 5, XLV. Disponível em: http://www.planalto.gov.br/ccivil_03/constituicao/constituicao.htm.

extremamente distantes das residências das famílias dificulta muito a locomoção. Um exemplo dessa opção são os internos cuja residência é Eirunepé, município do Amazonas, e que estão presos em unidades prisionais localizadas em Manaus, a 1.160 km de distância por via fluvial, o que torna insustentável a visita e deixa esses internos totalmente desamparados

Quando finalmente conseguem chegar às unidades prisionais, outros obstáculos são colocados, como exigências de roupas específicas, regras sobre as embalagens dos produtos levados, filas gigantes nas portas dos presídios e a revista vexatória, que ainda é prática bem difundida nas unidades prisionais. Nos entornos das prisões é usual o aluguel irregular de roupas que se adequam às regras impostas, as quais variam de unidade para unidade e que são modificadas sem nenhuma divulgação aos familiares. Há ainda a prática de aluguel irregular de guarda-volumes, já que as visitas não podem permanecer na unidade com celulares e outros pertences e muitas vezes não há local adequado para deixá-los. Em unidades onde a visita é autorizada por ordem de chegada, os familiares chegam a dormir nas filas para conseguir fazer a visita.

As transferências dos presos como instrumento de tortura e estratégia para omitir violações de direitos

As visitas dos familiares são o principal acesso da sociedade civil ao cárcere e se tornam a voz de prisioneiros e prisioneiras. É inegável sua importância na luta contra as violações de direitos de pessoas presas no Brasil. Os familiares exercem importante papel na denúncia pública das condições de vida na prisão e das violações e torturas perpetradas pelos agentes do Estado nesses estabelecimentos; bem como em suas ações de *advocacy* e incidência social e política dirigidas ao Judiciário, ao Executivo e ao Legislativo. Em consequência, o Estado tenta restringir seu acesso ao cárcere de diversas maneiras, estendendo a tortura a essas pessoas.

Quanto mais distantes os presos estiverem de qualquer contato com o mundo exterior, mais são torturados sem risco de denúncias. São comuns os chamados "bondes" ou "carrinhos": a transferência de presos de uma unidade para outra, muitas vezes sem autorização judicial, executada pelas secretarias estaduais que gerem o sistema prisional.

Relatos de familiares de Goiás, Rio de Janeiro, Ceará, Rio Grande do Norte, Pernambuco, São Paulo e Minas Gerais revelam que, quando ocorrem essas transferências, a família não é avisada pelo serviço social nem da unidade originária, nem da unidade para a qual o preso foi transferido. A família só fica sabendo da transferência no dia da visita, depois de fazer toda a peregrinação para visitar o familiar preso, e muitas vezes só sabe para onde o(a) interno(a) foi transferido(a) quando chegam notícias de amigas que visitam a outra unidade e ficaram sabendo. Não são incomuns situações em que os presos são transferidos para muito longe de casa, para unidades às vezes em pior condição de infraestrutura do que aquela em que estavam antes.

Ocultar a tortura transferindo o preso sem aviso à família inviabiliza as visitas, seja pela falta de aviso em si ou ampliando o intervalo das visitas pela falta de condições financeiras da família de se deslocar até a nova unidade. É uma forma de ocultar as torturas praticadas por agentes dentro das unidades, pois os familiares, durante a visita, veriam o ente encarcerado com marcas físicas e receberia o relato do preso sobre as torturas, tornando-se assim a voz do preso para a denúncia das violações de direito.

Cabe destacar que, em meio à pandemia da Covid-19, a Organização Mundial de Saúde (OMS) recomendou que sejam restringidas as transferências de presos. No entanto, em muitos estados, os relatos são de que as transferências aumentaram; os estados aproveitaram que as visitas foram suspensas para transferirem os presos para unidades distantes de suas famílias. Em Minas Gerais, a Ordem dos Advogados do Brasil (OAB) afirma que as transferências aumentaram em torno de 60% durante a pandemia[79] e, no Ceará, mulheres foram transferidas de um presídio sem confirmação de casos de Covid-19 para um presídio com confirmação da doença[80]. O Estado está sendo um importante agente difusor do vírus pelas unidades prisionais ao realizar essas transferências.

Saída popular pelo desencarceramento

Os familiares de presos(as) e os(as) que já passaram pelo cárcere acabam por ser as vozes das pessoas encarceradas de todo o país; assim sendo, a construção de uma saída para o genocídio da população negra e para o encarceramento em massa passa pela auto-organização política deles.

A organização dos familiares de pessoas em privação de liberdade e dos(as) que já passaram pelo sistema prisional tem um valor simbólico para além do material, pois é a organização dos excluídos dentro da própria exclusão, dos silenciados e invisíveis dentro dos silenciados e invisíveis. Estamos falando da absoluta base da pirâmide social e sua movimentação pode fazer ruir de uma vez a hierarquia social existente, pois não há edifício que se sustente sem seu alicerce (Davis, 2018).

Entendendo a potência dessa movimentação, iniciamos a ideia e o desejo de nos conectarmos nacionalmente, e de pouco em pouco, em cada momento de encontro fomos articulando pensamentos, criando percepções e compreensões comuns e desse processo nasce a Agenda Nacional pelo Desencarceramento.

---

79 "Entidade denuncia descumprimento de medidas sanitárias em transferências prisionais", *Tribuna de Minas*, 9 maio 2020. Disponível em: https://tribunademinas.com.br/noticias/cidade/09-05-2020/entidade-denuncia-descumprimento-de-medidas-sanitarias-em-transferencias-prisionais.html.
80 Emanoela Camelo de Melo, "Presas são transferidas para unidade prisional com surto de coronavírus no Ceará", *G1*, 16 maio 2020. Disponível em: https://g1.globo.com/ce/ceara/noticia/2020/05/16/presas-sao-transferidas-para-unidade-prisional-com-surto-de-coronavirus-no-ceara.ghtml.

Construir uma articulação nacional de movimentos, coletivos, organizações e instituições que têm como núcleo de sua atuação a luta contra o encarceramento, como sustentação teórica o abolicionismo penal e como decisão política a defesa do protagonismo de familiares e dos(as) que já passaram pelo cárcere se apresenta como um processo complexo. Sobretudo em um modelo social no qual a produção de saber reconhecido precisa vir daqueles com diploma universitário, que são os mesmos que ocupam o protagonismo na luta política de defesa dos direitos humanos, propor essa mudança é extremamente ousado, executá-la, um verdadeiro absurdo para muitos.

Nesse caminho, a cada ano, a cada Encontro Nacional, afetamos a realidade dos movimentos de direitos humanos, nos quais familiares e os(as) que já passaram pelo cárcere rompem com o espaço destinado de relatores de tragédias para assumir o espaço de elaboradores das táticas e estratégias políticas que buscam alcançar um mundo sem prisões.

Nesse caminho, iniciamos a construção das Frentes Estaduais pelo Desencarceramento, entendendo o estado como território base de articulação, pois a gestão do sistema prisional é de competência dos estados[81], apesar da existência de penitenciárias federais. Cada estado possui realidades específicas; no entanto, os pontos comuns a cada dia aumentam, pela troca de informações e redes de apoio mútuo[82] que a construção das Frentes Estaduais produz, bem como pelo reforço cotidiano do acordo coletivo de fomentar e colaborar com a construção e fortalecimento dos movimentos de familiares.

---

[81] Constituição Federal, art. 24. Disponível em: http://www.planalto.gov.br/ccivil_03/constituicao/constituicao.htm.
[82] A exemplo das campanhas de arrecadação de produtos de higiene pessoal para pessoas encarceradas: Liberta Elas (acesso em instagram @libertaelas), Flores no Cárcere (acesso em facebook @campanhafloresnocarcere), Agenda Nacional pelo Desencarceramento (acesso em instagram @desencarcerabrasil).

Concluímos que o ponto comum e inquestionável entre as realidades dos estados é a ausência do cuidado do poder público para a garantia do direito à liberdade dos familiares. A privatização do transporte para as unidades prisionais, que ocorre pela ausência do transporte público, fere os direitos primários de uma democracia, que são a liberdade e o direito de ir e vir[83]. A pena de fato, em vários aspectos, ultrapassa a pessoa que sofreu o processo penal, alcançando sua família e atingindo o elementar direito à liberdade.

---

83 Constituição Federal, art. 5°, IX e XV. Disponível em: http://www.planalto.gov.br/ccivil_03/constituicao/constituicao.htm.

Referências

AUGUSTO, Acácio. Para além da prisão-prédio: as periferias como campos de concentração a céu aberto. *Cadernos Metrópole*, v. 12, n. 23, 2010.

_____. *Política e polícia*. Medidas de contenção de liberdade: modulações de encarceramento contra os jovens na sociedade de controle. São Paulo, 2009. Dissertação (Mestrado) – Pontifícia Universidade Católica de São Paulo (PUC).

BATISTA, Vera Malaguti. *Introdução crítica à criminologia brasileira*. Rio de Janeiro: Revan, 2011.

BRASIL. Lei de Execução Penal. Lei n. 7.210, de 11 de julho de 1984. Disponível em: http://www.planalto.gov.br/ccivil_03/leis/l7210.htm.

_____. Lei do Sinase. Lei n. 12.594, de 18 de janeiro de 2012. Disponível em: http://www.planalto.gov.br/ccivil_03/_Ato2011-2014/2012/Lei/L12594.htm.

_____. Conselho Nacional do Ministério Público. Panorama da execução dos programas socioeducativos de internação e semiliberdade nos estados brasileiros. Brasília: CNMP, 2019.

_____. Ministério da Mulher, da Família e dos Direitos Humanos (MMFDH). *Levantamento anual Sinase 2017*. Brasília: MMFDH, 2019a.

DAVIS, Angela. *A liberdade é uma luta constante*. São Paulo: Boitempo, 2018.

JAKOBS, Gunther. *Direito penal do inimigo*: noções críticas. Org. Manuel Cancio Meliá. Trad. André Luís Callegari e Nereu José Giacomolli. 2. ed. Porto Alegre: Livraria do Advogado, 2007.

LEMES, Flávia Maria. Manifestações do direito penal do inimigo no ordenamento jurídico brasileiro. *Revista Jus Navigandi*, Teresina, ano 20, n. 4.327, 7 maio 2015. Disponível em: https://jus.com.br/artigos/32886.

ORGANIZAÇÃO DAS NAÇÕES UNIDAS (ONU). *Declaração dos Direitos Humanos*. 10 dez. 1948. Disponível em: https://www.ohchr.org/en/udhr/documents/udhr_translations/por.pdf.

SILVA, Nilcea Moreno. *Professor e sistema socioeducativo*: conquistas, desafios e perspectivas para a promoção do desenvolvimento do adolescente. Brasília: UnB, 2017.

SOUZA, Jessé. *A construção social da subcidadania*: para uma sociologia política da modernidade periférica. Parte 3: A construção social da subcidadania: o processo de modernização periférica e a constituição de uma "ralé" estrutural. Belo Horizonte; Rio de Janeiro: Editora da UFMG; Iuperj, 2003. p. 153-63.

ZAFFARONI, Eugênio Raúl. *Criminología, aproximación desde un margen*. 2. reimpr. Bogotá: Themis, 1998.

3. Mulheres negras e a cidade

3.1. Basta

MC Martina

Eles pregam a igualdade e os direitos que nós mulheres temos
[na sociedade
Mas na realidade
Sem afeto, acesso e disseminação da informação
Como é que você vai fortalecer o teu Quilombo, irmão?

As minas empoderadas da favela dá pra perceber
Usando black, turbante, de franja ou trança
Sentando conversando com você.

O problema é que a gente não tem atingido a massa
Aqui a gente até fala de machismo
Mas isso não tem sido debatido em casa

Debatido quando tua mãe foi lavar a louça tarde da noite já
[cansada
Depois de ter trabalhado mais de oito horas naquele dia
Sem perceber que foi escravizada

Debatido
Quando você foi distribuir o teu currículo e a moça da recepção
[riu
Dizendo que com esse cabelo você não seria admitido
A discriminação

Rotina de escravidão
Proporciona a alienação e a mãozona do Estado

Por isso nós temos que ficar ligados
Não podemos mais deixar irmãos e irmãs sendo esculachados

Vamos fortalecer nosso Quilombo
Puxar sempre alguém com a gente
Formando um povo consciente.

Basta!
Da discriminação;
Basta!
Da rotina de escravidão;
Basta!
Da alienação;
Vamo pra luta,
Vamo lutar!

3.2. Gênero, raça e cidade: uma nova agenda urbana é necessária

Tainá de Paula

O debate sobre as desigualdades territoriais e urbanas tem sido pautado ao longo das últimas décadas por movimentos sociais, políticos e entidades comprometidas com a construção de novas perspectivas de futuro para nossas cidades. A produção das diversas formas de desigualdade é essencial para a intensificação e manutenção do processo de reprodução e acumulação capitalista, refletindo diretamente na construção de cidades menos justas e territórios cada vez mais segregados.

A reprodução de um núcleo elitizado onde se concentra a maior parte dos investimentos e equipamentos urbanos, assim como maior oferta de políticas públicas, serviços, lazer etc. e a periferização cada vez mais acentuada são a síntese da cidade contemporânea. Por outro lado, nas regiões mais periféricas da cidade, a presença do Estado se dá quase unicamente através de instrumentos e dispositivos de repressão e controle das populações.

Para compreender a complexidade das múltiplas formas de opressão que atravessam a população, os territórios e as relações sociais que neles se desenrolam, é necessária uma maior abertura para a escuta e a incorporação das pautas dos diferentes agentes que vivenciam e atuam na produção dessas cidades. O debate sobre gênero e raça vem sendo incorporado de maneira consistente nos mais diversos setores da sociedade e áreas de produção cultural e científica, como cinema, literatura, ciências sociais, direito, educação e psicologia.

É preciso romper com as práticas de planejamento hegemônicas, construídas a partir da experiência daqueles que detêm o poder e que não incorporam as especificidades de todos os grupos étnicos raciais e sociais. O medo de transitar por uma rua escura, o assédio dentro do transporte público e a naturalização da dupla jornada de trabalho são algumas das diversas formas de opressão que assolam o cotidiano das mulheres nas cidades brasileiras. A promoção de cidades mais justas passa por um processo de escuta das vozes femininas, das vozes infantes e pelo reconhecimento dessas opressões, pela incorporação de mulheres nos espaços de decisão das políticas públicas, pela promoção de espaços destinados à construção coletiva de novas alternativas e propostas para uma forma de produção de cidade que discuta as questões urbanas também da perspectiva de gênero e raça.

Apenas em 2007, com a então nova Lei federal do Saneamento Básico, a inserção do caráter generificado do planejamento, com a necessidade de o saneamento estar ligado à vida das mulheres de forma específica, e mais tardiamente, em 2016, com o Plano Nacional da Primeira Infância, as dimensões de planejamento mais abrangentes com as especificidades dos diversos sujeitos sociais fazem avançar o debate do modo universalista de pensar o planejamento urbano no Brasil.

Apenas a partir da política nacional para a primeira infância é que a escuta do primeiro segmento populacional passou a ser pauta do ordenamento urbano, o que explica em grande medida o caráter de tutela dado às crianças e aos portadores de deficiência de um modo geral nos planos diretores, por exemplo.

Comprovação disso é que, na grande maioria dos planos aprovados nos municípios antes da Lei federal n. 13.257/2016, as crianças eram citadas majoritariamente nos capítulos sobre saúde, equipamentos de esporte e lazer e assistência social, não sendo citadas nos capítulos em relação a instrumentos concretos de regramento urbano, problema encontrado na ampla maioria dos planos, que hegemonizam e não generificam e/ou diversificam sua agenda de enfrentamento.

Como parte desse problema, a própria forma deliberativa das cidades, através da estrutura dos conselhos das cidades, exclui, nas mais diversas instâncias, sejam federais, estaduais ou municipais, mulheres, negros, crianças, pessoas com deficiência, do processo de orientação urbana, uma vez que não há o debate sobre diversidade e paridade nos conselhos ou nas esferas de deliberação.

A importância do aprendizado da participação popular, da compreensão técnica da realidade e da comunicação entre agentes com interesses diversos é fundamental e, para isso, é urgente uma nova consciência de que todos os setores sociais são de fato importantes e que a realidade imposta não diminua possíveis experimentações.

Pensar as problemáticas sociais e urbanas a partir da interseccionalidade, conceito que vem sendo proposto por feministas negras, é essencial para aprofundar a discussão através da análise do cruzamento das múltiplas formas de opressão (gênero, raça, classe e sexualidade) que resultam na construção de uma subcidadania.

A partir dessa perspectiva é possível incorporar nesse debate as vivências das mulheres, sobretudo das mulheres negras, que têm seu cotidiano marcado pela violência, pela hipersexualização de seu corpo, pelo conflito, e que encabeçam os índices de empobrecimento e miséria na sociedade brasileira. Acompanhar o dia a dia da mulher negra e periférica é compreender as mais diversas formas de discriminação que emergem da sociedade e as situações de vulnerabilidade às quais ela é submetida. Estando essa mulher à margem, o discurso do medo não se caracteriza necessariamente diante de um aspecto de perda patrimonial, mas comumente pela perda de uma vida, seja a dela ou as dos que lhe são caros.

O espaço urbano e seus territórios são desenhados, dentro do modo capitalista de produção do espaço, para os que podem possuir bens e são convidativos ao consumo. Aos que não podem alimentá-lo economicamente se oferecem postos de serviço que fomentem a dinâmica do lucro. Sendo a mulher negra, no geral, a base de todas as pirâmides, ela permanece cerceada em seus movimentos e condicionada a ocupar apenas os postos de serviço. A essa mulher não é reservado o direito à cidade lefebvreano.

Embora submetidas a tantas opressões e à estigmatização do ser mulher, há um importante movimento que subverte a ordem vigente criando novas alternativas de resistência e reexistência no contexto das grandes cidades. Seja dentro dos movimentos de luta pela moradia, nas cooperativas de trabalho, nas redes de apoio e socialização de saberes ou no movimento de mães vítimas da violência, as mulheres têm se organizado tanto para fazer pressão ao Estado na luta por direitos quanto para a construção de novas narrativas que privilegiem a experiência da mulher no meio urbano.

Pesquisa recente do Fórum Brasileiro de Segurança Pública[84] observou que 22 milhões de brasileiras de 16 anos ou mais afirmaram que já sofreram assédio e sua maioria afirmou que viveu isso no espaço público. Não por acaso, a maior parte é relato de jovens e mulheres negras. Os dois espaços que mais aparecem são a rua e o transporte público. Claro que o assédio está longe de ser o maior problema, mas ele é um dos anúncios de que nosso trânsito pela cidade também está sujeito à violência. Além disso, precisamos pensar que somos um país que mata mulheres em números expressivos, assim como as pessoas negras e a população LGBTQI.

Ainda sobre a questão dos serviços públicos, é importante destacar que, como as mulheres seguem ocupando o lugar da reprodução da vida, quando temos a não provisão desses

---

[84] Pesquisa do Fórum Brasileiro de Segurança Pública, *Visível e invisível: a vitimização de mulheres no Brasil*. 2. ed., 26 fev. 2019. Disponível: https://forumseguranca.org.br/wp-content/uploads/2019/02/relatorio-pesquisa-2019-v6.pdf.

serviços públicos, somos afetadas de um jeito particular. Se pegarmos o recente corte da saúde de uma cidade como o Rio de Janeiro, por exemplo[85], ele tem um efeito enorme sobre as clínicas das famílias e as unidades de pronto-atendimento (UPAs), o que impacta diretamente na rotina das mulheres, já que recai também sobre elas o trabalho do cuidado das crianças, dos idosos. A falta de creches também é um desafio, porque, se uma mulher não tem autonomia econômica, ela fica exposta aos desafios de trabalhar ou não, dependendo de ter alguém que possa cuidar de seus filhos e de outras variáveis desse processo.

Esse fornecimento de serviços é importante para que as mulheres tenham o direito à cidade garantido. Além do mais, nossa leitura é de que a provisão de serviços, além de acontecer, deve ser sensível ao gênero, deve refletir sobre as particularidades que as mulheres enfrentam no dia a dia. Como as mulheres têm dado seu jeito de existir e viver nas cidades hoje? Por isso, pontos de ônibus iluminados, ruas iluminadas, paradas fora do ponto, saúde das mulheres, dentre outras coisas.

Precisamos, portanto, garantir que outras vozes sejam ouvidas no planejamento urbano, principalmente no campo político, ampliando vozes que podem garantir a experiência de diferentes mulheres e pessoas nas cidades.

A democratização das cidades passa pela promoção de um planejamento urbano que não silencie ou invisibilize grupos minoritários e subalternizados do processo de formulação de novas políticas, e que seja capaz de incorporar não apenas suas demandas mas também novas perspectivas do ver, pensar e fazer a cidade. Um novo modelo de planejamento urbano demanda o questionamento das práticas vigentes que mantém as desigualdades e deve apresentar abertura para uma participa-

---

85 Edivaldo Dondossola, "Prefeitura do Rio corta mais de R$ 400 milhões do orçamento da saúde e preocupa pacientes", *G1*, Rio de Janeiro, 22 fev. 2019. Disponível em: https://g1.globo.com/rj/rio-de-janeiro/noticia/2019/02/22/prefeitura-do-rio-corta-mais-de-r-400-milhoes-do-orcamento-da-saude-e-preocupa-pacientes.ghtml.

ção efetiva de outros sujeitos que insuflem o debate sobre cidades com outros olhares e vivências. É fundamental a construção de políticas com e para os grupos subalternizados, incluindo outros modelos que não foram pensados e discutidos nos últimos anos do período democrático-popular. Como negros e negras moram? Como mulheres podem ser retiradas do ciclo de violência e pobreza através de políticas públicas? São questões centrais para desenhar e sobre as quais é preciso se debruçar.

3.3. Transicionar o coletivo é preciso

João Bertholini e Neon Cunha

O ano é 1987, quatro adolescentes saem da periferia com destino ao centro de São Bernardo do Campo, município do Grande ABC paulista. O diálogo era sobre o recente fim da ditadura militar, em 1985, e qual seria o "*look*/produção" para aquela noite, quando iriam para o centro de São Paulo. Pensavam, também, nas estratégias de segurança que tomariam para atravessar os cerca de 22 quilômetros que distanciam as duas cidades e suas vivências LGBTQIA+. O trajeto noturno era constantemente marcado por violências vindas dos usuários comuns dos transportes coletivos, das batidas policiais, das torcidas organizadas e de gangues como os Carecas do ABC.

Enquanto planejavam a noite, aconteceu o imprevisto: seis desses carecas entraram naquele ônibus, em pleno meio-dia. Ao notarem as quatro bichas, eles não tiveram dúvidas de quem seria o alvo de seu ódio. O fato é que a mais afeminada dentre elas, negra e com apenas 17 anos, foi retirada a tapas do ônibus, cena assistida por uma plateia contemplativa que mais se divertia do que se preocupava com sua integridade física. Esses fortes tapas ainda aquecem o meu rosto enquanto escrevo este texto.

Os Carecas do ABC formam uma gangue *skinhead*. Originária do Grande ABC, principalmente em Santo André, hoje está presente em praticamente toda a cidade de São Paulo e em outras capitais do país. Seu lema é "Deus, pátria e família", inspirado na Ação Integralista Brasileira, criada por Plínio Salgado em 1932. Seus atos de violência são amplamente divulgados pela mídia, a exemplo do que aconteceu em 6 de fevereiro de 2000, quando o adestrador de cães Edson Néris da Silva foi espancado até a morte por eles. O motivo para a execução? Andar de mãos dadas com seu companheiro, Dário Pereira Netto, que conseguiu fugir.

O transporte é apenas parte da exclusão

Para além dos desafios no trânsito, ainda enfrentávamos as ações conjuntas das polícias civil e militar no centro de São Paulo, sendo a Operação Rondão, ou Operação Limpeza, a mais famosa. O objetivo dessas ações era o de expulsar frequentadores noturnos de certas áreas centrais, circundadas por prédios de classe média e algum comércio sofisticado, como o largo do Arouche e a avenida Vieira de Carvalho. Era justamente a população LGBTQIA+ que frequentava esses lugares à noite e, por isso, travestis, prostitutas, "pederastas", "maconheiros", "trombadinhas" e "desocupados" eram os alvos principais.

Apoiada por boa parte dos comerciantes e moradores da vizinhança e pela grande imprensa paulistana, essa cruzada moralista era liderada pelo delegado José Wilson Richetti, que já havia obtido notoriedade alguns anos antes ao comandar operação parecida contra áreas de prostituição na cidade. A polícia dava batidas incertas, detinha para averiguação todas as pessoas consideradas suspeitas, mesmo com documentos em ordem, enquadrava por vadiagem outras tantas e não economizava violência psicológica e física, especialmente contra travestis e mulheres trans.

A situação de prostituição sempre esteve no foco dessas operações, e, ainda nos dias de hoje, constitui um desafio para a compreensão da marginalização social à qual essas vidas estão submetidas. A maior parte dos indicadores sociais que procuram estudar a prostituição esbarram de alguma forma na renda, critério que não mostra a real situação dessa população. Para compreendê-la, seria necessário também observar o contexto no qual essas pessoas estão envolvidas, do tráfico humano à sujeição a vivências de extrema precariedade e vulnerabilidade, além do crescente número dessa população em situação de rua.

Pensar o processo do transporte coletivo em diálogo com a mobilidade urbana, enquanto vivemos uma pandemia sem precedentes para o Brasil e para o mundo, é também recuperar memórias e vivências de alguém que cresceu e se percebeu em uma ditadura militar, seguida pela epidemia do HIV/Aids nos anos 1980 e 1990. Interseccionar vivências a partir da sujeição e da desumanização decorrente de orientação sexual e identidade de gênero, além de classe e raça, é entender que não cabe mais, na atualidade, abordar e nomear determinadas opressões sem considerar outras.

Há diversas formas de ferir as pessoas, e com a violência LGBTfóbica não é diferente. Ela ocorre em situações e lugares variados do mundo todo, podendo ser espontânea ou organizada, executada de forma individual ou coletiva. Apesar de a violência física parecer ser a mais grave delas, a LGBTfobia pode se manifestar de diferentes maneiras. Física, verbal, psicológica ou sexual, ela está num espectro que abrange desde as piadas e brincadeiras até estupros, sequestros e assassinatos seletivos. A violência sexual, muito comum e amplamente divulgada, passa até pelo chamado estupro "punitivo" ou "corretivo", no qual homens estupram mulheres que assumiram ser lésbicas, sob o pretexto de que isso é capaz de "curar" suas vítimas da homossexualidade.

É importante destacar os níveis de crueldade. As agressões costumam ser acompanhadas por diferentes formas de tortura, realizadas com a utilização de instrumentos que permitem diversas investidas antes do efetivo assassinato. Em sua maioria, tais atos se concentram na mutilação das regiões faciais e genitais, e a execução acontece com golpes sequenciais e intensos, de elevada brutalidade.

Para a população trans e travesti, mesmo a escola se mostra um espaço violento, e a transfobia enfrentada ali acaba tornando o abandono dos estudos algo frequente. São muitos os casos de jovens expulsos de casa e sem qualquer estímulo para continuar a estudar. Quando chegam ao ensino superior, outro desafio além da violência vivida no dia a dia aparece: o mercado de trabalho formal, que exige mão de obra qualificada, é majoritariamente cisgênero e excludente. A marginalização é constantemente imposta, há pouco ou nenhum acolhimento, fazendo com que a maior parte dessa população recorra à prostituição para sobreviver.

Os números em um país perverso e desigual

O Brasil é reconhecidamente um país hostil para toda a comunidade LGBTQIA+, principalmente para pessoas trans e travestis. Desde 2008, o país mantém uma média de 118,5 assassinatos ao ano dessa população. Até hoje, só é possível ter essa dimensão por meio de dados levantados por instituições da sociedade civil que sempre foram alvo de contestação. A atual baixa (e ocasional) queda nesses números e a falta de dados oficiais representam a importância de seguirmos pressionando esse Estado genocida para mudarmos o quadro.

Comparativamente, os índices de assassinatos da população trans e travesti se mostram extremamente desproporcionais, com o maior pico em 2017, ano do recorde de assassinatos de LGBTQIA+ na história brasileira. Naquele ano, o aumento de óbitos de pessoas trans foi de 6,0%, representando 42,9% do total de mortes de LGBTQIA+, segundo dados do Grupo Gay da Bahia. Se pensarmos que pessoas trans e travestis representam menos de 10% do total da população LGBTQIA+, então podemos entender o tamanho dos seus riscos.

Segundo dossiê de 2019 feito pela Associação Nacional de Travestis e Transexuais (Antra), 82% dos assassinatos dessa população foram identificados como sendo de pessoas pretas e pardas, dado que já vinha mostrando resultados semelhantes nas edições anteriores do documento. O levantamento ainda aponta para as questões de gênero, indicando que 121 casos (97,7% do total de assassinatos) foram de pessoas trans do gênero feminino. De acordo com o Atlas da Violência do mesmo ano, os números são bem diferentes quando envolvem pessoas cisgêneras: 91,8% do total de assassinatos são de pessoas do gênero masculino, e 8,2% são do gênero feminino. Importante destacar, também, que a maior parte das pessoas trans e travestis vítimas de assassinato são jovens, com idade entre 15 e 29 anos, negras e pobres, se reivindicam ou se expressam no gênero feminino e têm na prostituição a sua principal fonte de renda. Por isso, esses casos ocorrem principalmente em vias públicas, ruas desertas e à noite.

Cotidiano violento e a omissão de quem assiste

Por ser em sua maioria constituída de pessoas pobres ou vivendo em situação de extrema pobreza, a população LGBTQIA+ tem no transporte público e nos coletivos ilegais o principal meio de acesso ao centro das cidades e às regiões de maior concentração de renda, seja por trabalho ou procura por lazer. Essa movimentação acaba se tornando mais um espaço para a violência, principalmente para travestis e pessoas trans. Foi o que aconteceu em setembro de 2016 com Taísa, travesti que foi insultada no momento em que entrava com sua irmã em uma van, na cidade do Rio de Janeiro[86]. As ofensas transfóbicas evoluíram para agressões físicas contra as duas e, mesmo depois de conseguir tomar a faca que um dos três agressores usava e esfaqueá-lo, Taísa continuou sendo espancada por eles, até quando já estava no chão desacordada. As cenas foram filmadas e causaram revolta na internet diante da passividade dos espectadores desse linchamento. O vídeo continua sendo compartilhado, contabilizando mais de 4 milhões de visualizações, dezenas de milhares de comentários, curtidas e compartilhamentos.

---

86 "'Vi que estavam querendo me matar', diz travesti agredida no Rio", *G1*, Rio de Janeiro, 15 set. 2016. Disponível em: http://g1.globo.com/rio-de-janeiro/noticia/2016/09/vi-que-estavam-querendo-me-matar-diz-travesti-agredida-no-rio.html.

No Natal de 2016, o vendedor ambulante Luiz Carlos Ruas, conhecido como Índio, foi espancado até a morte quando tentou defender uma travesti em situação de rua que era perseguida por dois homens. Índio tinha 54 anos e havia vinte trabalhava como ambulante nos arredores da estação Pedro II, em São Paulo[87]. A travesti, cujo nome não foi revelado, havia questionado os dois homens quando os viu urinando nas plantas que ficam na parte externa da estação. Munidos de socos ingleses, os agressores continuaram o crime até dentro da estação, sendo inclusive registrados pelas câmeras de segurança do local. Por conta da repercussão do caso, um Centro de Cidadania Municipal recebe o nome do vendedor.

O registro em vídeo ou fotográfico de crimes como esses aqui relatados tem ajudado a fortalecer a urgência de combater a violência contra a população LGBTQIA+. Um dos casos mais emblemáticos é o brutal assassinato da travesti Dandara dos Santos, 42 anos, em fevereiro de 2017, em Fortaleza-CE. Foi a circulação de um vídeo na internet mostrando em detalhes o crime que fez o caso ganhar repercussão nacional. Nas semanas seguintes, a polícia localizou nove suspeitos de participar do homicídio.

Mas nem todos os casos de barbárie têm a mesma atenção que o de Dandara. O espancamento da travesti Hérika Izidório, de 24 anos, havia acontecido dias antes na mesma cidade. Agredida por um grupo de homens e jogada do alto de um viaduto movimentado, o crime segue sem solução pela falta de testemunhas ou registros de câmeras de segurança. Hérika veio a óbito depois de dois meses em coma[88].

---

[87] "Em pleno Natal, trabalhador defende travesti e é espancado até a morte no metrô de São Paulo", *Esquerda Diário*, 26 dez. 2016. Disponível em: www.esquerdadiario.com.br/Em-pleno-Natal-trabalhador--e-espancado-ate-a-morte-no-metro-de-Sao-Paulo.
[88] "Travesti espancada em Fortaleza morre após dois meses em hospital", *G1*, Ceará, 12 abr. 2017. Disponível em: g1.globo.com/ceara/noticia/travesti-espancada-em-fortaleza-morre-apos-dois-meses--em-hospital.ghtml.

A cantora travesti e negra Linn da Quebrada usou as redes sociais para fazer uma denúncia contra um ataque transfóbico sofrido em agosto de 2018, quando um motorista de aplicativo impediu que ela entrasse em seu carro, recusando a corrida[89]. Linn ainda diz que já havia passado por essa situação inúmeras vezes. Mesmo tendo visibilidade como artista e usando de um transporte particular, a cantora também está suscetível a todo tipo de violência. Os relatos em transportes particulares e táxis mostram como mesmo empresas que investem massivamente em campanhas publicitárias pela diversidade não conseguem efetivamente proteger essa população de ataques.

Ainda que a brutalidade seja maior e mais recorrente quando voltada a pessoas trans e travestis, casos como o que aconteceu com o ator Marcello Santanna mostram a vulnerabilidade de toda a população LGBTQIA+. Por volta das 6h30 da manhã de 7 de setembro de 2019, o jovem foi agredido com socos no rosto pelo motorista do micro-ônibus em que estava, voltando de uma festa nas proximidades da Avenida Paulista para sua casa, em Cidade Líder, na Zona Leste de São Paulo. Segundo Marcello, o motivo foi ter dado um beijo no namorado. Todas as características comuns às violências vividas pelas pessoas LGBTQIA+ estão aqui, o trajeto centro-periferia, a motivação, a tentativa de desfiguração facial e, por último, a omissão: apesar de todos os indícios e das testemunhas, o caso foi registrado no boletim de ocorrência como lesão corporal em vez de homofobia. Segundo o delegado do caso, não houve frase que enquadrasse a ocorrência nesse tipo de crime.

O poder público, em geral, é negligente com a população LGBTQIA+. Se já é difícil denunciar violências registradas por câmeras de segurança e de testemunhas, prestar queixa e receber atendimento médico adequado também podem ser um obstácu-

---

[89] Da Universa, "Linn da Quebrada sofre transfobia em Uber: 'Se recusou a me deixar entrar'", *UOL*, 21 ago. 2018. Disponível em: www.uol.com.br/universa/noticias/redacao/2018/08/21/linn-da-quebrada-sofre-transfobia-de-uber-se-recusou-a-me-deixar-entrar.htm.

lo. Lua Guerreiro não sabia precisar quantos foram os homens que a atacaram quando voltava para casa, em fevereiro de 2019, em Niterói. Golpeada na cabeça, teve parte do cabelo raspado por membros da equipe de saúde que a atendeu depois, enquanto tinha seu gênero desrespeitado e era alvo de debochos verbais deles. Depois, foi igualmente humilhante sua tentativa de registrar a ocorrência, tendo seu nome social desrespeitado pelos policiais na delegacia que procurou. Ao chegar lá, viu o único de seus agressores que conseguira identificar rindo e acompanhado de amigos. Mesmo assim, relatou o ocorrido aos policiais, que depois a fizeram esperar por horas, uma tática muito comum para que vítimas desistam de registrar ocorrências[90].

Denunciar, além de urgente, é também expor pessoas LGBTQIA+ a mais vulnerabilidade. Por isso, para realizar a 20ª Parada pela Diversidade Sexual de Fortaleza, em 2019, um forte esquema de segurança foi montado, contando com 130 policiais militares, 20 guardas municipais e duas equipes de guarda-vidas, além de um drone de vigilância aérea e 21 linhas de ônibus extra[91]. Uma multidão foi à avenida Beira Mar, na praia de Iracema, com o tema "Topo qualquer parada, o medo não nos cabe", construído justamente a partir do debate sobre a censura às culturas LGBTQIA+ e a violência às quais são submetidas.

Política do ódio

De acordo com a pesquisa "Violência contra LGBTs+ nos contextos eleitoral e pós-eleitoral", focada nas últimas eleições pre-

---

[90] Audrey Furlaneto, "'Eles se revezavam para me bater', diz mulher trans espancada na rua em Niterói", *O Globo*, 26 fev. 2019. Disponível em: oglobo.globo.com/sociedade/eles-se-revezavam-para-me-bater-diz-mulher-trans-espancada-na-rua-em-niteroi-23482482.
[91] Marcela Tosi, "Parada LGBT terá esquema especial de segurança e 21 linhas de ônibus extra", *O Povo*, on-line, 26 jun. 2019. Disponível em: www.opovo.com.br/noticias/fortaleza/2019/06/26/parada-lgbt-tera-esquema-especial-de-seguranca-e-21-linhas-de-onibus-extra.html.

sidenciais de 2018, "as declarações do então candidato a presidente Jair Bolsonaro a respeito dos homossexuais e outros grupos vulneráveis estimularam, em certa medida, parte de seu eleitorado a expor preconceitos e discriminações". Os dados publicados apontam que "houve uma escalada do discurso de ódio no contexto eleitoral"[92]. Ativistas e militantes denunciaram agressões físicas ou verbais contra pessoas LGBTQIA+. O assunto passou a ocupar os noticiários. Além dos depoimentos de pessoas que sofreram xingamentos e ofensas nas redes sociais por parte de eleitores e apoiadores de campanhas de extrema direita, foram noticiadas situações envolvendo ameaças de morte e homicídio dessas pessoas com motivação político-eleitoral. A pesquisa ainda traz outro dado alarmante: 54,5% das travestis, homens e mulheres trans afirmam ter sofrido violência inúmeras vezes no período eleitoral, motivadas por sua orientação sexual e/ou identidade de gênero.

Enquanto o discurso de ódio e seus desdobramentos seguem preocupantes, as pautas LGBTQIA+ também avançam em visibilidade e mudanças, mesmo que complexas e não definitivas. É o caso da Ação Direta de Inconstitucionalidade por Omissão n. 26 (ADO 26), julgada em 2019 pelo Supremo Tribunal Federal. Reconhecendo a demora do Congresso Nacional em legislar sobre a proteção penal à população LGBTQIA+, a ADO 26 determina que casos de homofobia e transfobia, ou qualquer que seja a forma da sua manifestação, se equiparam aos diversos tipos penais definidos em legislação já existente, como a Lei federal n. 7.716/1989 (que define os crimes de racismo), até que o Congresso Nacional edite norma autônoma. Por essa decisão, fica entendido que as práticas LGBTfóbicas constituem uma forma de racismo social, considerando que tais condutas segregam e inferiorizam essa população.

---

[92] "Violência contra LGBTS+ nos contextos eleitoral e pós-eleitoral", *Violência LGBT+*, 2018. Disponível em: http://violencialgbt.com.br.

O racismo, assim como a LGBTfobia, são estruturais em nossa sociedade e constituem-se por um sistema no qual as práticas institucionais e normativas os reforçam para perpetuar as desigualdades, sejam elas em razão da raça ou da existência/vivência cis-heterodiscordante. Isso só é possível por conta da manutenção institucionalizada, histórica e cultural da nossa sociedade, que produz privilégios para certos grupos (brancos, heterossexuais e cisgêneros), enquanto exclui os demais (negros, homossexuais, travestis e pessoas trans). Essa exclusão acontece nas instituições sociais, na ausência de políticas públicas e na omissão de representantes do Estado.

Embora a ADO 26 possua muitas barreiras e limites, ela garante a tutela jurisdicional do Estado enquanto não existe norma autônoma editada pelo Congresso Nacional. É uma medida que precisa ser superada, pois uma legislação mais ampla e protetiva, que produza um arcabouço de políticas públicas e medidas de acolhimento, proteção e prevenção da violência, despertando a consciência e a educação da população em geral, continua urgente.

Ainda que os dados levantados pelas associações independentes não reflitam com exatidão a realidade, eles demonstram com segurança que o Brasil segue na liderança mundial do número de mortes de travestis e pessoas trans. Relatórios como o dossiê elaborado pela Antra são importantes por se tornarem ferramentas na construção de informações, denúncias e proposições para combater a violência sofrida por essa população na sociedade brasileira[93].

Os levantamentos sobre a LGBTfobia seguem camuflados pela dificuldade de dimensionar os crimes ocorridos. Até hoje é possível encontrar boletins de ocorrência que identificam a vítima como "homem com roupas de mulher", por exemplo, ou

---

93 Associação de Travestis e Transexuais do Brasil (Antra Brasil), *Boletim n. 02/2020: assassinatos contra travestis e transexuais em 2020*. 4 maio 2020. Disponível em: antrabrasil.files.wordpress.com/2020/05/boletim-2-2020-assassinatos-antra.pdf.

a tipificação do crime omitindo sua natureza LGBTfóbica ou transfóbica. O não reconhecimento da identidade de gênero, além de ser uma violência em si, oculta esse crime das estatísticas, que, por sua vez, são feitas de forma independente, dada a omissão do Estado em se debruçar sobre o problema.

A pesquisa "Viver em São Paulo: diversidade", realizada em 2018 com parceria entre o Instituto Brasileiro de Opinião Pública e Estatística (Ibope) e a Rede Nossa São Paulo, produziu um índice de LGBTfobia para avaliar como os paulistanos compreendem e acolhem (ou não) questões relacionadas a essa população[94]. Segundo o levantamento, mais da metade dos paulistanos já presenciou ou experimentou situações de preconceito contra lésbicas, gays, bissexuais, travestis e pessoas trans em espaços públicos. Quase metade da mostra, 46%, citam casos ocorridos no transporte coletivo, e 51% vivenciaram ou presenciaram algum tipo de preconceito nos espaços públicos da cidade. Entre janeiro e fevereiro de 2020, o Brasil apresentou aumento de 90% no número de casos de assassinatos de pessoas trans em relação ao mesmo período no ano anterior. Foram 20 casos em 2019, e 38 em 2020, o maior aumento dos últimos quatro anos, superando 2017, ano em que o Brasil apresentou o maior índice de assassinatos de sua história, de acordo com o Atlas da Violência e o anuário da Segurança Pública. Seja pelas ações do Governo Federal ou pela ausência delas, com destaque na forma que vem tratando a pandemia de Covid-19, fica explícita a necessidade de políticas públicas para esses números diminuírem.

Liberdade e seus trajetos

Ao refletir sobre a categoria "mulheres" como o "sujeito" do feminismo, Judith Butler (2008) questiona se haveria uma forma

---

[94] Ibope e Rede Nossa São Paulo, "Pesquisa de opinião pública 'Viver em São Paulo: diversidade'", *nossasaopaulo.org*, abr. 2018. Disponível em: www.nossasaopaulo.org.br/portal/arquivos/viver_em_sp_diversidade_completa.pdf.

política de o sujeito preceder a elaboração política de seus interesses, ou que anteceda as "práticas que estabelecem os termos de inteligibilidade pelos quais ele pode circular". A partir de Butler, é possível olhar para as identidades que constroem seres inteligíveis/inaceitáveis como o efeito de práticas culturais e políticas configuradas através de códigos determinados. Certos sujeitos são forjados no entrelaçamento de direitos e vice-versa, ou da negação deles. Assim, são as dinâmicas de produção e afirmação de identidades que apontam para o processo ilimitado de existências que devem ser o ponto de partida para pensarmos na liberdade de ser como resultado almejado.

Sendo assim, faz-se necessária a compreensão da complexidade das relações sociais brasileiras, incluindo questões de privilégios como o da cisgeneridade (a percepção de pertencimento ao gênero atribuído no nascimento e a permanência nele), do cissexismo (a ideia de que o gênero das pessoas cis é mais legítimo do que o de pessoas trans e travestis), da branquitude (enquanto conceito de raça ideal) e da heteronormatividade (a compulsoriedade de uma sexualidade normativa e imutável). Diversidade sexual e de gênero são formas construídas dentro dessa mesma sociedade, profundamente racializada e empenhada na manutenção de privilégios como os citados.

Sendo sistemática, a violência mantém a miséria de uma parcela da população, pois não é apenas física, sexual ou psicológica, ela também abrange maus-tratos e negligência. Assim, é possível reconhecê-la como um fenômeno complexo, que deve ser compreendido também em suas dimensões cultural, ideológica e política, enraizadas em seus modos de organização. A concepção do direito à cidade revela a contradição entre o que deve ser e a realidade vivenciada pelas pessoas que têm esses mesmos direitos violados e negados sistematicamente no cotidiano, como acontece com a população LGBTQIA+. O direito ao coletivo foi concebido pela sua apropriação privada nas sociedades capitalistas e normativas. Assim, fica o questionamento: a cidade se constitui de fato em um espaço-tempo de reconhecimento dos direitos dessa população?

A intersecção da questão racial com as vivências LGBTQIA+ apontam positivamente para a incorporação de suas particularidades na proposição de novos pensamentos e enfrentamentos no que diz respeito à mobilidade urbana e ao direito à cidade. Nessa discussão surge, portanto, a urgência de um transporte público de qualidade, com acessibilidade, seguro e não discriminatório. O ir e vir diverso e plural aponta para a necessidade de repensarmos tarifas, integrações e gratuidades também. O direito à mobilidade urbana traz consigo o debate por diversas políticas públicas voltadas à população LGBTQIA+, pois tem o panorama da juventude negra e sua exclusão social como tema central, assim como o direito de estar e vivenciar a cidade para além do periférico. Transicionar é estar em constante trânsito em direção a vivermos uma pluralidade coletiva possível conjugada com a dignidade humana.

Referências

4 EM CADA 10 paulistanos são contra beijos e abraços entre LGBTs em espaços públicos. *USP Diversidade*, 25 maio 2018. Disponível em: https://prceu.usp.br/uspdiversidade/4-em-cada-10-paulistanos-sao-contra-beijos-e-abracos-entre-lgbts-em-espacos-publicos.

Ação Integralista Brasileira. *Wikipédia*. Disponível em: https://pt.wikipedia.org/wiki/A%C3%A7%C3%A3o_Integralista_Brasileira.

ASSOCIAÇÃO DE TRAVESTIS E TRANSEXUAIS DO BRASIL (Antra Brasil). *Dossiê dos assassinatos e violências contra travestis e transexuais em 2019*. Org. Bruna G. Benevides e Sayonara Bonfim Nogueira. São Paulo: Expressão Popular, Antra, IBTE, 2020. Disponível em: antrabrasil.files.wordpress.com/2020/01/dossic3aa-dos-assassinatos-e-da-violc3aancia-contra-pessoas-trans-em-2019.pdf.

BUTLER, Judith. *Problemas de gênero*: feminismo e subversão da identidade. 2. ed. Rio de Janeiro: Civilização Brasileira, 2008.

IRAHETA, D. Como a LGBTfobia se esconde no Brasil? *HuffPost Brasil*, 2016. Disponível em: https://web.archive.org/web/20180208213819/https://www.huffpostbrasil.com/2016/03/24/lgbtfobia_n_9535490.html

MATTOS, A. R.; CIDADE, M. L. R. Para pensar a cisheteronormatividade na psicologia: lições tomadas do transfeminismo. *Periódicus*, Salvador, v. 1, n. 5, p. 132-53, 2016.

MOTT, L. et al. *Relatório 2017*: pessoas LGBT mortas no Brasil. Salvador: Grupo Gay da Bahia, 2017. 27 p.

TREVISAN, João Silvério. *Devassos no paraíso*. 4. ed. São Paulo: Companhia das Letras, 2018.

3.4. Mobilidade: território, gênero e raça – corpo político no combate ao racismo

Jô Pereira

Apresentação

Ao receber o convite para textualizar sobre mobilidade e racismo, primeiro o frio na barriga seguido da grande responsa em organizar pensamentos, pesquisas, experiências sobre um tema importante e entrecruzado por opressões de classe, gênero e raça, somando fragmentações, violências, lutas e saberes para a construção de uma armadura emoldurada em corpo político.

Quando escrever é atravessar o próprio corpo num misto de "eu sei o que dizer", com "não quero lembrar disso", impulsiona a ultrapassar limites, enveredando as discussões em recortes históricos do passado-presente-futuro, salientando realidades sobre vida e morte de um grande número de pessoas pretas, pobres e periféricas da população brasileira.

Iniciar com território e raça, trazendo a imagética do não pertencimento a um lugar, quando esse lugar-território vem sendo inexistente desde a chegada dos diversos povos de África para o Brasil na condição de escravizados e "raça inferior", com uma herança de território em que não há valor, seja em vida (nas favelas, nas periferias) seja em morte (nas valas rasas do Valongo, no genocídio, no feminicídio).

Imediatamente, a inter-relação de território e raça com habitação e mercado de trabalho vem numa correnteza da construção social não digna, inexistente de direito à terra, quando, em pleno século XXI, a população diaspórica africana no Brasil ainda não chegou ao patamar de ser humano e o lugar-casa não é garantido nem é garantia para o reconhecimento e respeito de direitos sociais e humanos. Afirmativa cruel diariamente apontada quando, na busca por trabalho, o CEP pode excluir a possibilidade da vaga de trabalho, agregando a exclusão por ser negro/negra. Cria-se assim um contingente majoritário de trabalhadores informais (sem direitos trabalhistas), advindos das regiões mais distantes dos centros expandidos ou dos nomeados territórios periféricos.

Na escrita sobre o corpo negro feminino periférico e as diferentes faixas etárias, a mobilidade aparece atravessando a motricidade desse corpo no espaço público e as negativas imposições, seja na maneira de andar-olhar-estar, o assédio – seja pedestre ou passageira nos modais de transporte público, a inacessibilidade à bicicleta respaldadas nos lugares e não lugares ditados por gênero, raça e classe. Com a maternagem, as intercorrências são inúmeras: a gravidez precoce, a violência obstétrica; a falta de creches e outros fatores que podem interferir em toda a estrutura da vida, e mais um fator pode ocasionar um aquém profissional, somando variáveis excludentes para o corpo negro feminino periférico.

A narrativa da necropolítica grita: as consequências da invasão europeia, a mercantilização de corpos-pessoas-negros, a estruturação política para o patriarcado branco, numa construção histórica e social de violência contra a população preta, estrategicamente construída para ser pobre e periférica. O *modus operandi* de sobrevivência do povo negro na contraestratégia do principal alvo de extermínio, emergem na pandemia, com o desemprego, a fome, a doença, a falta de estruturas e o necropoder legitimado por um desgoverno.

Seguindo para a conclusão, com possibilidades de continuidade às reflexões, o corpo negro feminino foi (é, será) a presença constante por toda a (re)existência do povo negro, violadas e violentadas em seus corpos e mentes, resistindo para uma crescente de movimentos negros feministas, fortalecendo microações nas quebradas, apoiando ideais e ações no combate a racismo, sexismo, capacitismo e feminicídio. Há muito a ser feito, mas o movimento de avanços só cresce, e se há mulheres negras avançando, a sociedade que se ache, pois é pra adiante os fazeres, saberes e conquistas.

Território e raça

Na atualidade, as regiões periféricas das cidades vêm sendo comumente referenciadas como territórios, com o significado de espaço apropriado por relações de poder, somando-se a questões políticas e pessoais, demarcando a ação de um sistema político e todas as formas de organização atreladas a isso (incluindo social e econômica). Quanto ao território pessoal, este pode estar ligado a cultura, projetos sociais, educação, um grupo específico de pessoas (indígenas, quilombolas, imigrantes, migrantes, ribeirinhas, travestis, prostitutas), localização georreferenciada (periferia, central), ou a aspectos negativos (do tráfico, da milícia, grupos de extermínio). No território pessoal, o perfil socioeconômico (pobre) e de raça/etnia (negra) sinalizam um recorte da população majoritariamente vulnerável e à margem das políticas públicas.

As referências citadas como território pessoal são visões particulares da periferia em que nasci e cresci – na região da Zona Sul de São Paulo, muito próxima ao Aeroporto de Congonhas –, imbricadas nas desigualdades e ausência de direitos, como protagonistas invisíveis numa sociedade endinheirada que não dá oportunidades e julga, oprime, subalterniza, racializa, exclui, mata.

Vivendo num território periférico, muito cedo bate um sino nas ideias: o que eu sou? Gente de valor ou descartável? E aparece de maneira muito sutil, disfarçada em conversas, quase sempre dizendo sobre o outro: a fulana que mora na rua de terra, ou ciclana da viela tal, o moleque sujo que vive na rua, filho da tal. Cedo, também, as coordenadas de como se portar na rua: levar sempre o documento de identidade – não encarar a polícia; se morar na parte mais pobre da quebrada (gíria usual para falar da periferia), não revelar isso, pois caso contrário já há o indiciamento de "má pessoa"; não andar correndo – porque sempre ouvi que "negro parado é suspeito, correndo é ladrão".

Nas lembranças nos terrenos baldios da minha quebrada, as "áreas de lazer" das crianças, as brincadeiras de pega, guerras de mamonas[95], escorregar de papelão nos morrinhos de barro, brincar de roda, de bola com crianças das várias ruas, soltar pipas, subir nas árvores – enquanto o trator não as derrubasse – eram dias infinitos de brincadeiras. Até a hora da chamada geral das mães, cada uma do seu jeito: gritando o nome, assobiando, chegando brava na brincadeira. Era uma correria para todos os lados e ninguém queria perder a chancela de poder brincar de novo no dia seguinte, mas o principal era se livrar de levar umas palmadas – caso não atendesse ao chamado.

A entrada na escola mudou essa rotina – o tempo de brincar era menor, não menos maravilhoso, mas os terrenos baldios agora tinham construções, sobrando a rua como "parquinho". Os jogos de vôlei, as disputas de taco, as corridas de carrinho de rolimã, os rolês numa bicicleta que já era compartilhada por todos – pois só tinha ela, e era surpreendentemente a minha, de uma menina negra. Novas fases, mais obrigações: estudos para alguns, primeiro emprego para outros, treinos esportivos e projetos sociais para outros, cursos profissionalizantes para outros, e os riscos de viver na quebrada para muitos – principalmente para a população negra e pobre.

---

95 Planta medicinal de cujas sementes se extrai o óleo de rícino; encontrada como mato, em grandes áreas do país.

Na quebrada moram pessoas, algo comumente apagado dos discursos, que usualmente se referem aos "periféricos". Por que não chamam as pessoas das regiões centrais como os "centrais"? Simples a resposta: nomear a partir das geografias os invisíveis, desumanizados, traduzidos em estatísticas ruins de um lugar distante daquela população que é nomeada como pessoa. Isso é só mais um indício do racismo, graduado de acordo com o grande distanciamento do marco zero da cidade – o que, entretanto, não garante a ausência desse crime e violência nas regiões do centro expandido.

Falando sobre a abordagem policial nas quebradas, há o racismo institucional por parte de quem deveria proteger, e aumenta no dia a dia apoiado pelo Estado – através do violento extermínio do povo negro e pobre, sem diferenciar homens, mulheres, crianças, idosos.

Passam filmes nada fictícios das diferentes situações que presenciei, vivenciei ou a escuta de sirenes e estalos secos. Descendo do ônibus às dez da noite, voltando da primeira noite em que começava o estudo noturno, para poder arranjar um trabalho durante o dia. A ocorrência acontece no instante em que desço do ônibus, um cara muito nervoso vem correndo na direção de outro cara, e dispara vários estalos. Saio correndo, o pavor atravessa meu corpo.

Outro *take*, mesmo roteiro. Venho descendo a ladeira do ponto de ônibus distante uns dez minutos de caminhada rápida até minha casa, umas cinco da tarde, quando vejo uma correria na esquina antes de casa, aquele som familiar, gritos e correrias. Saio correndo, novamente o pavor atravessa meu corpo.

Roteiro se repete, às oito horas da noite, num dia normal de semana, na porta de casa, uma rua estreita da minha quebrada. Vou entrando, quando sou abordada e uma arma grudada em minhas têmporas, ouço a ordem para ficar quieta e entregar a chave do carro.

Quando acredito que os pesadelos tenham cessado, os roteiros da vida real surgem. Vejo dois policiais na porta de casa e uma movimentação violenta com meu irmão caçula – um jovem negro –, um dos policiais dando a geral, o outro com a arma apontada na direção dele. Mas não vão verificar se ele é ele mesmo? Primeiro violência, depois... depois seguem como se fosse a atitude certa.

Ao menos por 25 anos, essas realidades nada fictícias foram cenário do cotidiano, sem hora marcada ou aviso prévio, sem precisar conhecer o nome ou sobrenome, só ser do "perfil suspeito" – e sendo na quebrada, são todos e todas suspeitos, já que "suspeito" é direcionado para os corpos negros. Território e raça repetem-se como alvo, acumulando traumas, medos, mas principalmente estratégias de reexistir, sufocando choros e gritos por justiça. Mas quem fará justiça para pessoas invisíveis? Extorquidas de direitos? Retratadas como responsáveis pelas péssimas condições em que viviam em suas historicidades ancestrais? Acusadas e fichadas por (re)existirem? Estão vivendo no automático, onde um mundo melhor parece inacessível e impossível para os (sobre)viventes da escassez de direitos à cidade e humanos.

Engasgo ao pensar neste acúmulo no corpo, o quanto a pluralidade de uma nação tem narrativas singulares para os corpos escuros, os mesmos corpos escuros de menos valia no espaço da rua.

A analogia que trago vem da região portuária do Rio de Janeiro – o Valongo, onde foi encontrado em 1996 o sítio arqueológico do Cemitério dos Pretos Novos, que existiu de 1772 a 1830. Os corpos das pessoas negras escravizadas mortas eram colocados em valas rasas, onde partes corporais ficavam expostas com pouca terra as cobrindo. Descartadas, desumanizadas, sem história, sem ritual de passagem, sem território para chamar de seu.

Ano 2020: as cenas históricas perpetuam-se nas ruas, sob viadutos, sob marquises nas calçadas, nas covas numerosas abertas nos cemitérios públicos – aumentando na pandemia e na quarentena de quem não tem "casa" para "#ficar em casa".

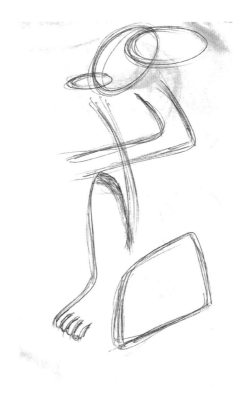

Fonte: *AfroAtlântico*, Jô Pereira, mar. 2019.

Habitação e mercado de trabalho

Se tem uma fala recorrente na fase adulta, vindo principalmente de mães e pais, é que se junte um dinheiro para ter uma casa, pois, "sem casa, sem dignidade". E assim o foco da casa própria vira o centro da causa por um viver com dignidade, principalmente para os desafortunados de "paitrocínio" ou "mãetrocínio".

Como alçar esse voo, se não há chão suficiente na decolagem? Se o princípio da população afro-brasileira foi completamente ausente de direito à terra, a tentativa de criar condições para a tal dignidade através da habitação está fadada ao insucesso.

Segundo Sidney Chalhoub (2017), no Brasil Império, cuja sede era na cidade hoje nomeada Rio de Janeiro, o *status quo* da pobreza para os descendentes ou abolidos da escravidão foi determinado pela ausência de direitos como habitação, saúde e trabalho. Muitos foram abatidos pelos surtos de epidemias (febre amarela e cólera) e por outras doenças não tratadas, como a tuberculose, enfermidades estas causadas por viverem em condições precárias: habitando cortiços, sem água potável, saneamento básico, acesso a alimentos de qualidade, à higiene. Assim, essa população foi usada como justificativa das crises sanitárias que causaram a mortandade dos ricos, e incentivaram a entrada de imigrantes europeus, objetivando também o "embranquecimento" da população para eliminar a herança africana, com políticas públicas direcionadas em favorecimento aos ricos. O escárnio social em relação aos ex-escravizados seguiu nas violências impostas por quem ocupava o poder.

A demolição dos cortiços obrigou a população habitante desses logradouros a seguir em direção aos morros, distanciando-se das regiões centrais, afastando a população branca dos "perigosos, violentos, transmissores de doenças" (ibidem, p. 23), nomes referentes às pessoas dos cortiços, a população abandonada pela Abolição, e fazendo nascer a primeira favela (nome dado pela fartura da planta faveleira no morro onde se instalaram)[96]. Com as favelas, a falta de recursos para uma vida digna da população majoritariamente negra é acentuada nas habitações inadequadas, perpetuando a vivência nos cortiços, com a inacessibilidade dessas pessoas a algo que se aproxime da dignidade. Uma reflexão me provoca neste prisma, pois, de alguma maneira, a autogestão da sobrevivência com poucos

---

96 Janaína Carvalho, "Conheça a história da 1ª favela do Rio, criada há quase 120 anos", *G1*, Rio de Janeiro, 12 jan. 2015. Disponível em: http://g1.globo.com/rio-de-janeiro/rio-450-anos/noticia/2015/01/conheca--historia-da-1-favela-do-rio-criada-ha-quase-120-anos.html.

recursos em uma favela "facilita a vida do poder público", funcionando como um bode expiatório para a isenção de investimentos em infraestrutura social, ou mesmo para justificar a invisibilidade daquele espaço-lugar por não haver uma legitimação do existir. E como se traduz isso na prática? Um exemplo é quando, numa determinada região onde está localizada uma ou mais favelas, o acesso a pé é o único, o transporte público é precarizado, e isso é normalizado. Argumentos como a estreiteza das ruas e vielas justificam, muitas vezes, que pontos de ônibus sejam distantes em mais de um quilômetro dessas regiões. Ainda, o fator comumente mencionado e que resulta na exclusão da oferta de transporte público é o fato de não ser uma área que aparece no mapa, por ser uma ocupação "informal".

Corpos negros femininos e o espaço público

Talvez venha das "falas" ressoadas na mente sobre o ideal em relação ao corpo negro feminino e o comportamento "civilizado-ideal-aceitável". Talvez venha da minha observação profissional em relação ao corpo-pessoa-negra-feminino, em suas formas, expressões, posturas, gestuais, comunicação não verbal. Talvez um tenha me induzido ao outro, na busca do conhecimento e explicações plausíveis nas inúmeras definições corpos-pessoas-gêneros, na idealização do certo no espaço público.

Sob minha ótica de mulher negra, as observações em relação aos corpos negros femininos revelam que eles se apresentam "aprisionados", em códigos comportamentais de segurança e adequação para um autocuidado que bloqueie a invasão do não consentido. Seja no andar rápido, o olhar para o chão, a escolha da roupa "certa", os horários diurnos para ocupação do espaço público, a atenção aos locais em que transita, o estar acompanhada por um homem, manter-se o mais introspectiva para o Outro preservando "a propriedade privada corpo feminino negro"...

Sufocamento é a nomeação dessa enxurrada de percepções e sensações, edificadoras da entrada do corpo negro feminino nesse mundo fora de casa, tornando-o um lugar de inúmeros desconfortos, angústias, tristezas, dores, nas quais não encontrava o porquê das violências. A exaustão física e mental resulta em adoecimentos, amplificados nos deslocamentos cotidianos para o desenvolvimento social, emocional, intelectual e econômico, que deveriam ser de um fluxo da normalidade como o simples caminhar nas ruas, usar/esperar o transporte público, pedalar além dos locais com infraestrutura cicloviária. Afinal, a mobilidade urbana é algo vital para todos os corpos-pessoas em uma cidade, mas diferem conforme a classe, o gênero e a raça.

As mulheres negras e periféricas são, de acordo com a pesquisadora Svab[97], as que mais andam a pé, e é exatamente nesses espaços onde ocorre uma naturalização da violência contra a mulher, que são inúmeras vezes transformadas em culpadas, ao invés de vítimas. Somente em 2018 foi sancionada como crime a lei sobre violência de importunação sexual ocorrida nas ruas, metrô e ônibus[98], lembrete de que o espaço público ainda não pertence às mulheres, desconsiderando perspectivas e necessidades.

E vêm as perguntas: por que o corpo negro feminino ainda continua sendo o mais violado em seus direitos? Por que a objetificação é imposta quando a referência é mulher e negra? O imaginário difundido como verdade absoluta hipersexualiza o corpo feminino negro: por onde vem essa estrutura racista que legitima os crimes?

Quando as transformações corporais estavam cada vez mais latentes em meu corpo, as metáforas incompreendidas inicia-

---

97 Sampapé, "Mulheres são as que mais caminham, e as que menos decidem nas cidades", *CartaCapital*, 28 mar. 2019. Disponível em: https://www.cartacapital.com.br/blogs/mulheres-sao-as-que-mais-caminham-e-as-que-menos-decidem-nas-cidades.
98 Art. 2º: O Decreto-Lei n. 2.848, de 7 de dezembro de 1940 (Código Penal), passa a vigorar com as seguintes alterações: "Importunação sexual Art. 215-A. Praticar contra alguém e sem a sua anuência ato libidinoso com o objetivo de satisfazer a própria lascívia ou a de terceiro: Pena – reclusão, de 1 (um) a 5 (cinco) anos, se o ato não constitui crime mais grave".

ram a explosão de invasões no meu ser. "Ah... o rio São Francisco logo vai jorrar, aí segura a cabra!" – que será que era aquilo? "Nossa, já está uma mocinha, já pode namorar!": como uma criança de 11-12 anos namora? "O quadril tá alargando, bunda e peitos crescendo, logo vai para o abate!"... Enquanto isso, via que as falas sobre as meninas brancas as relacionavam sempre às divindades: "parece um anjinho, com a pele branca e o cabelo dourado!", "nossa, que princesa, saída de um conto de fadas!", "quando crescer, será uma mulher linda!".

Meninas – crianças: brancas tratadas como infantes, de beleza divinal ou de principados, enquanto as negras já hipersexualizadas, comparadas a animais, objetificadas enquanto sujeito, "adultizadas". E respondo que a permissividade social vem acompanhada da naturalização da violência, afinal, o mito que corre é o da lascividade dos corpos negros, não importando se ainda são somente crianças. A invisibilização do ser humano, transformando-o em animal para ser devorado, se não física, psicologicamente. Todas as postulações são para enfatizar a desumanização do corpo negro feminino, desde a mais tenra idade até a maturidade, colonizando pensamentos de segregação, sexualização, objetificação e permissividade à violência perpetrada pelo racismo.

> *A gente é criada para ser assim, mas temos que mudar. Precisamos ser criadas para a liberdade. O mundo é grande demais para não sermos quem a gente é.*

Elza Soares, cantora negra brasileira

Corpo-pessoa-menina-mulher-negra-periférica

Eu realmente não entendia as negativas que recebia na infância, quando era algo inconcebível brincar na rua, ou ir até a mercearia sozinha, à escola, ou mesmo à casa de conhecidos. E, junto com as negativas, um longo discurso sobre a insegurança das ruas, por conta dos carros e motos, dos assédios e violências por parte de homens, perigos invisíveis para uma criança. Sendo menina, o discurso "menina não pode sair sozinha, pois as ruas são perigosas", vinha principalmente da mãe. Quando questionava por que os outros (meus dois irmãos menores) podiam sair livremente, já que era perigoso, a resposta que recebia era de que eles sabiam se defender. Uma criança de 5-6 anos sabe se defender? Mesmo sendo um menino? E, se for um menino negro, ele também não está sujeito às violências das ruas e do Estado?

Toda a dialética não me convencia, pois, no dia a dia, as necessidades de ocupar os espaços públicos tornavam-se imperativas: a ida para a escola, as pesquisas escolares nos centros culturais da Zona Sul de SP[99], o lazer desfrutado na rua, a prática esportiva também na rua, a cultura, o encontro com as amizades também ampliava o caminho para fora. A possibilidade de crianças e adolescentes usufruírem a rua desabrochava o pertencimento ao lugar, e quem a ocupava era cuidado por todos daquele lugar, no sentido pleno de comunidade, fazendo do espaço público uma extensão do quintal, da cidade como um direito a ser oferecido e cuidado também pela gestão pública e pelo Estado.

Pronto, as portas da rua "abertas", as descobertas do "além muros" para quem vive na periferia, pulsa entre curiosidade, direito e insegurança. Será que há diferença na ocupação da rua para um corpo-pessoa-negra-feminina-periférica no comparativo com outros? Sim, a mobilidade e ocupação do território público traz os fantasmas dos medos, na materialização de descobertas de uma arquitetura urbana, toda projetada por homens brancos para homens brancos, somando os parâmetros de corpos invisibilizados e suscetíveis às interseccionalidades do território, do gênero e da raça,

Nos enfrentamentos e violações do cotidiano há descobertas da total ausência de acolhimento, pois as cidades, as ruas, os transportes não são projetados para mulheres, crianças, idosos,

---

[99] Centros culturais da Zona Sul de São Paulo: Centro Cultural São Paulo (antigo Centro Cultural Vergueiro, 1982), Centro de Culturas Negras Mãe Sylvia de Oxalá (Centro Cultural do Jabaquara, anos 1980).

pessoas com deficiências. Somando-se a isso, negritude e pobreza extrapolam o limite do não acolhimento para violências de extermínio. De que maneira aparece isso?

> *Eu sou aquela mulher que fez a escalada da montanha da vida, removendo pedras e plantando flores.*

Cora Coralina

Maternidade e vida profissional

Não importa a idade, maternidade vem junto com mudanças estruturais, emocionais e logísticas na vida de uma mulher. Caso se torne mãe muito jovem, isso interferirá na continuidade dos estudos, avanço profissional, usufruir da juventude. Quanto mais velha, mais o tempo exigirá uma divisão entre maternagem, autocuidados, cuidados com a casa e família, vida profissional.

A reflexão sobre a necessidade de rede de apoio, seja qual for a faixa etária da maternidade, enveréda diretamente para as maneiras pelas quais a mulher otimizará toda uma agenda de cuidados e logística com a vida profissional. Mas há diferenças exorbitantes nos quesitos classe e raça, que se refletem diretamente na manutenção e aprofundamento das desigualdades que sofrem as jovens e mulheres negras pobres:

- Incidência de maior número de gravidez na adolescência[100];
- Maior incidência de violência obstétrica;
- Alto percentual de feminicídio;
- Baixo número de oferta de vagas em creches públicas em relação à procura;
- Em média poucos anos de estudo;
- Alta proporção nas profissões subalternas e braçais.

---

100 Vanessa S. dos Santos, "Gravidez na adolescência", *Brasil Escola*. Disponível em: https://brasilescola.uol.com.br/biologia/gravidez-adolescencia.htm.

E a criança será cuidada por quem? Se não há creche, rede de apoio frágil, baixo salário? Inúmeras são as vezes em que a única opção é levar para o trabalho, entretanto surge como a opção mais inviável, pois os cuidados com a criança serão necessários, mas a mãe estará focada nos cuidados com o outro.

A história das ancestrais mais longínquas na linhagem da escravidão volta como se o tempo de outrora fosse agora, das mulheres negras servindo à branquitude, limpando sua escrotidão, cozinhando a submissão, alimentando os filhos que não eram os seus, sendo o alvo do sadismo e violência do algoz, tendo sua existência violada e violentada.

É inconcebível não haver discussões com esse viés quando se debatem direitos da mulher, e lembro que as lutas das mulheres negras são dobradas em fatores e redobradas nas ausências de soluções. Ainda na pirâmide social, continuam mulheres negras na base larga das faltas, dos estanques sociais, da desigualdade de direitos em todos os aspectos como "ser humano". Nossas ancestrais foram as "mães de leite" de filhos que não eram os seus, que poderiam ter sido os libertadores por uma sociedade justa. Entretanto, depois de mais de cinco séculos da escravidão, ainda são mulheres negras descendentes das "mães de leite" que continuam submissas a uma sociedade patriarcal branca, sexista, racista e capacitista. Numa luta nada ganha, ainda a mulher mãe negra e pobre corre o risco diariamente quanto aos seus filhos e filhas, alvos de genocídio e feminicídio, que são avaliados pela cor da pele, pelo corpo, pelo cabelo crespo, pela roupa, pelo turbante, pelo número de filhos, pelo CEP, por todo o conjunto de mulher negra, sem que seja feita a reavaliação dos privilégios herdados do colonialismo, edificados na escravização de milhões de pessoas negras.

> saber o lugar de onde falamos é fundamental para pensarmos as hierarquias, as questões de desigualdade, pobreza, racismo e sexismo. (Ribeiro, 2019, p. 83)

Necropolítica

Diariamente, os diferentes meios de comunicação de massa mantêm as narrativas semânticas do racismo e não consideram outros atores marginais. Sensacionalizam violências, mortes, remoções territoriais, falta de infraestruturas sociais, normalizando notícias com clara ausência ao cumprimento dos direitos humanos e sociais no amparo à população PPP (preta, pobre, periférica) brasileira.

Em dezembro de 2019, começa uma crise sanitária responsável por mudanças comportamentais em todas as sociedades dos hemisférios Norte e Sul. Um inimigo invisível traz consigo a necessidade de ação de governos de cada país, em tomadas díspares de coordenadas no combate à contaminação pela Covid-19. No Brasil, os efeitos colaterais na parcela PPP da população trouxeram à superfície velhos problemas reforçados pela pandemia: desemprego, fome, péssimas condições de moradia, desassistência a pessoas em situação de rua, insuficiência de atendimento na saúde, desestruturação do ensino público, violências policial e doméstica.

Os desencontros de informações durante o período de quarentena decretado, ficar em casa ou ir para a rua – tem consequências negativas similares nas populações PPP. O recado de pessoas em diferentes regiões periféricas de São Paulo, expondo a realidade da quarentena nas quebradas, apontando que "se não morrer de corona, morro de fome", traduz a realidade nua e crua da necropolítica. Esse conceito do camaronês Achille Mbembe – que questiona os limites da soberania quando o Estado escolhe quem deve viver e quem deve morrer, num histórico perpetuado pela humanidade na negação da categoria de ser humano para o outro, validando violências, agressões e até a morte – é visível por toda a história na formação da camada popular brasileira, tendo como alvo os territórios, classe, raça/etnia das populações pobres, periféricas, negras, indígenas e LGBTQIA+. As estatísticas de violência e morte da juventude negra pobre e periférica, o assassinato de mulheres negras, a transfobia, a ocupação de terras quilombolas, são esses os elementos-alvo do necropoder desde a escravização até a contemporaneidade.

Não gostaria de continuar escrevendo que a realidade é racista contra corpos de negros e negras, nas crueldades legitimadas por um sistema que se perpetua há séculos, agride a carne, a alma, os sentimentos humanos; que os dados demonstram que o encarceramento prisional no Brasil tem cor, classe, e soma homens e mulheres negras no maior percentual; que a violência obstétrica tem cor, classe e gênero; que a falta de um teto com toda a infraestrutura básica necessária (água, esgoto, ventilação, calefação) tem cor, classe e soma crianças, homens e mulheres negras; que a saúde é, para o povo negro, doença; que a educação para o povo negro, desde a infância, é uma completa falácia proposital, pois manter cérebros não pensantes, acríticos, é manter a dominação de seus corpos e mentes. Manter a imobilidade literalmente é impedir o ir e vir, negar acessos para a expansão além demarcações geográficas, além-muros, além-mentes. Se há ampliação das auscultas sociais, há possíveis ampliações nos alicerces de seres potentes, capazes, feitores de seus ideais e edificadores de suas próprias escolhas, caminhos, produções,

E é pior na pandemia
Sobra ferida na alma
Uma coleção de trauma
Fora a parte física
E nóiz já tá na parte crítica
Pra que o nosso futuro não chore
A urgência é: precisamos ser melhores, viu?

Emicida, trecho da música *Sementes*, 2020.

Mobilidade e racismo - conclusão

A construção de toda a temática aqui abordada é social, e não gênese na humanidade. Elucubrações sobre os aspectos elencados por toda a escrita, questionar a mobilidade no sentido pleno da palavra traz no protagonismo do povo negro uma constância e consistência do racismo, do princípio da história à atualidade de uma sociedade em pandemia. A estratégia da expropriação do direito a ser humano para o povo negro, com tudo que se faz necessário para a sobrevivência, é minuciosa nas ações e criminosa nas consequências, que afetam possibilidades e oportunidades de uma construção salutar da vida.

Como mulher negra, aponto que ter duas lutas constantes – ser mulher e negra – exige forças exorbitantes para prosseguir, instante a instante, contra racismo e machismo. Quem criou "mulher negra guerreira" criou junto a exaustão física, mental, emocional, espiritual para essa mulher negra. Ter que ser forte, aguentar as pancadas, caindo e levantando, é de uma crueldade sem tamanho. Por mais que as histórias das mulheres negras não sejam difundidas com a importância devida, suas existências foram (são e serão) de total relevância para a resistência e a continuidade da existência do povo negro e da cultura negra, resistindo às atrocidades de uma sociedade que as usurpava (usurpa) e não as via (vê); as mulheres negras, de maneira muito aguerrida, enfrentaram (enfrentam) os opressores. As consequências são vistas na desigualdade social, pois o avançar como um significado de mover/mobilizar ainda é lento e ardiloso, mantendo-as na base da pirâmide social, *status* de inferioridade.

São impedidas de avançar por causa de seu gênero, questionadas por terem a pele negra, testadas em suas capacidades e potências pelo julgamento de gênero e raça, descartadas por viverem em território com CEP relacionado à pobreza e à periferia. Ei, sociedade branca ignóbil, quando a inteligência de fato chegará a suas mentes? A ciência avança, tecnologias de ponta chegam, e a tal "raça superior" ainda é a prática da branquitude como *status* de inteligência superior? A ocupação desse corpo negro feminino aponta afirmativas de sermos viventes, pensantes e pensadoras, edificadoras de estratégias, facilitadoras de conhecimento, expansoras de discursos de liberdade nesta sociedade de seres ímpares, adentrando todo e qualquer espaço em que possa haver possibilidade de nos "colocarmos".

O espaço de disputa deixa marcas, entretanto também marcamos narrativas construtivas aos combates da violência impetrado pelo racismo, machismo, capacitismo, sexismo e todos os "ismos" criados por essas branquitudes, que são problemas dessas branquitudes, não das pessoas oprimidas por sua ignorância. Basta de sermos diariamente obrigadas a resolver problemas criados pela branquitude contra o povo negro. Só se extingue um problema – ou o inverso –, encontrando a solução para ele, quando o problema é visto e detectado como tal. O racismo só pode ser combatido de fato visando à sua extinção, se a branquitude for obrigada a rever privilégios e atitudes opressoras em todo o trato com a população negra.

Acabou o tempo de silenciar. A crítica é direcionada ao sistema que oprime, adoece, impede a mobilidade como deslocamento e avanço nas relações sociais, econômicas e políticas. O combate ao sistema que mata corpos negros femininos e masculinos com números de guerra (ou de pandemia, no Brasil) deve ser trabalho de toda a sociedade. A sociedade como um todo perde quando jovens negros são encarcerados ou exterminados, quando mulheres negras demarcam a linha da miséria ou são assassinadas em crimes de ódio à mulher (feminicídio) e por ser negras (racismo), quando famílias inteiras são destituídas de seu direito à vida digna, quando o sistema educacional é atrasado e acrítico, quando o sistema de saúde é doente, quando não há emprego, quando o transporte público é de má qualidade e caro, quando a mobilidade é atroz.

Acreditar na utopia é poder continuar sonhando com uma sociedade humana, justa, liberta das contradições que aniquilam muitos em detrimento da manutenção intocável de poucos. Fortalecer as bases de formação e resistência dos corpos políticos negros edifica estratégias para avanços da igualdade de direitos, comungando na construção de um lugar dos sonhos, com tecnologias sociais e ativistas de um coletivo salubre, uma comunidade de utopias da revolução feminina negra.

> *Ninguém nasce odiando outra pessoa pela cor de sua pele, por sua origem ou ainda por sua religião. Para odiar, as pessoas precisam aprender, e, se podem aprender a odiar, elas podem ser ensinadas a amar.* (Nelson Mandela[101])

---

101 Disponível em: https://www.pensador.com/frase/MzM1NjIw.

Referências

52% das mulheres já sofreram assédio e um terço das mães cuida sozinha dos(as) filhos(as). *Rede Nossa São Paulo*, 10 mar. 2019. https://www.nossasaopaulo.org.br/2019/03/10/pesquisa-revela-que-52-das-mulheres-ja-sofreu-assedio-e-um-terco-das-maes-cuida-sozinha-dosas-filhosas-em-sao-paulo.

ALMEIDA, Sílvio Luiz de. Racismo. *Enciclopédia jurídica da PUC-SP*. Celso Fernandes Campilongo, Alvaro de Azevedo Gonzaga e André Luiz Freire (coord.). Tomo: Teoria Geral e Filosofia do Direito. Celso Fernandes Campilongo, Alvaro de Azevedo Gonzaga, André Luiz Freire (coord. de tomo). 1. ed. São Paulo: Pontifícia Universidade Católica de São Paulo, 2017. Disponível em: https://enciclopediajuridica.pucsp.br/verbete/92/edicao-1/racismo.

CERQUEIRA, Daniel; BUENO, Samira (coord.). *Atlas da violência 2019*. Brasília: Instituto de Pesquisa Econômica Aplicada; Fórum Brasileiro de Segurança Pública, 2019. Disponível em: https://www.ipea.gov.br/atlasviolencia/download/12/atlas-2019.

CHALHOUB, Sidney. *Cidade febril*: cortiços e epidemias na corte imperial. 2. ed. São Paulo: Companhia das Letras, 2017.

DAVIS, Angela. *Mulheres, raça e classe*. Trad. Heci Regina Candiani. São Paulo: Boitempo, 2016.

FERRARI, Mariana. O que é necropolítica: e como se aplica à segurança pública no Brasil. *Ponte*, 25 set. 2019. Disponível em: https://ponte.org/o-que-e-necropolitica-e-como-se-aplica-a-seguranca-publica-no-brasil.

IBGE: Por falta de saneamento básico, um em cada dez domicílios no Brasil joga esgoto na natureza. *Portal Saneamento Básico*, 7 maio 2020. https://www.saneamentobasico.com.br/ibge-por-falta-de-saneamento-basico-um-em-cada-dez-domicilios-no-brasil-joga-esgoto-na-natureza.

INSTITUTO DE PESQUISA E MEMÓRIA PRETOS NOVOS. *Cemitério dos pretos novos*. s.d. Disponível em: http://pretosnovos.com.br/museu-memorial/cemiterio-dos-pretos-novos.

IZAAL, Renata. Silvio de Almeida: 'As pessoas descobriram que o racismo não é uma patologia. É o que organiza a vida delas'. *Geledés*, 6 jun. 2020. https://www.geledes.org.br/silvio-de-almeida-as-pessoas-descobriram-que-o-racismo-nao-e-uma-patologia-e-o-que-organiza-a-vida-delas.

LEI Áurea: o final de uma luta que começou bem antes de 1888. *Geledés*, 14 maio 2014. https://www.geledes.org.br/lei-aurea-o-final-de-uma-luta-que-comecou-bem-antes-de-1888.

PEREIRA, Maria Irenilda. A construção histórica do racismo no Brasil. *Estado de Minas*, 11 maio 2018. Disponível em: https://www.em.com.br/app/noticia/especiais/abolicao130anos/2018/05/11/noticia-abolicao130anos,957834/a-construcao-historica-do-racismo-no-brasil.shtml.

PESSANHA, Eliseu A. de M.; NASCIMENTO, Wanderson F. do. Necropolítica: estratégias de extermínio do corpo negro. *Afrofilosofias e saberes diaspóricos*, v. 3, n. 6, 2018. Disponível em: https://periodicos2.uesb.br/index.php/odeere/article/view/4327.

PORFÍRIO, Francisco. O que é racismo? *Brasil Escola*, s.d. Disponível em: https://brasilescola.uol.com.br/o-que-e/o-que-e-sociologia/o-que-e-racismo.htm.

RIBEIRO, Djamila. *Lugar de fala*. São Paulo: Sueli Carneiro; Pólen, 2019.

3.5. Ser mulher negra no transporte coletivo

Mayra Ribeiro

Desde o início, nós, mulheres negras, circulamos e fomos tiradas de nossas terras para começar uma vida em novos impérios alhures, pertencentes àqueles que nos exploraram a carne durante séculos. O navio negreiro, o primeiro grande transporte pelo qual fomos sujeitadas, em massa, a iniciar uma jornada diaspórica marítima até o Brasil.

Lá, onde surgem os nossos primeiros movimentos de resistência à escravidão como forma global de dominação de nossos corpos diaspóricos sequestrados da África, estávamos confinadas entre irmãos, medo, sujeira, ratos e comida podre. A sobrevivência daquelas que enfrentaram as doenças, as inesperadas agressões e tortura, o sexo roubado e o fundo do mar, onde os corpos de muitas de nós foram lançados, finalmente chegaram às terras cujo desbravamento seria feito por caminhos traçados pelo nosso sangue, restando apenas as *Memórias da plantação* (Kilomba, 2019)[102].

---
102 A obra de Grada Kilomba construiu este estudo a partir da psicanálise e da história, interdisciplinarmente, para expor os mecanismos do racismo colonial, ssim como o aperfeiçoamento e atualização deste para diversas formas com o advento do capitalismo e tecnologia, denunciando os procedimentos técnicos do racismo científico e estético que produziram sequelas psicoafetivas e sociais nos corpos negros, e que insistem numa diferença negativa, de uma sujeição natural e de inferioridade intelectual e espiritual.

Chegamos e fomos obrigadas a rasgar a mata e todos os seres que habitaram nela, indo essencialmente contra as culturas que já existiam aqui, com as quais tínhamos muito em comum e que davam à vida e à terra todo o carinho, como nós na África. Aqueles trabalhos não faziam sentido para nenhuma de nós. Continuamos a derrubar a floresta e fazer campos, plantando em latifúndios e sendo açoitadas, transportadas aos montes em fundos de carroças capengas, com animais tão explorados quanto cada humano negro habitante dali, completamente imundas de terra, minério, carvão ou da sujeira de brancos escravocratas, sempre aglomeradas, feridas e famintas pela liberdade.

Dentro dos palacetes pretensiosos das casas grandes ou das estreitas e asfixiantes senzalas, este era o nosso destino final; a lógica estava disposta territorialmente para se afirmar enquanto magnitude e plateia da tortura[103]. Os supostos donos das terras inflavam na senzala, por consequência, um universo paralelo das infinitas vidas que nunca seriam pertencentes a eles. As mulheres representavam a cura e concentravam a maior parte da exploração que combinava o trabalho do cuidado e de nutrir os que cotidianamente as violentavam com cargas e pesos, desumanizando-as sexual, estética e espiritualmente; em nós, ou nelas, também se carrega o devir de sobreviver para curar os feridos e estafados, sempre sorrindo. Jamais haveria empatia entre esses mundos que dia após dia aprofundaram as desigualdades e segregaram o mundo.

Somos resistências e logo nos movimentamos para os centros das cidades para dar início aos movimentos abolicionistas. Nesse momento, mais uma vez, o transporte nos leva a questionar, como diz o discurso histórico proferido em 1852 por Sojourner Truth (Hooks, 1982).

---

103 A controversa e clássica obra *Casa-grande e senzala*, de Gilberto Freyre, oferece ferramentas conceituais e históricas para entendermos a história da dinâmica social produzida pela sociedade escravocrata brasileira.

> Aquele homem ali diz que as mulheres precisam ser ajudadas em carruagens, erguidas sobre valas e ter o melhor lugar em todo lugar. Ninguém me ajuda em carruagens, ou em poças de lama, ou me dá o melhor lugar! E eu não sou mulher? Olhe para mim! Olhe meu braço! Eu arei e plantei, e juntei a colheita nos celeiros, e homem algum poderia estar à minha frente. (*Ain't I a Woman? – Speech.*)

Hoje, a mobilidade nos leva a questionar o movimento abolicionista que até aquele momento só atentava para o homem negro, assim como o movimento feminista só pensava nas necessidades das mulheres brancas. Mais à frente na história, um outro marco de resistência é definido por uma mulher negra, Rosa Parks, dentro de um ônibus nos Estados Unidos. A regra era "clara": havia duas seções para absolutamente tudo na cidade, dos bebedouros aos assentos de brancos e negros. Brancos sentavam na frente e negros atrás, como sempre na história da colonização. Mas, se houvesse um único branco em pé, o motorista deveria mover para trás a placa que indica o limite das seções.

A ação faria com que os negros mais à frente tivessem que saltar para trás ou ainda ficarem de pé. Mas Rosa disse não.

O motorista do ônibus pediu que a mulher se levantasse. "Não", respondeu ela simplesmente. "Bem, então vou fazer com que a prendam", falou o motorista do transporte em que ela estava. De maneira intransigente, Parks ainda disse: "Pode fazer isso", e assim inicia-se o movimento pelos direitos civis dos negros nos Estados Unidos, advogando pelo direito de voto, fim da segregação e da naturalidade de explorar corpos negros, na busca pela liberdade e cidadania numa suposta democracia.

No Brasil, Lélia Gonzalez mobiliza-se na construção do movimento negro. Movimentar-se através de fronteiras começa a mostrar a força da diáspora negra. É nesse período que começa a atuação e projeção do movimento negro brasileiro, com a exponencialidade de uma mulher:

> Por sua atuação e projeção, Lélia foi "observada" em algumas ocasiões pelo Departamento de Ordem Política e Social, o DOPS. Encontram-se referências a ela em alguns documentos. No entanto, ela não chegou a ser interrogada, presa ou torturada. O momento mais intenso de sua militância foi no período da Ditadura Militar (1964-1985), que proibiu, entre outras coisas, a organização política da sociedade civil. A Lei de Segurança Nacional [...] definia que: era crime "Incitar publicamente ao ódio ou à discriminação racial", com detenção de 1 a 3 anos. O que, na verdade, poderia ser usado contra o movimento negro, uma vez que denunciar o racismo, expor o mito da democracia racial, poderia ser considerado uma ameaça à ordem social, um estímulo ao antagonismo e incitação ao preconceito. (Barreto, 2019)

A institucionalidade da militarização como agente do racismo estrutural e estruturante se materializa utilizando o transporte para segregar e impedir a organização para uma nova movimentação social. Sobre o racismo estrutural, afirma Almeida (2018):

> O racismo não é um ato ou um conjunto de atos e tampouco se resume a um fenômeno restrito às práticas institucionais; é, sobretudo, um processo histórico e político em que as condições de subalternidade ou de privilégio de sujeitos racializados é estruturalmente reproduzida.

Por causa dos mecanismos do sistema estrutural que disciplinaram os corpos para o trabalho e para as favelas e cortiços, vigiados em seus trajetos, o silêncio ao circular era vital para juntarem-se em grupo e reorganizar os movimentos que lutavam pela democracia, para finalmente exercerem a liberdade de cidadania plena.

Corpos de mulheres negras objetificados circulam por serem força de trabalho e de reprodução sexual, porém muitas de nós têm o seu direito retirado, como no caso do direito de movimentar-se; o que antes foram correntes e chicotes, hoje dilui-se em ações invisíveis de exclusão que inviabilizam alcançar a plena cidadania. Ao longo da história, ainda estamos ocupando as ruas e sendo a base da economia da sociedade.

Com isso, no mundo atual, o processo de militarização cotidiana de nossas vidas gera amarras ao lado da tecnologia, que funciona como meio para o genocídio da população negra. Amarras que tendem a aumentar, a fim de impossibilitar a circulação das mulheres negras, delimitando onde elas devem ou não estar, trabalhando em casas vizinhas, mas nunca tardando a voltar para cuidar de suas casas e famílias, para cumprir sua dupla jornada. Com o horizonte restrito, geralmente elas aproveitam o fim de semana em torno de hospitais e presídios, atrás de seus filhos procurados, assediados e sequestrados por serem a linha de frente do que a polícia vê como o mal. Muitas noites ainda ficamos esperando nossos filhos e filhas voltarem do trabalho ou do estudo em pontos de ônibus.

Vivemos um avanço excepcional nas ações de combate atualmente. Poderíamos sem exagero falar na "batalha de Durban"[104]; nela aflorou toda a extensão do problema étnico/racial no plano internacional, levando à quase impossibilidade de alcançar consenso mínimo entre as nações para enfrentá-lo. O que pareceria retórica de ativista antirracista se manifestou em Durban como de fato é: as questões étnicas, raciais, culturais e religiosas, e todos os problemas nos quais elas se desdobram (racismo, discriminação racial, xenofobia, exclusão e marginalização social de grandes contingentes humanos considerados "diferentes"), têm a potencialidade de revelar a racionalidade que orquestra a polarização do mundo contemporâneo, de opor Norte e Sul, Ocidente e Oriente, brancos, latinos e negros, mulheres e homens, LGBTQ+ e a heteronormatividade, além de ser a essência das contradições internas da maioria dos países em um mundo global.

---

[104] A Conferência de Durban, realizada em 2001, é como ficou conhecida a Terceira Conferência Mundial contra o Racismo, a Discriminação Racial, a Xenofobia e Formas Correlatas de Intolerância, promovida pela Organizações das Nações Unidas (ONU) contra o racismo e o ódio aos estrangeiros.

É chegada a hora da percepção daquelas que construíram e constroem a cidade, que desde antes da senzala acolhem e cuidam, trabalham jornadas múltiplas vezes maiores que toda a população. É o momento do despertar.

Tiramos como exemplo a viabilização do transporte das mulheres negras das periferias da Grande São Paulo que têm nos modais públicos a única forma de alcançar e obter uma fonte de renda, conciliando a família, o trabalho e o gerenciamento da sua comunidade. Conhecidas muitas vezes por esquecerem de si, o momento de lembrar de si é este, todo dia e para sempre.

O ponto onde se localizam os terminais de ônibus que chegam ao seu destino final é território dessas mulheres, mas principalmente porque resistem e fazem viver todos aqueles que enfrentam a cruel desigualdade e violência cotidiana e sistêmica. O clima de insegurança sempre é contrabalançado pela amálgama de mulheres que lideram e nutrem cada um.

Mulheres que aguardam os filhos, vendem café e ainda fazem ações em prol da comunidade, como os pedidos para que as linhas precárias sejam melhoradas, seguras, mais confortáveis e ampliadas.

Nos últimos anos, as mulheres negras estão organizando e formando o que chamamos de feminismo negro, comunitário, interseccional, decolonial e também com o movimento de lacração e empoderamento. Esses movimentos têm como único grande vetor a ocupação da cidade e, com isso, a mobilização volta a ser pauta para nós.

O empoderamento dessas mulheres leva todas a ocuparem os espaços de vida pública, ou seja, espaços onde até então somente homens cisgênero circulavam através dos pactos machistas, e com isso é dentro do metrô/trem que mais uma revolução liderada por mulheres negras se inicia.

O objetivo era a extinção do assédio tão comum dentro dos transportes públicos, de dia ou de noite, o medo de ser tocada, ter a roupa rasgada ou ser esporrada era o frio na espinha de mulheres negras e brancas, do tapa no bumbum ao puxão de cabelo. O grito de "basta" irradiou esse movimento que teve impacto socioeconômico e principalmente modificou a imagem de quem de fato ocupa a cidade, denunciando também os números da disparidade salarial e da carga de exploração.

Sendo assim, ao longo da história, a mobilidade e o transporte coletivo são os maiores sinalizadores da opressão do povo negro, opressão refletida no corpo da mulher negra e não só na geografia e na desigualdade.

Quando uma mulher negra se movimenta, o mundo todo se movimenta com ela – nessa frase, Angela Davis sintetiza o poder de modificar as estruturas institucionais que o corpo historicamente objetificado da mulher negra tem, sintetizando o poder da resiliência.

Em uma sociedade cada vez mais virtual, a matéria desigualmente disposta, os recursos e o corpo da mulher negra colidem refletindo a realidade surpreendente manifestada na silenciosa ânsia de libertar a si e a todos para finalmente podermos ir e vir.

Todo ser merece a liberdade de voar.

Referências

ALMEIDA, Silvio Luiz de. *O que é racismo estrutural?* Belo Horizonte: Letramento, 2018.

BARRETO, Raquel. Uma pensadora brasileira. *Revista Cult*, 3 jul. 2019. https://revistacult.uol.com.br/home/lelia-gonzalez-perfil.

CARNEIRO, Sueli. Mulheres em movimento. *Estudos Avançados*, v. 17, n. 49, 2003.

DAVIS, Angela. *Mulheres, raça e classe*. São Paulo: Boitempo, 2016.

FREYRE, Gilberto. *Casa-grande e senzala*. 42. ed. Rio de Janeiro: Record, 2001.

GONZALEZ, Lélia. Racismo e sexismo na cultura brasileira. *Revista Ciências Sociais Hoje*, Anpocs, n. 2, p. 223-44, 1984.

HOOKS, bell. *Ain't I a Woman?*: Black Women and Feminism. Estados Unidos: South End Press, 1982.

KILOMBA, Grada. *Memórias da plantação*: episódios de racismo do cotidiano. Rio de Janeiro: Cobogó, 2019.

ORGANIZAÇÃO DAS NAÇÕES UNIDAS. Conferência Mundial Contra o Racismo, Discriminação Racial, Xenofobia e Intolerâncias Correlatas. *Declaração e programa de ação*. Durban, 31 ago.-8 set. 2001. Disponível em: https://brazil.unfpa.org/sites/default/files/pub-pdf/declaracao_durban.pdf.

PARKS, Rosa. *Rosa Parks*: My Story. Nova York: Dial Books, 1992.

4. Espaços de existência e resistência

4.1. Quilombos, transfluência e saberes orgânicos - entrevista com Nego Bispo

Paíque Duques Santarém

Conversar com Nego Bispo é sempre uma honra. Simultaneamente ensinamento, proposição, circularidade e torção de pensamentos enquadrados. Nesta entrevista, inicialmente proposta em torno das reflexões dos quilombos sobre o transporte colonial, apresentaram-se formulações muito além. A conexão entre o saber ancestral, os saberes orgânicos e, principalmente, o conceito de *transfluência* levaram as conexões a níveis, tempos e formas impressionantes. Leia e transflua com o pensamento do Mestre Bispo.

Você poderia se apresentar?

Eu sou registrado no cartório como Antônio Bispo dos Santos. Nasci no Vale do Rio Berlengas, em uma comunidade que era chamada Pequizeiro, parte do povoado Papagaio, e que hoje é o município de Francinópolis, do Piauí. Quando nasci, o contexto era bem diferente de hoje do ponto de vista das relações profissionais, mas muito parecido do ponto de vista das relações sociais, porque a sociedade colonialista é perene, ela continua. Naquele tempo estávamos atacados pelo colonialismo no sentido de estruturar os contratos. Nossos contratos eram formalizados pela oralidade: escriturar não estava no nosso cotidiano, não lidávamos com essa linguagem. Quando a comunidade avaliou que havia um ataque fulminante sem retorno e que deveríamos aprender a lidar com essa linguagem da escrituração, a comunidade colocou várias crianças na escola da língua escrita para selecionar aquelas que se apropriassem mais rápido dessa linguagem. Pela facilidade que demonstrei nessa apropriação, fui um dos escolhidos para ser um tradutor da linguagem oral para a linguagem escrita e da linguagem escrita para a oralidade. Continuo fazendo isso até hoje. Naquele período eu iria fazer essa tradução apenas para aquela comunidade, mas a coisa foi tomando outra dimensão e hoje realizo essa tradução de forma mais ampla.

Ou seja, você foi escolhido pela sua comunidade e depois ampliou a outras para traduzir o mundo colonial, circulando por diferentes cidades.

Por conta dessa relação eu acabei sendo forçado a compreender cada vez mais o pensamento colonialista para nos defender dos ataques promovidos contra nós. Também tive que compreender cada vez mais o nosso pensamento para fortalecer nosso campo de defesa. Então acabei me tornando um tradutor do pensamento colonial para o nosso povo e um tradutor dos sentimentos do nosso povo para confluenciar com alguns dos nossos que tenham sido tomados pelo pensamento do colonialismo. Minha vida acabou por se dar nessa fronteira de pensamento. Além do mais, enquanto as escolas colonialistas me passavam essa linguagem escriturada, meus mestres de ofício me ensinaram a como lidar com a roça. Eu sou lavrador a vida inteira. Nos meus sessenta anos de vida só tenho cinco anos fora da roça. Por exemplo, neste momento de enfrentamento da pandemia, o que tem me salvado é a roça.

A colonização foi feita por meio do sequestro, transporte nos navios negreiros pelo oceano e posterior tráfico em território brasileiro. Como você compreende essa relação?

Na minha lida com a roça eu também fui ensinado pelas minhas mestras e mestres de ofício a adestrar animais para servirem. Acabei descobrindo que adestrar e colonizar são coisas muito semelhantes. O que aprendi no processo de adestramento? Primeiro: associar o animal a ser adestrado ao seu território. Ou seja, cercá-lo para que não saia, mantendo-o confinado para ter mais facilidade em adestrar. Quando isso não é suficiente, devemos retirá-lo do seu território e levá-lo para um território que ele não tem domínio e lá confiná-lo. Segundo: deve-se mudar a identidade do animal. Toda vez que eu ia adestrar um boi, cavalo ou qualquer outro animal, eu lhe dava um nome. Precisa-se destruir a sua identidade e quebrar sua relação com o sagrado. Deve-se mudar seu modo de vida, mexer na sua alimentação e na sua relação cósmica; quebrar sua trajetória no movimento com o cosmo e levá-lo a uma trajetória fragilizada ou mesmo para fora de sua trajetória. Digo isso para dizer que não é muito diferente do que fizeram os colonialistas na África. Lá eles confinaram quem puderam no próprio continente e, não se dando por satisfeitos, tiraram pessoas de lá para confiná-los em outros territórios. O mesmo que eu faço com animais eles fizeram com a gente. Para transportar animais em processo de adestramento ou pessoas em processo de colonização usam-se os mesmos meios de transporte: aqueles que dificultam o retorno ou a composição de uma memória de retorno. Quando vou transportar um animal de um ambiente ao outro, procuro levá-lo com os olhos vendados, colocá-lo em um ambiente onde ele não veja para onde está indo, justamente para impedir a memória de retorno. Foi o mesmo que fizeram conosco: jogaram nos porões do navio, onde as pessoas não podiam ver por onde estavam sendo transportadas. Mesmo algumas que podiam observar tinham dificuldade de saber a rota – por isso o mar é tão importante no trajeto. O método de transporte dos colonialistas foi o mesmo utilizado pelos adestradores de animais.

O povo negro se organizou mesmo dentro do tráfico negreiro, fazendo revoltas em embarcações de navios negreiros, re-

tomando-os. Já neste território, muitos conseguiram fugir e se organizar em quilombos. Outros tantos ficaram confinados nas senzalas e na casa-grande e lá também teve revoltas. Como avalia essa relação do território com a revolta no tráfico negreiro, no quilombo, na casa-grande, na senzala?

Vou continuar a reflexão usando as metodologias que eu domino: as técnicas de adestramento. Quando vamos adestrar animais, escolhemos aqueles que podem ser adestrados. Existem os que estão mais fragilizados, os que estão fora de seu local. A depender das relações que se estabelecerem você vai conseguir adestrar ou não. Por exemplo, dificilmente você adestra um burro. Se pensar que adestrou o burro, quando montar ele te derruba e ainda pisa em cima. Como são animais que foram amamentados por uma mãe que o gerou dentro de um processo híbrido – por uma égua e um jumento ou uma jumenta e um cavalo –, são alimentados mais ligados à mãe e têm pais que são de outra categoria animal. Por isso o burro é muito rebelde. Já aqueles animais que são fáceis de adestrar eu uso para tentar adestrar os outros. Eu levo ele para a mata, dou comida na frente dos animais rebeldes para que eles tenham o exemplo de que ele está melhor. Vejamos o exemplo do cachorro: é um dos poucos animais que, após adestrado, vai brigar com outros cachorros e com todos os outros tipos de animais em defesa do adestrador. Entre a senzala e a casa-grande acontece o mesmo. Nós tivemos africanos que foram colonizados na casa-grande e tinham aqueles que eram escolhidos criteriosamente e aparentemente bem tratados na presença dos outros para que pensassem que a obediência compensava. É uma técnica perversa. Mas aí a questão: por que, mesmo assim, quando chegaram sequestrados aqui houve movimentos de rebeldia? É que simultaneamente ao transporte realizado pelos colonizadores aconteceu a transfluência, que é um outro deslocamento, o deslocamento cósmico com que o colonialismo não contava. Pois os colonialistas, por terem uma relação cosmológica muito mais ligada à vida e à morte, vivem a vida presente como dá, porém se preparando para uma relação cósmica pós-morte. Para nós, é justo o contrário: nossa relação cósmica acontece sempre, durante a vida. Essas relações cósmicas fizeram com que, simultaneamente ao transporte corporal do nosso povo pelo mar nos navios coloniais, ancestralmente recompuséssemos a transfluência. Ou seja, a memória de volta estava sendo composta de forma ancestral e os colonialistas não perceberam. Justamente por isso, ao chegar aqui, conversaram com indígenas – por ter cosmologias parecidas – e se comunicaram pela linguagem cósmica resgatando todos os seus saberes, podendo compor os quilombos nos territórios. De lá, pôde-se seguir dialogando com aqueles que ficaram e criando uma grande disputa de formação, composição, pensamentos e relação cosmológica. Os colonizadores pensando em cada vez mais adestrar o nosso povo na senzala e os quilombolas cada vez mais buscaram resgatar e libertar nosso povo. Não através do transporte, mas sim da transfluência, que é essa movimentação cosmológica que os colonialistas nunca conseguiram perceber que fazíamos.

Você fala dessas lutas de libertação e transfluência como uma oposição ao transporte, uma ferramenta de lutas. Seu livro *Quilombos, modos e significações* aborda diferentes revoltas do povo negro. Qual é este *link* entre a transfluência, nossa libertação e nossas revoltas?

Eu não digo isso com amplo detalhamento dentro do livro, mas digo através da poesia. O que houve em Palmares e todos os quilombos foi exatamente essa relação de transfluência. Mesmo os quilombos que não se visitavam fisicamente transfluíam através da cosmologia. A relação com o mar, com o vento, as estrelas, as plantas. A relação que existe entre Palmares com os quilombos de hoje é uma relação transfluente, onde a ancestralidade vai passando essas informações. Há uma história muito interessante: conheci, em Juiz de Fora, um jovem de 16 anos (na época eu tinha 59) em uma batalha de poesias chamada Slam. Ele disse que, para saber como é o presente dele, era necessário buscar saber como foi o presente da sua avó e, a partir disso, ele era capaz de imaginar, com possibilidades fantásticas de acertar, o presente do neto dele. Ou seja, é aquilo que escrevi no meu livro: o presente é um interlocutor do passado e um locutor do futuro. Nós nunca tínhamos nos visto. E aí fica a você a pergunta de como é que falamos algo tão parecido? Isso é a transfluência, uma linguagem ancestral que faz com que gerações se comuniquem ainda que não estejam se vendo. É um sistema muito sofisticado de deslocamento muito diferente do sistema de transporte. Esse sistema de transfluência e confluência que vivemos quebra todo o pensamento contenedor. Não tem coincidência para nós. É esse pensamento que faz com que nossas lutas permaneçam e que os colonialistas não consigam nos identificar em todos os momentos. Há momentos em que eles fazem barreiras e passamos por meio dos transportes, pois também dominamos eles. Mas há outros em que não conseguimos passar pelos transportes, mas passamos pela transfluência.

Esse conceito é muito rico, possibilita chegarmos a muitos lugares!

Vou dizer como eu cheguei à transfluência. Sempre me instigou muito saber que o povo africano passou pela árvore do esquecimento, foi colocado nos porões dos navios, passou por todos os processos de apagamento da memória e mesmo assim elas não se apagaram. Por que nós, descendentes de africanos, sem retornarmos à África nem nos comunicarmos literalmente com a África – porque não escrevemos para lá, não mandamos *e-mails*, não ligamos para lá, não lemos os livros de lá – conseguimos nos reeditar no território alheio? Em uma conversa com uma indígena ela me disse que gostaria de saber mais sobre os quilombos, mas não dava conta de saber nem sobre as aldeias. Eu disse que gostaria de saber mais sobre as aldeias, mas não dava conta nem de saber sobre os quilombos. Ela perguntou: como resolver isso? Estava chovendo nessa hora. Eu olhei para a chuva e falei: "será pela transfluência". Ela perguntou: "o que é isso?", e eu perguntei para ela: "como é que as águas doces do rio São Francisco se encontram com as águas doces do rio Nilo se tem um oceano no meio?". Pelos rios do céu, pelas nuvens, pela evaporação. A imagem que mais me convence sobre a transfluência é esse movimento das águas doces, pois elas evaporam aqui no Brasil e vão chover na África transfluindo pelo oceano sem precisar passar por ele. Dessa forma que a nossa memória ancestral está aqui, ela vem pelo cosmos. Esta é, do ponto de vista cósmico e físico, a imagem que tenho da transfluência.

Como você analisa a mobilidade e o transporte coletivo?

O transporte urbano é um sistema de movimento em confinamento e de confinamento dos movimentos. As pessoas são obrigadas a se movimentar naquele horário, naquele transporte, naquele sintético para fazer aquilo que elas pensam que precisa ser feito. É uma dominação total. É uma relação com o mundo totalmente dominada onde os patrões colonialistas sabem exatamente onde embarcamos e o tempo que gastaremos de um lugar para o outro. Eles têm controle total dos nossos movimentos. É a velha relação da senzala e casa-grande. Uma fábrica é uma senzala. O sistema escravagista e colonialista permanece. As correntes, que eram muito caras, foram substituídas por relações psicológicas, aparentemente livres, mas na verdade de confinamento e dominação, mantendo relações coloniais do mesmo jeito. São correntes psicológicas e invisíveis. As ciências humanas, que são altamente sofisticadas hoje na academia, ajudam muito a fazer isso: psicologia, sociologia, teologia, filosofia, direito. As ciências humanas foram criadas exatamente para manter essas correntes do processo de escravidão do novo colonialismo.

Seu livro trata dos saberes orgânicos (que são os saberes do ser) e dos saberes sintéticos (que são os saberes do ter e do conter). Pensar no transporte em torno desses conceitos é

avaliar que o transporte coletivo hoje é um saber sintético baseado em conter.

Esse transporte é feito pelo saber sintético. Um transporte orgânico é aquele praticado dentro de uma compreensão de reprodutibilidade. Mesmo quando você pega um ônibus, mas o faz para ir visitar um amigo, uma namorada, um parente, pode estar praticando uma transfluência. Você está usando o sintético em favor do orgânico; o ter a favor do ser. Agora, quando você pega uma pessoa e manda fazer caminhada à toa, isso é muito sintético. Para mim, o que mais identificamos quando chegamos a uma cidade daqui do sertão, são duas coisas: um lixão a céu aberto e as pessoas caminhando nas beiras das pistas a esmo sem saber para onde vão. Isso é uma noia, uma doença. São dois lixos ali: o material jogado pelas pessoas e o mental, cabeça totalmente dominada por uma lógica absurda de transporte do nada para lugar nenhum. Ali, as pessoas estão sendo transportadas para além de si mesmas. Mas, quando você está fazendo uma caminhada com organicidade, é diferente. Quando acordo cedinho, vou à roça e pego parte de um pau de carnaúba e jogo no meu quintal para ajudar as plantas que estão aqui, estou fazendo uma caminhada e um transporte orgânico, é o ter em função do ser. Eu fiz caminhada, exercícios, com deslocamentos preenchidos de sentido. Os deslocamentos, então, podem ser sintéticos, por meio do transporte, ou orgânicos, por meio da transfluência.

Quais os caminhos de superação do transporte sintético para a população negra que está na cidade?

O que estou discutindo muito, desde o final de 2018 até agora, com povos indígenas, de terreiros, das favelas é que neste momento temos que transfluir das mais diversas formas possíveis para confluirmos. Quilombolas precisam perder o medo de favelados e favelados precisam conhecer, acreditar em quilombolas. Indígenas das aldeias precisam perder o medo de indígenas das cidades e favelados. No nosso entendimento, o povo de terreiro tem que entender, e nós temos conversado muito, que o terreiro não é maior que o quilombo nem o quilombo maior que o terreiro. Na verdade, não há uma separação entre terreiro e quilombo, ambos são complementos de um território cosmológico, pois o território não é só físico. O território cosmológico é composto pelo terreiro, pelo quilombo, pela capoeira, pela favela, pelo reisado, pelo congado. Todas as expressões e manifestações do povo afro são um grande território que seria a África cósmica, um território cosmológico. Essa confluência é possível através da transfluência. É preciso deixar de ir ao shopping para ir à feira, deixar de se hospedar nos hotéis coloniais e quando for às cidades se hospedar nas favelas e quando o povo das favelas vier à roça se hospedar nos quilombos. Deslocamento transfluente contra o transporte colonizado. Precisamos cada vez mais comunicar entre nós. Não se trata de querer que nosso povo esteja nas telas da televisão, mas sim sentado nas nossas calçadas se encontrando. Precisamos nos visitar cada vez mais. E, fundamentalmente, é preciso que a geração avó esteja conversando constantemente com a geração neta. Geração avó, geração mãe, geração neta: Passado, presente, futuro. É esse processo de confluência e transfluência ancestral que faz com que nosso território cosmológico seja do tamanho que é.

Para finalizar, gostaria que deixasse um recado final sobre esse momento duro que vivemos.

O recado é o seguinte: quanto mais longa e farta for a vida dos seres humanos mais curta e escassa será a vida dos demais seres. Precisamos enfrentar a mesquinhez dos seres humanos para atingir a consciência entre todos os seres. Quando atingirmos essa consciência teremos o saber orgânico predominando sobre o saber sintético. Estou extraindo esta mensagem deste processo da pandemia, é isso que estou percebendo agora. No mais, obrigado pelo convite.

4.2. Segregação das religiões de matriz africana dos territórios, das manifestações e da estética dos espaços públicos

Lúcia Xavier

Eu luto para que tenham respeito.

Eu não quero tolerância, odeio essa palavra, tolerância. Nós não deveríamos dar direito a ninguém de falar essa tolerância. Quero respeito.

Eu quero ser o que eu sou, eu quero ser verdadeira. Me respeite.

Eu sou uma mulher negra e eu sou uma iyalorixá do candomblé, das religiões tradicionais.
Me respeite, respeita a mim e a meu povo".

Mãe Beata de Iemanjá[105]

---

105 Beatriz Moreira Costa, Mãe Beata de Iemanjá, falecida em 2017, foi iyalorixá, ativista de direitos humanos, escritora, fundadora do terreiro de candomblé Ilê Omiojuaro, Nova Iguaçu-RJ.

Introdução

Batuque, Terecô, Xangô, Umbanda, Candomblé, Tambor de Mina, Jurema, Cabula, Candomblé de Caboclo, Culto aos Egunguns, Catimbó, Quimbanda, Xambá, Omolocô, Babaçuê entre outras, são algumas expressões religiosas da população negra brasileira. Somam-se a outras manifestações culturais que, ao longo dos séculos, foram criadas e recriadas pela população negra, como o samba, os afoxés, os maracatus, as congadas, os bumba meu boi, os caxambus, blocos afros e os jongos. Essas religiões não se tornaram somente o lugar da fé ou mesmo de manifestações culturais e de espaços para o relacionamento social. Elas se tornaram sobretudo os espaços de conjunção de saberes, de conhecimentos, de resistências física, psicológica, política e social desde o período da escravidão.

As expressões das religiões de matriz africana ou afro-brasileiras são aqui compreendidas como formas organizativas cujos elementos litúrgicos acentuam o culto à ancestralidade; o culto a elementos da natureza como Deuses e Deusas; a experiência de possessão; a estrutura organizacional hierarquizada; a utilização de espaços e territórios para além do terreiro (ruas, estradas, matas, rios, mares, cachoeiras, cemitérios, mercados, igrejas, bancos); a utilização de língua e vocabulários próprios ou de origem africana; a utilização de indumentárias próprias que remontam aos tempos coloniais ou mesmo novos trajes desenvolvidos ao longo do tempo. Essa breve descrição não é por si só a única forma de retratar essas religiões. Aqui, o que importa é saber que elas são múltiplas e diferentes expressões das culturas, tradições e modos de vida da população negra (Mota, 2018).

A capacidade organizativa e o caráter político que essas organizações tomaram desde o período colonial serve de justificativa à repressão que enfrentam, mas não é suficiente para explicar a violência e a permanente história de perseguição, mesmo nos dias atuais. O projeto de exclusão da população negra da formação da nação brasileira pode ser o pano de fundo para tal vulnerabilidade das religiões de matriz africana. Como sistema de dominação, o racismo atua em todos os processos justificando a violência produzida contra essas religiões. Daí o crescente debate dos movimentos religiosos de matriz africana para transformar o entendimento do que comumente chamamos de intolerância religiosa em racismo contra essas organizações e seus adeptos.

Nesse sentido, os crimes cometidos contra essas religiões não podem ser minimizados como práticas preconceituosas, pois são, na verdade, práticas racistas e assim deveriam ser tratados. Quando nos deparamos com as notícias sobre os ataques aos adeptos e aos terreiros/casas religiosas de matriz africana hoje, verificamos que múltiplas violações se articulam e logo surge uma pergunta: por que as religiões de matriz africana ainda são alvo de violência e violação de direitos, se o livre exercício dos cultos religiosos, a proteção aos locais de cultos e a suas liturgias são garantidos na Constituição Federal de 1988? Que elementos estruturam essa violência hoje e que setores são beneficiados com essas práticas? Quais direitos são violados com essas práticas?

O presente artigo pretende, a partir da análise dos ataques sofridos por essas organizações, compreender os motivos pelos quais as religiões de matriz africana são alvo de violência, mesmo depois dos direitos alcançados na Constituição Federal de 1988, e como esses ataques geram diferentes violações a direitos fundamentais, a exemplo do direito à cidade e à vida comunitária. Além disso, pretende-se avaliar que outras estratégias deverão ser adotadas para fortalecer as religiões de matriz africana, proteger os patrimônios culturais afro-brasileiros e erradicar o racismo religioso, considerando também as dimensões de segregação dos espaços e territórios públicos vitais para o exercício dessa liberdade.

Religiões de matriz africana: destruição e adaptações diante do racismo religioso

Está na constituição das religiões de matriz africana a capacidade de articular diferentes espaços e territórios como extensão do campo do "sagrado", dotado de poder e força, capaz de prover e transformar a vida. A ideia de que todos esses espaços podem ser acessados para reequilibrar a vida passa pela interação com a natureza e com a sociedade.

Para essas religiões, os Deuses e Deusas são a própria natureza. A sua força e presença têm como símbolos rios, mares, montanhas, vulcões, pedras, plantas, animais. Esses Deuses e Deusas ainda agregam outros elementos, conforme a tradição presente em cada região do país. Mas essas forças divinas não se esgotam aí. Além do próprio espaço institucionalizado do terreiro, que em si já traduz a ideia de comunidade, todos os outros territórios são fundamentais para o exercício cultural, filosófico e religioso. A sua convivência é de mútuo respeito, pois cada um desses elementos transita entre o profano e o sagrado, a depender de como nos relacionamos com ele. A rua é o espaço do trabalho e do ganho que permite a produção e a reprodução da vida; é também um espaço de encontro com as divindades. A encruzilhada deixa de ser um cruzamento de ruas para ser a morada de espíritos e entidades, podendo ser traduzida como sinal de mudanças e novas perspectivas.

A utilização dos espaços públicos como espaço religioso é a presença viva dessas culturas e religiosidades na sociedade; mas esse convívio nunca foi pacífico. As religiões têm, ao longo dos tempos, enfrentado diferentes desafios que limitam e impedem seu pleno exercício com liberdade, obrigando essas instituições e seus adeptos a uma constante adaptação das práticas religiosas e culturais. Essas adaptações vão desde mudanças no processo iniciático e de cumprimento de preceitos – no fim de alguns ritos que só podem ser realizados em espaços públicos (cachoeiras, praias e matas) – até deixar de tocar os atabaques para garantir a permanência no território onde o terreiro está localizado, independentemente da existência ou não de leis protetivas ou proibitivas, como exemplo da dificuldade de manter os terreiros nas favelas.

"Chuta que é macumba!", expressão popular racista utilizada para depreciar as manifestações, a estética e as práticas litúrgicas das religiões de matriz africana. É também a síntese da segregação espacial, territorial, das manifestações e da estética nos espaços públicos que vem ocorrendo ao longo da história.

Inicialmente, a presença de ebós nas ruas, estradas, encruzilhadas, na frente de prédios públicos e bancos, nas praias, rios e lagoas, era compreendida como poluidora e depredadora do ambiente. Essa mesma crítica também se estendeu ao cumprimento dos preceitos religiosos com a realização de atividades públicas, tais como missas, ida ao mercado, ao cemitério e a utilização cotidiana de indumentárias por parte das pessoas iniciadas. Esse novo postulado de proteção ambiental começou a criar normas e proibições contra as práticas religiosas e culturais, exigindo, cada vez mais, mudanças das tradições e dos costumes desenvolvidos pelos adeptos dessas religiões.

Os constrangimentos, policiamento, fechamento dos parques, fizeram com que essa prática desaparecesse ou diminuísse. Acusadas de poluidoras do ambiente, as religiões precisaram criar diferentes estratégias, inclusive a de não depositar os ebós em espaços públicos, mesmo que, de certo modo, fosse impossível impedir essa prática.

A invisibilidade dos adeptos com suas indumentárias já era um problema, mas ganha maior força com a ascensão dos cultos evangélicos pentecostalistas, que abominam essas religiões a ponto de agredir, ofender ou expulsar esses adeptos em qualquer espaço público: do transporte público, de supermercados, ruas, inclusive impedindo o acesso a postos de trabalho. A força neopentecostal está também na base da expulsão dos terreiros das favelas, especialmente do Rio de Janeiro.

A historiadora Carolina Rocha da Silva (2018) descreve essa situação em inúmeras localidades do Rio de Janeiro. A autora destaca que a violência sistemática das igrejas neopentecostais não só expulsa os terreiros, mas também produziu mudanças estéticas, adaptando os hábitos das adeptas e dos adeptos para a sua proteção física.

> Os terreiros de umbanda e candomblé nas favelas da Ilha do Governador começaram a sofrer violência sistemática a partir de 2008, quando a maior parte das casas religiosas localizadas no Morro do Dendê foi fechada. As notícias geraram grande repercussão na mídia e mobilizaram candomblecistas e umbandistas pelo país, que se reuniram num protesto em frente à Alerj para discutir o tema da intolerância religiosa.

> Alguns irmãos e irmãs de santo meus/minhas, que moravam nos locais onde essa perseguição foi mais violenta e intermitente, me contavam sobre as dificuldades de usar os seus fios de contas e as roupas que pudessem ser identificadas a sua religião. Eu mesma, na volta para casa, diversas vezes, após as festas do meu terreiro, em horários avançados da madrugada, com roupas e acessórios característicos do candomblé – tais como a saia branca rodada, o ojá na cabeça e os fios de conta no pescoço – fui questionada sobre o risco dessa exposição. Irmãos e irmãs de santo, familiares, vizinhos, *e até os mendigos da rua, me alertavam sobre o perigo de ser ameaçada ou castigada por externar minha fé nas ruas da Ilha do Governador. No fundo, sentia medo, mas por sorte ou destino, nunca tive problemas por isso.* (2018, p. 7)

De acordo com o *site* Dossiê Intolerância Religiosa[106] elaborado e publicado pela Koinonia Presença Ecumênica e Serviço, só na Zona Norte da cidade do Rio de Janeiro, em 2013, quarenta terreiros foram expulsos das favelas. E esta também não é uma realidade somente desses territórios; em outras áreas da cidade e até do país os terreiros estão sendo atacados. Em 2019, um

---

106 Disponível em: http://intoleranciareligiosadossie.blogspot.com.

grupo de adeptos da umbanda foi impedido de realizar os ritos fúnebres na cidade de Roselândia no Tocantins. A Câmara Municipal da cidade produziu nota oficial repudiando a manifestação religiosa do grupo umbandista[107].

Os ataques se estendem à proibição de realizar despachos nas ruas, utilizar indumentárias e fios de contas e outros acessórios que lembrem o pertencimento às religiões de matriz africana.

Em matéria recente no *site* de notícias da BandNews (2020)[108], moradores de Quintino, bairro da Zona Norte do Rio de Janeiro, amanheceram com uma mensagem atribuída aos traficantes de drogas da região, que dizia:

PROIBIDO QUALQUER TIPO DE PRÁTICA DE CANDOMBLÉ OU UMBANDA.
ABRACE O PAPO OU O PAPO TE ABRAÇA.

Ainda segundo a matéria, os moradores denunciaram o caso como intolerância religiosa e a Polícia Militar informou que não recebeu nenhuma denúncia. E mesmo sem considerar essas violações como caso de polícia, em 2019, a Comissão de Combate à Intolerância Religiosa registrou 201 ataques a terreiros no estado do Rio de Janeiro, sendo a maioria na Baixada Fluminense.

---

[107] "MP investiga agressão física a grupo umbandista em cemitério no dia de Finados no Tocantins", *Dossiê Intolerância Religiosa*, 2019. Fonte: AF notícias em 19 nov. 2019. Disponível em: http://intoleranciareligiosadossie.blogspot.com/2019/11/mp-investiga-agressao-fisica-grupo_21.html.

[108] Andrezza Buzzani, "Cartaz com proibição de práticas do candomblé e da umbanda é denunciado por moradores de Quintino", *BandNews*, 11 maio 2020. Disponível em: https://www.bandnewsfmrio.com.br/editorias-detalhes/cartaz-com-proibicao-de-praticas-do-candomble.

O ataque a Mãe Carmem Flores[109], no Rio de Janeiro, veio corroborar com um fato importante o que vinha ocorrendo nas favelas e bairros periféricos da cidade. Mãe Carmem de Oxum foi atacada por traficantes evangélicos em setembro de 2017. Ela foi obrigada a destruir todos os assentamentos, fios de contas e os espaços sagrados do terreiro sob a mira dos traficantes, que filmaram a atrocidade. Mesmo com registro na delegacia de polícia, audiências públicas com parlamentares, gestores públicos e sociedade civil, Mãe Carmem de Oxum preferiu o autoexílio e segue ameaçada pelos criminosos.

Nesse sentido, consideramos que as ações violentas de alguns setores pressionam as religiões e seus adeptos a adaptar-se a uma normatização e a um padrão de funcionamento que pode gerar rupturas com as suas origens. A violência e a segregação são de tamanha ordem que podem destruir seus ritos, mesmo que essas religiões ponham em prática uma forte capacidade de resistência, mudanças e adaptações ao longo da sua existência.

Religiões de matriz africana: resistência e luta

Vem de longa data a perseguição às manifestações religiosas e culturais de matriz africana. A cada etapa da história do Brasil a criminalização das religiões toma novos contornos em termos da violência que é gerada contra os seus adeptos, assim como a extensão dos mecanismos do Estado contra elas. Foram vários os ataques à população negra e às suas formas organizativas religiosas, desde a ação da Inquisição promovida pela Igreja Católica no período colonial até as legislações punitivas que perduraram ao longo do período republicano. A associação dessas religiões à feitiçaria, ao charlatanismo e a práticas não

---

109 Veja mais em: Marina Lang, "Mãe de santo atacada por traficantes evangélicos deixa o Brasil e planeja pedir asilo à Suíça", *UOL*, 20 out. 2017. Disponível em: https://noticias.uol.com.br/cotidiano/ultimas-noticias/2017/10/20/atacada-por-traficantes-evangelicos-mae-de-santo-deixa-o-brasil.htm.

convencionais, tais como a possessão, o uso de ervas, o abate de animais e os atabaques, justificava o uso de legislações punitivas, até medidas sanitárias e eugenistas, como ressalta Emília Guimarães Mota (2018, p. 29):

> As práticas das religiões de matrizes africanas foram identificadas com práticas reguladas ou proibidas, previstas em Códigos de Posturas, que requeriam um alvará de funcionamento com registros em delegacias, em meados das décadas de 1940 e 1950. Na Bahia, somente em 1976 é que a Lei Estadual 25.095, liberou os terreiros de pedirem licença para tocar.

Com a reforma constitucional de 1988, as religiões passaram a ter proteção, mas não alcançaram qualquer nível de representação e reconhecimento social. Seguiram sendo tratadas como "cultos" e não como religiões. Mesmo tendo garantido o direito ao livre exercício da religiosidade na Constituição Federal de 1988, em seu artigo 5º, foi necessário criar outras legislações e marcos no calendário nacional para reafirmar esse direito: a Lei Caó, n. 7.716/1989 (modificada pela Lei n. 9.459/1997), o Estatuto da Igualdade Racial (Lei n. 12.288, de 20 de julho de 2010), a Lei federal n. 11.635/2007, que institui o Dia Nacional de Combate à Intolerância Religiosa, o Decreto n. 6.040, de 7 de fevereiro de 2007, que instituiu a Política Nacional de Desenvolvimento Sustentável dos Povos e Comunidades Tradicionais; e a criação do Disque 100, órgão atualmente ligado à Ouvidoria da Secretaria de Direitos Humanos da Presidência da República (SDH/PR) (Mota, 2018, p. 39). Hoje, a SDH/PR faz parte do Ministério da Mulher, da Família e dos Direitos Humanos da Presidência da República (2019).

O Mapa da Intolerância Religiosa: Violação ao Direito de Culto no Brasil, elaborado pelo Coletivo de Entidades Negras (CEN), relaciona diversas normas voltadas para a proteção dessas religiões (Gualberto, 2011). Mesmo assim, em 2014, um conjunto de lideranças religiosas, coordenadas pela Associação Nacional de Mídia Afro, solicitou no Judiciário a exclusão de vídeos no YouTube utilizados por igrejas neopentecostais para difamar as religiões afro-brasileiras, nos quais as religiões afro-brasileiras eram relacionadas ao demônio. O juiz da 17ª Vara Federal do Rio de Janeiro, Eugênio Rosa de Araújo, manteve a exibição dos vídeos porque não considerava umbanda e candomblé como práticas religiosas (Silva, J., 2017), fundamentando-se na inexistência de uma bíblia como fonte de princípios (Stanchi, 2017). Esse tipo de mentalidade perdura por muitas décadas, calcada em legislações discriminatórias e punitivas, gerando uma grave onda de violência que ficou invisível na história do país e da sociedade como um todo.

A descrição desses casos oferece diferentes pistas do funcionamento dos mecanismos de submissão e opressão para a segregação espacial, a destruição do pensamento e da cosmovisão da população negra. Sociedade e Estado operam em conjunto para deslegitimar, destruir e punir essas religiosidades e manifestações culturais, mesmo quando não existe legislação ou mandato para tal. Cabe destacar a presença das igrejas neopentecostais como mais um elemento político no cenário de discriminação contra as religiões afro-brasileiras.

Nesse sentido, indivíduos e instituições tomam a frente dos ataques em nome de um "bem maior" ou mesmo para o controle dos grupos excluídos, quer seja pela preservação ou destituição de regimes políticos e para o controle dos grupos vulneráveis; quer seja em nome de uma religiosidade e costumes de outras tradições, ou até em defesa do meio ambiente. A reação das instituições públicas em defesa das religiões de matriz africana não existe, e quando existe é insuficiente para frear os ataques e restaurar os direitos. O que vemos é a recorrente culpabilização e a falta de justiça, sobretudo numa fase da sociedade brasileira em que uma onda fundamentalista religiosa opera como uma bússola na constituição de normas, medidas e legislações em torno dos direitos e do exercício desses direitos, o que põe por terra a certeza da proteção do Estado e da sociedade no exercício de suas crenças, princípios, saberes e tradições em acordo com a legislação vigente no país.

Hoje, o crescimento da violência contra os adeptos e as instituições religiosas de matriz africana acompanha o crescimento das igrejas neopentecostais no país. A disputa pelo público e pelo repertório das religiões de matriz africana amplia a capacidade de ataque das igrejas neopentecostais a essas religiões. Mas o que de fato essas estratégias evidenciam é o fortalecimento de seu sistema doutrinário e de poder (Silva, 2007).

A aliança desse setor com o Estado permitiu o acesso a privilégios, recursos financeiros, inclusive a meios de comunicação nos quais a "guerra" às religiões de matriz africana se intensifica, com propagandas difamatórias e enganosas. Em algumas regiões do país onde os símbolos das culturas afro-brasileiras eram mais fortes, como na Bahia, a disputa de sentidos em torno de práticas culturais negras também cresceu bastante. Cultos evangélicos em ritmo de axé, acompanhados ao som de atabaques, a transformação do acarajé (alimento religioso das religiões afro-brasileiras) em "bolinho de jesus".

> O ataque às religiões afro-brasileiras, mais do que uma estratégia de proselitismo junto às populações de baixo nível socioeconômico, potencialmente consumidoras dos repertórios religiosos afro-brasileiros e neopentecostais, é consequência do papel que as mediações mágicas e a experiência do transe religioso ocupam na própria dinâmica do sistema neopentecostal em contato com o repertório afro-brasileiro. (Silva, V., 2007, p. 208)

> Combater essas religiões pode ser, portanto, menos uma estratégia proselitista voltada para retirar fiéis deste segmento – embora tenha esse efeito – e mais uma forma de atrair fiéis ávidos pela experiência de religiões com forte apelo mágico, extáticas, com a vantagem da legitimidade social conquistada pelo campo religioso cristão. (Ibid., p. 209)

Esses crimes agora têm mais um aliado, o crime organizado. Traficantes e milicianos evangélicos engrossavam as ações violentas de obreiros e pastores. Quando as igrejas neopentecostais começaram a operar nos grupos armados, a violência contra as lideranças e as instituições religiosas de matriz africana alcançaram outro patamar. Ameaças, perda da propriedade, expulsão e confisco dos terrenos e casas nas favelas e bairros periféricos, agressões físicas contra os adeptos dessas religiões e destruição dos símbolos tomam fôlego. No período de 2015 a 2018, foram registrados 3.288 casos de racismo religioso. O serviço do governo federal Disque Direitos Humanos (Disque 100), em 2016 registrou 759 casos e, em 2017, 537 casos. Sem contar que homicídios (seis em 2016 no Pará), expulsão de lideranças religiosas de territórios de favelas e bairros periféricos não têm sido contabilizados.

A experiência discriminatória de lideranças e adeptos não para por aí. O acesso negado ou dificultado aos serviços de saúde, a não autorização para o uso dos paramentos religiosos em instituições públicas, o rechaço às manifestações culturais negras e a proibição de uso de espaço comum para oferendas são discutidos e denunciados sem sucesso. Outro fator relevante para o aumento da violência são os contextos sociais conservadores motivados por correntes políticas que buscam intervir no campo dos costumes, no qual os debates sobre raça, gênero, identidade de gênero e direitos são negados. O racismo religioso se articula com as dimensões de gênero, identidade de gênero e orientação sexual. Não é por acaso que a maioria das lideranças religiosas atacadas foram mulheres negras e homossexuais.

Estratégias para superação do racismo religioso

Ao percorrer as histórias das religiões de matriz africana em diferentes momentos, notamos que distintas formas de violência e discriminação contra essas religiões foram aplicadas com sucesso. O conjunto de legislações e códigos penais criminalizantes, a discriminação incessante, as campanhas difamatórias, as agressões físicas aos adeptos, a negação de acesso aos serviços por parte das instituições públicas e a destruição dos terreiros por membros de outras tradições religiosas fazem parte do repertório racista. E isso reforça a pior modalidade violenta de todas, que é o desenraizamento, através da negação das identidades construídas a partir de uma cosmovisão africana e afro-brasileira, e do controle das dinâmicas organizativas negras. Hoje, essa desconstrução conta também com toda a disputa de narrativa e de sentidos produzidas pelas igrejas neopentecostais aliadas de primeira hora do Estado brasileiro.

Nos últimos anos, as lideranças religiosas de matriz africana têm atuado organizadamente, através de redes locais, regionais e nacionais, para enfrentar o racismo religioso utilizando diferentes estratégias, como: denúncia da violência e da violação dos direitos, inclusive em âmbito internacional; articulação com órgãos públicos e privados para o apoio às iniciativas de paz; articulação com organizações religiosas de outras tradições; judicialização dos crimes de racismo religioso; ocupação de espaços de articulação de políticas públicas, inclusive de representação político-partidária; reconhecimento das religiões, especialmente nos eventos públicos; ocupação de meios de comunicação, especialmente os meios comunitários.

Uma das estratégias utilizadas pelo movimento foi a de instituir uma política que considerasse as religiões de matriz africana como comunidades tradicionais. Em 2007 foi instituída a Política Nacional de Desenvolvimento Sustentável dos Povos e Comunidades Tradicionais[110], através do **Decreto n. 6.040, de 7 de fevereiro de 2007,** coordenada pela Comissão Nacional de Desenvolvimento Sustentável dos Povos e Comunidades Tradicionais (CNPCT). O referido decreto concebia povos, comunidades e territórios tradicionais da seguinte forma, em seu artigo 3º, incisos I e II:

> I – Povos e Comunidades Tradicionais: grupos culturalmente diferenciados e que se reconhecem como tais, que possuem formas próprias de organização social, que ocupam e usam territórios e recursos naturais como condição para sua reprodução cultural, social, religiosa, ancestral e econômica, utili-

---

[110] Disponível em: http://www.planalto.gov.br/ccivil_03/_ato2007-2010/2007/decreto/d6040.htm.

zando conhecimentos, inovações e práticas gerados e transmitidos pela tradição;

II – Territórios Tradicionais: os espaços necessários à reprodução cultural, social e econômica dos povos e comunidades tradicionais, sejam eles utilizados de forma permanente ou temporária, observado, no que diz respeito aos povos indígenas e quilombolas, respectivamente, o que dispõem os arts. 231 da Constituição e 68 do Ato das Disposições Constitucionais Transitórias e demais regulamentações;

O propósito de tratar as religiões de matriz africana como comunidades tradicionais era o de ampliar o escopo de proteção e de acesso a recursos que permitissem o desenvolvimento e o aperfeiçoamento das práticas já desenvolvidas pelas organizações; mas essa estratégia também não rompeu com a violência.

Concluo que, apesar do sistema legal e de políticas públicas, ainda frágeis para consolidar a proteção e o livre direito do exercício religioso e político, faltam outras estratégias para a disputa de narrativas na sociedade para a ampliação dessa liberdade. O racismo está longe de deixar de ser fator de sustentação da exploração e expropriação da população negra, que seguirá alijada de qualquer nível de organização social em nosso país e no mundo.

Referências

GUALBERTO, Marcio Alexandre. *Mapa da intolerância religiosa – 2011*: violação ao direito de culto no Brasil. [S.l.]: Associação Afro-Brasileira Movimento de Amor ao Próximo (Aamap), 2011. Disponível em: https://www.geledes.org.br/wp-content/uploads/2014/06/Mapa_da_intolerancia_religiosa.pdf.

MOTA, Emília Guimarães. Diálogos sobre religiões de matrizes africanas: racismo religioso e história. *Revista Calundu*, v. 2, n. 1, jan.-jun. 2018.

SALES JÚNIOR, Ronaldo Laurentino de. O terreiro e a cidade: ancestralidade e territorialidade nas políticas de ação afirmativa. *Estudos de Sociologia*, v. 2, n. 20, jan. 2015. ISSN 2317-5427. Disponível em: https://periodicos.ufpe.br/revistas/revsocio/article/view/235560/28527.

SILVA, Carolina Rocha. Negociação, conflito e violência: as dinâmicas envolvidas na relação entre (neo)pentecostalismo e religiões afro-brasileiras nas favelas cariocas. In: ENCONTRO ANUAL DA ANPOCS, 42, 22-26 out. 2018, Caxambu-MG. Disponível em: https://www.anpocs.com/index.php/encontros/papers/42-encontro-anual-da-anpocs/gt-31/gt01-23.

SILVA, José Marmo. *Diagnóstico da situação de intolerância religiosa contra religiões de matriz africana e seus impactos sobre os direitos humanos e a saúde das mulheres negras no estado do Rio de Janeiro, Grandes Regiões e Brasil*. Disponível em: http://criola.org.br/wp-content/uploads/2017/09/Diagnostico-da-situacao-da-intolerancia-religiosa.pdf.

SILVA, Vagner Gonçalves da. Neopentecostalismo e religiões afro-brasileiras: significados do ataque aos símbolos da herança religiosa africana no Brasil contemporâneo. *Mana*, Rio de Janeiro, v. 13, n. 1, p. 207-36, abr. 2007. Disponível em: https://www.scielo.br/pdf/mana/v13n1/a08v13n1.pdf.

STANCHI, Malu. *Levantamento de casos de racismo e intolerância religiosa contra religiões de matriz africana-Brasil*. Rio de

Janeiro: Criola, nov. 2017. Disponível em: https://criola.org.br/wp-content/uploads/2017/10/Levantamento-Intolerância-Religiosa-Criola-e-Ile-Omiojuaro-online.pdf.

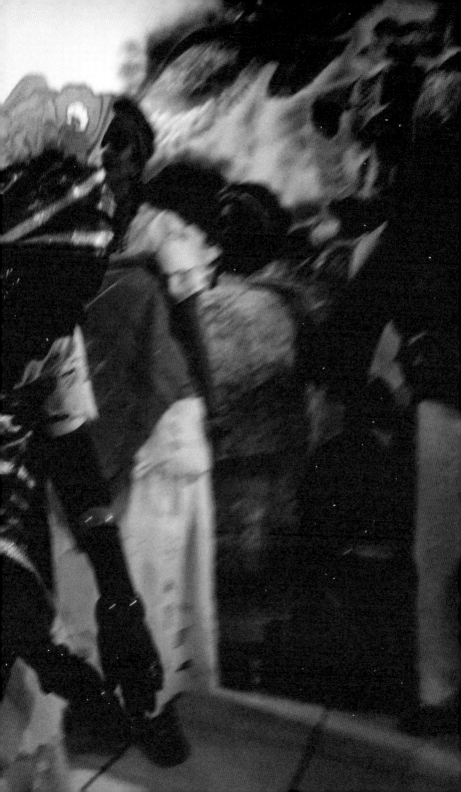

4.3. "Os aplicativos não estão no ramo do delivery, mas no ramo da exploração" - entrevista com Paulo Galo Lima

Katarine Flor

Não dá para falar de mobilidade e racismo sem tratar da situação de quem entrega alimentos e mercadorias. O trabalho é extenuante. São seis, sete dias por semana, com jornadas diárias que podem ultrapassar quinze horas. O esforço exigido vai na contramão da baixa remuneração, por vezes inferior a um salário mínimo (Abílio et al., 2020). Essa é a realidade vivida pelos entregadores e entregadoras de aplicativos, profissionais que trabalham sem registro ou qualquer tipo de benefício ou auxílio. Em caso de acidentes de trabalho, são entregues à própria sorte.

As plataformas digitais, que surgiram como parte da assim chamada economia do compartilhamento, tornaram-se sinônimo de precarização, como bem sabe Paulo Galo Lima, do grupo Entregadores Antifascistas.

Esse modelo apoia-se na ideia de empreendedorismo, premissa que é questionada pelo entregador. O discurso, segundo ele, mascara as péssimas condições a que a categoria é submetida. "Tem trabalhador que dorme na rua, que trabalha com fome, que carrega pesos que não são adequados para um ser humano transportar em uma bicicleta ou em uma moto", conta.

O motoboy paulistano de 31 anos teve no *hip-hop* sua escola de formação política. Estimulado por colegas do movimento, leu *Negras raízes* (1976), de Alex Haley, e livros sobre Malcom X. A consciência de classe e raça perpassam o discurso do entregador, que conecta a luta dos Entregadores Antifascistas a mobilizações mais amplas por direitos.

Para começar, eu gostaria de falar sobre quem são os entregadores que trabalham com aplicativos hoje. Uma pesquisa divulgada pelo Cesit – Unicamp[111] indica que essa categoria é formada em sua maioria por homens (93,9%) e a proporção de negros, em maio de 2020, era de 61,7%. A que você atribui essas características?

À questão [do racismo] estrutural em nosso país. Não só no país, mas também no mundo. O Brasil tem um histórico de ter escravizado o povo preto, certo? O fato de ter mais homens e negros no trabalho com aplicativos é porque o os aplicativos não estão no ramo do *delivery*, mas no ramo da exploração. A escravidão foi uma história lucrativa. Ela só acabou no momento em que parou de ser tão lucrativa assim... O povo começou a se revoltar mais; a situação começou a ficar mais intensa, então foi a hora de criar uma outra estratégia, mas as táticas de opressão ainda são utilizadas hoje.

O que te leva a estabelecer essa ligação entre o período da escravidão com a maneira como as empresas de aplicativos se relacionam com os trabalhadores?

As técnicas que eles utilizam. A principal é a exploração: o entregador trabalha 12, 14, 18 horas. Tem trabalhador que dorme na rua, que trabalha com fome, que carrega pesos que não são adequados para um ser humano transportar em uma bicicleta ou em uma moto. Além disso tem a manipulação. Na época da escravidão, como os donos de engenhos faziam para que os pretos não se unissem? Eles tiravam um da senzala e o colocavam na

---

[111] Marcelo Manzano e André Krein, "A pandemia e o trabalho de motoristas e de entregadores por aplicativos no Brasil". Disponível em: http://www.cesit.net.br/wp-content/uploads/2020/07/MANZANO-M-KREIN-A.-2020_A-pandemia-e-os-motoristas-e-entregadores--por-aplicativo.pdf.

casa-grande. Davam uma roupa mais ou menos, uma comida mais ou menos até que ele começasse a se sentir branco. "Elogiavam":

- Você não é preto igual a eles.
- Seu cabelo é um pouquinho melhor.
- Sua pele é um pouquinho mais clara.

Até que esse cara começasse a se sentir branco. Ele, então, passava a caguetar as tentativas de fuga, na esperança de, um dia, se tornar um capataz. Hoje, a técnica é fazer com que o trabalhador se sinta um empreendedor. Então, eles dizem:

- Você não é um peão.
- Você é empreendedor.
- Você pode chegar lá.

Então, esse cara se chacoalha todo e fala:

- Não vou fazer greve, não.

Tentar fazer os companheiros e as companheiras se sentirem empreendedores é a mesma ideia de tentar fazer os pretos escravizados, lá atrás, se sentirem brancos. É uma tentativa de descolar, individualizar. O capitalismo te individualiza. O capitalismo te leva a acreditar que você é responsável pelo seu sucesso. Ninguém mais. Eles dizem:

- Um dia você vai conseguir crescer, vai chegar lá.

Os companheiros se individualizam para chegar lá, entendeu? Mas chegar aonde? Nem eles sabem. Esse é o grande lance dos aplicativos. O que as pessoas precisam entender é que essas plataformas não estão no ramo do *delivery*. O grande negócio lucrativo dos aplicativos é a exploração.

Você falou sobre trabalhadores que *chegam a trabalhar de 12 a 14 horas*, isso me remete ao período da Revolução Industrial, com jornadas exaustivas de trabalho...

Quanto mais você precisa sobreviver, menos você pensa em si mesmo. E quando tem família envolvida, pensa ainda menos em você, sabe? Imagine um cara que mora em Interlagos, que é onde eu conheço bem. Ele sai do fundão de Interlagos e vai até a avenida Paulista. Nisso tem aí uns 30 km. Pedala, pedala, sobe e desce ladeira com peso nas costas e vai, vai, vai... Esse cara faz isso tudo com a barriga vazia e com a bexiga cheia. Ele não tem aonde ir ao banheiro, nem como se alimentar porque o dinheiro é escasso. No centro, onde ele trabalha, a comida não tem um preço acessível. O que acontece? Quando chega as 23 horas, ele consegue bater uma "metazinha" e fazer R$ 90,00, R$ 100,00, R$ 110,00. Ele pensa:

> – Consegui fazer o que eu precisava fazer para segurar a bronca de alguma coisa, das minhas necessidades, da minha sobrevivência.

Quando ele vai voltar para casa, são mais 30 km. Ele não aguenta mais. Já não tem mais perna. Gastou tudo pedalando. O que ele vai fazer? Vai dormir na rua, de barriga vazia, no frio, no relento. Quanto mais a gente precisa sobreviver e quando a família da gente está em jogo, menos a gente pensa na gente mesmo. Então, você vai pedalando, vai fazendo o corre e vai esquecendo que você também precisa de si mesmo para existir, para continuar sobrevivendo.

Com o aumento do desemprego, a pesquisa "Condições de trabalho de entregadores via plataforma digital durante a Covid-19" (Abílio et al., 2020) aponta um crescimento no número de trabalhadores disputando as demandas com aqueles que já estavam atuando nas entregas via aplicativos, o que pode ter contribuído para o rebaixamento dos rendimentos. Como você vê a situação?

Imagine uma empresa que trabalha com carregamento. Tem dez caixas para carregar por dia. Tem um funcionário, que demora cinco horas para fazer o serviço. A empresa tem gastos com ele: paga um salário, paga os direitos todos certinhos. Então, surge uma nova tecnologia, que lhe permite fazer o mesmo serviço sem nenhum gasto com pessoal. *O que ela faz?* Aumenta a produção. Contrata mais cinco pessoas, sem gasto nenhum com elas. A demanda da empresa começa a aumentar. Como não tem responsabilidade nenhuma com os trabalhadores, exagera e contrata quantas pessoas quiser. Não tem que pagar direitos. Não tem que pagar salário. Se tiver serviço, bem, se não tiver, tudo bem. *O que aconteceu na pandemia?* Surgiu a possibilidade de uma alta demanda. Eles triplicaram o número de entregadores na rua. Não tinha demanda para todo mundo. Aumentou a demanda para os aplicativos, porém, para os entregadores, a demanda caiu. A gente está ganhando menos, trabalhando mais. Por isso tem tanto acidente em São Paulo. Quanto menos a gente ganha, mais a gente corre. A gente acha que vai conseguir equilibrar a conta, entendeu?

Quando os entregadores sofrem algum acidente[112]**, as empresas oferecem algum tipo de auxílio?**

A gente fica em casa passando fome até sarar. Recebendo ajuda de familiares. Se a esposa estiver trabalhando, ela fica sobrecarregada para poder dar conta, porque você não consegue. Se a esposa estiver desempregada, você vai se ferrar, vai ter que contar com os vizinhos, com a família. Por parte dos aplicativos, não tem auxílio nenhum.

A gamificação tem ganhado espaço no mercado de trabalho. Essa estratégia funciona como se o trabalhador estivesse em um jogo e precisasse cumprir etapas para receber prêmios. Como é na prática, na realidade dos entregadores?

Para trabalhar na avenida Paulista são necessários oitocentos pontos. Para conseguir esses pontos é necessário bater

---

[112] De janeiro a junho, São Paulo registrou um aumento de 3% nos acidentes fatais durante a pandemia. Os motociclistas seguem liderando as estatísticas com 891 casos fatais. Fonte: Infosiga SP. Disponível em: http://www.respeitoavida.sp.gov.br/estado-tem-semestre-com-menor-numero-de-fatalidades-de-transito-desde-2015.

essa meta no dia anterior. Se não conseguir, não recebe pedidos nas regiões de maior demanda. E você vai sendo jogado para áreas que recebem menos pedidos, até conseguir os pontos necessários para desbloquear as áreas de maior demanda para trabalhar. Tem hora que você já está cansado, mas não tem os pontos necessários. Então, trabalha ainda mais horas, vai além do seu limite físico para alcançar aqueles pontos. Eles dizem que, quanto mais você trabalha, mais você ganha. A questão da meritocracia é uma mentira. É mentira. É ilusório. O que mais existe são formas de explorar as pessoas sem que elas percebam que estão sendo exploradas. Para isso, eles têm a televisão, a mídia e um monte de coisa para mexer com a cabeça dos trabalhadores. É igual o livro do George Orwell, o *1984*. O ser humano se adapta muito fácil a diversas coisas. De início falam assim:

– Doze horas por dia? Nossa, que absurdo!

Depois se adaptam a isso e passam achar normal. Tem muito companheiro que acha isso normal. E acredita estar trabalhando todas essas horas para alcançar o sucesso. Ele não está nem olhando para o agora, que é quando está sendo explorado. Ele está olhando para o futuro, que é quando ele acredita que vai ser empresário, empreendedor e tal.

Como iniciou o processo de organização que levou à manifestação dos entregadores em meio à pandemia da Covid-19?

Eu não me lembro de ver ninguém fazendo uma denúncia pública [sobre as condições de trabalho dos entregadores]. Isso me espantava. Eu chegava para conversar com os companheiros e falava:

– Pô, mano, o bagulho está ruim, não é?

A resposta era:

– É, mas tem cara que não trabalha, Galo. Tem cara que não gosta de trabalhar.

Eu questionava:

– Tem cara que não trabalha, mano? Eu trabalho 12 horas por dia. Tem cara que não gosta de trabalhar, esse é o problema?

Eu chegava em outros e as respostas eram:

– É... Mas vai fazer o quê? Vai ficar desempregado?

– Não está ruim, não. Estou fazendo R$ 400,00 por dia.

Eu perguntava:

– É mesmo? R$ 400,00? Como é que você está fazendo isso aí?

– Ah... Eu trabalho, irmão! Eu não paro, eu não paro...

Por aí você vê que as pessoas estão meio perdidas, criando ilusões dentro da cabeça delas para poder aceitar aquela situação, sabe? Você vai ficando revoltado... Quando você está revoltado, você quer encontrar alguém que esteja revoltado também, para você formar par, para encontrar mais e mais e falar assim:

– Está errado. Vamos fazer alguma coisa.

Quando não consegue encontrar. Fica sozinho, solitário ali. As pessoas começam a te atacar:

– E aí, Galo, qual que é a sua, não quer trabalhar?

– Vai para Cuba, então, meu.

O foco, que é a exploração, eles não estão querendo fazer nada contra isso. Eu me lembro de ter sido um dos primeiros a fazer um vídeo para a mídia denunciando o que estava acontecendo e viralizar. Muitas pessoas vieram para cima de mim. Muitos entregadores vieram para cima de mim querendo me cobrar. Não achavam bacana. Você se sente dentro de *1984* mesmo. Se sente completamente dentro daquele livro. Depois disso, fui aparecendo em veículos de mídia, até que veio a segunda viralização, no Largo da Batata (SP), onde eu falo que a gente não é empreendedor de coisa nenhuma, nós somos força de trabalho. Daí surgiu uma greve. Foi quando o pessoal começou a entender o caminho de luta, mas ainda falta muito. Ainda não chegamos, ainda estamos no processo de desconstrução. Essa greve serviu mais para desconstruir algumas coisas do que para construir. Primeiro é o período de desconstrução para depois começar a construir. É assim que eu vejo.

O que deve ser construído?

Os companheiros e companheiras lutam pela demanda. Pelo aumento das taxas. É neste ponto que tudo se perde, porque a luta pela demanda é como se você estivesse aceitando mesmo ser empreendedor. A luta deve ser por direitos. A nossa história, da classe trabalhadora, é a luta por direitos. Para mim, a solução agora é fazer uma cooperativa dos trabalhadores. Mostrar para os trabalhadores que existe uma forma justa de operar essa tecnologia. Se nós, trabalhadores, operarmos essa tecnologia, a gente vai conseguir imprimir a nossa justiça nela. *No que eu acredito?* Eu acredito que a força de trabalho gera uma produção. Essa produção se transforma em riqueza. *O que é o justo?* Essa riqueza deve ser derramada por igual sobre todos. Sobre todos, sabe? Não derramar 70% lá em cima para o patrão e 30% para a gente aqui embaixo. Uma cooperativa traria a possibilidade de ter todos os cooperados gerando uma produção; essa produção gerando uma riqueza; e essa riqueza seria derramada por igual sobre a cooperativa ou sobre as cooperativas, porque tem público para fazer várias cooperativas e ir se federalizando, se confederalizando. Criar uma rede de cooperativas espalhadas pelo Brasil.

Há uma certa tendência em se culpar a tecnologia. Como você vê isso?

A tecnologia é uma solução. O problema é quem está operando a tecnologia e dizendo que isso é a solução, mas não é a solução do coletivo. É a solução para o cara que inventou o aplicativo. Não é a solução para quem vai trabalhar. Tem que se criar soluções para quem vai trabalhar ali. Eu acho que é isso.

Quais são as principais reivindicações dos entregadores?

Bom, os Entregadores Antifascistas têm a reivindicação da alimentação. Fazer os aplicativos garantirem café da manhã, almoço, janta, lanche da tarde, lanche da madrugada. E, a partir daí, deixar um rastro e fazer com que eles reconheçam o vínculo empregatício. Eu queria que a nossa luta fosse para melhorar a carteira de trabalho, não para recuperar a carteira de trabalho. Direito que a gente já conquistou há muito tempo. Não precisava estar voltando para trás. Vários companheiros e companheiras morreram, sofreram e foram perseguidos na tentativa de deixar essa luta mais avançada, só que, do outro lado da história, tem pessoas que ficam tentando fazer nossa luta regredir. É igual aos aplicativos, estão tentando fazer uma regressão tenebrosa. Tentam rasgar todo o conjunto da luta dos trabalhadores. Rasgar e jogar no lixo. A luta dos Entregadores Antifascistas é esta: uma luta pela alimentação e pelo vínculo empregatício. Sabendo que a carteira de trabalho ainda está muito distante de ser o que ela deveria. Paralela a essa luta, pensamos em criar cooperativas para trazer o poder para as mãos dos trabalhadores. Porque, se tem uma coisa que a gente aprendeu com a Revolução Industrial, é que o problema não é a tecnologia em si. A questão é trazer a tecnologia para a gente operar. O problema é quem está operando a tecnologia. Quem tem que operar essas tecnologias são os trabalhadores. Quem tem que estar no poder são os trabalhadores. Quem tem que solucionar e decidir os caminhos são os trabalhadores.

As novas tecnologias vêm trazendo diversas mudanças na forma de organização do trabalho, que ficou conhecida como uberização. Esse termo é usado para definir essa estruturação de redes de trabalhadores-empreendedores individuais que atendem por demanda e que não têm estabilidade ou garantias sociais. Sob a ótica do trabalhador, como você vê esse modelo?

A uberização não é um problema só para quem está uberizado, isso porque ela vai avançar para quem ainda não está trabalhando dessa forma. Ela vai avançar por toda a classe trabalhadora, transformando tudo em aplicativo, arrancando direitos trabalhistas. Jogando o conjunto da luta dos trabalhadores no lixo. Os professores já estão passando por isso. Alguns já são contratados por aplicativo. Já existem aplicativos de médicos, aplicativos de diaristas, de manicures. Eu acho que os próximos companheiros e companheiras a passarem por esse processo de uberização, igual ao que está acontecendo com os entregadores, são os carteiros. Eu tenho esse pressentimento, porque vejo toda hora falarem em privatizar os Correios. Isso me faz pensar que os Correios vão se transformar em um aplicativo. Cinco centavos por cada carta que você entregar e as pessoas vão sair por aí se cadastrando no aplicativo dos Correios para entregar carta.

Você vê alguma possibilidade de articulação entre esses trabalhadores que estão uberizados, precarizados?

O metrô chegou a entrar em greve, mas foi muito rápido, porque o governo já veio em uma linha de negociação. Eu já estava a postos para apoiar os companheiros metroviários. Essa categoria apoiou os entregadores na greve do dia primeiro [de julho de 2020]. Um tem que apoiar o outro. É um processo de diálogo com as outras categorias, com a classe trabalhadora em geral para, um dia, a gente conseguir criar a greve dos precarizados. Eu não acho que a luta é miojo. Ela não fica pronta em cinco minutos. Não precisa também. Eu não comecei a sofrer ontem. Eu não vou parar de sofrer amanhã. Eu não tenho pressa. É devagar mesmo. Talvez nem nesta vida eu consiga ver uma greve geral da classe trabalhadora. Forte. Não tem problema, eu sei que estou trabalhando para construir isso. E se, nesta vida, eu não conseguir ver isso, tenho certeza que contribuo para que ela aconteça.

Os sindicatos têm atuado junto aos entregadores?

O sindicato entendeu que, mesmo tendo caído drasticamente o número de registros em carteiras, não dá para deixar os motoboys na mão. Eles ajudaram na greve do dia primeiro [de julho de 2020]. No dia 17, foram lá no TRT [Tribunal Regional do Trabalho] para pressionar o governo a dar uma solução para os companheiros e companheiras que estão rua. O sindicato tem esse entendimento sim.

Referências

ABÍLIO, Ludmilla Costhek et al. Condições de trabalho de entregadores via plataforma digital durante a Covid-19. *Revista Jurídica Trabalho e Desenvolvimento Humano*, Campinas, v. 3, ed. esp. Dossiê Covid-19, p. 1-21, 2020. Disponível em: http://www.cesit.net.br/wp-content/uploads/2020/06/74-Texto-do-artigo-568-2-10-20200608.pdf.

HALEY, Alex. *Negras raízes*: a saga de uma família. São Paulo: Círculo do Livro, 1976.

ORWELL, George. *1984*. São Paulo: Companhia das Letras, 2009.

4.4. Liberdade para transitar, liberdade para respirar: a luta por tarifas justas na cidade de Nova Iorque

Kazembe Balagun
Tradução de *Daniel Santini*

O cenário parecia o de uma cena de um filme de Hollywood. Um trem lotado proveniente do Brooklyn, cheio de rastafáris, profissionais de saúde afro-americanos e *hipsters* brancos, para na popular estação de metrô da Franklin Avenue. Os passageiros se amontoam nas portas, ansiosos para sair. De repente, policiais aparecem com armas em punho. Assustados, os passageiros se afastam rapidamente para trás do vagão. No meio, um adolescente negro está sentado com as mãos para cima em sinal de rendição. As portas do metrô se abrem e os policiais rapidamente vão até ele. A detenção é por ele supostamente viajar sem pagar a passagem[113].

As batidas e ações agressivas por parte do Departamento de Polícia de Nova Iorque contra quem viaja sem pagar são simbó-

---

[113] Conforme relatado na reportagem do *Washington Post*, 28 out. 2019: "'Colocando dezenas de vidas em risco por US$ 2,75': polícia de Nova Iorque recebe críticas por sacar armas constantemente contra adolescentes que viajam sem bilhetes" ("'Putting dozens of lives at risk over $2.75': NYPD slammed for pulling guns on fare-hopping teen"). Disponível em inglês em: https://www.washingtonpost.com/nation/2019/10/28/nypd-video-guns-pointed-subway-train-unarmed-fare-hopper.

licas e ajudam a entender que o Metrô de Nova Iorque funciona hoje como uma mistura de austeridade e racialização. De um lado da catraca estão banqueiros, políticos e policiais que, por meio da aplicação da lei e de políticas específicas, defendem a austeridade e garantem o equilíbrio financeiro com base em medidas como aumento de tarifas e do controle. Do outro lado, jovens e trabalhadores precarizados, que veem o transporte como uma questão de justiça racial.

O que está no subterrâneo: as raízes da crise

Para os nova-iorquinos nativos como eu, existe uma linha dividindo a "Velha e Ruim Nova Iorque" e a "Nova e Boa Nova Iorque", uma linha que se manifesta com frequência na maneira como nos relacionamos com o sistema de metrô. Nos anos 1970, quando a famosa "crise fiscal" serviu para diminuir muitos dos benefícios de caráter social-democrata, a cidade de Nova Iorque passou por uma guinada neoliberal. Sob o Conselho de Gerenciamento de Emergência, mensalidades voltaram a ser cobradas na Universidade da Cidade de Nova Iorque (City University of New York – Cuny), bases de bombeiros foram fechadas e sindicatos do setor público tiveram que fazer concessões para evitar mais demissões.

No metrô, a situação não foi muito melhor. Em 1975, a receita da Autoridade Metropolitana de Trânsito (Metropolitan Transportation Authority – MTA) diminuiu, forçando um aumento da tarifa para US$ 0,50 (praticamente o dobro da tarifa anterior, que, desde 1971, era de US$ 0,30). A MTA também foi forçada a interromper reparos necessários e a expansão do sistema. O número de viagens caiu em cerca de 8 mil passageiros.

A falta de recursos também significou vagões limpos com menos frequência. Muitos jovens negros e latinos do sul do Bronx começaram a grafitar (ou marcar com *tags*, assinaturas estilizadas) os trens. Como retratado em filmes como *Wild Style*, de Charlie Ahearn, e *Stations of the Elevated*, de Marty Kircher, as marcações tornavam os trens murais móveis utilizados para detalhar os desafios e ironias da vida no centro da cidade na época. Mais que isso, o movimento dos *graffiti* deixou sementes para o desenvolvimento da cultura hip hop no Bronx.

Em contraste, para a MTA e para a imprensa, os trens grafitados tornaram-se um incômodo. O metrô passou a ser retratado em filmes populares como *O sequestro do metrô 1, 2 e 3* como disfuncional e perigoso. Em *Desejo de matar*, um justiceiro branco "caça" o que seriam "assaltantes" negros no metrô para tornar a cidade mais tranquila. Infelizmente, a ficção tornou-se realidade quando, em 1983, Michael Stewart, um jovem artista afro-americano, foi morto por guardas de trânsito ao grafitar em uma parede do metrô.

O violento incidente foi seguido por medidas do MTA para, literalmente, "embranquecer"[114] o sistema.

Em 1982, George Kelling e James Q. Wilson publicaram a "Teoria das janelas quebradas". No texto, o caos urbano é apresentado como consequência da tolerância a transgressões simples, como a aceitação à presença de moradores de rua pedindo dinheiro[115]. Ao coibir desvios, os autores vislumbraram a possibilidade de trazer a lei e a ordem de volta à cidade.

Como a maioria das políticas para cidades, essa foi apresentada como uma política indiferente à cor, mas acabou com resultados racializados. A teoria das janelas quebradas adotada pelo ex-prefeito Rudolph Giuliani (hoje conselheiro do presidente Trump)

---

114 No original em inglês, o autor aproveita o duplo sentido do termo *"whitewashing"*, que pode ser traduzido literalmente como "embranquecer", mas que é empregado para ressaltar situações em que pessoas negras são substituídas propositalmente e de maneira forçada por pessoas brancas. O termo costuma ser empregado, por exemplo, na indústria cinematográfica em críticas quando personagens históricos não brancos são interpretados por brancos. [N. T.]

115 Em Nova Iorque, pedir dinheiro na rua é uma infração que pode resultar em penalidades. O tema é polêmico e tem sido tema de debate nas últimas décadas. [N. T.]

resultou na política de "parar e revistar"[116], com jovens negros e latinos sendo esquadrinhados pela polícia. Pequenas infrações, como posse de maconha ou mesmo beber em público, passaram a regularmente resultar em detenções temporárias ou prisões com penas a serem cumpridas. A estimativa é que mais de 500 mil pessoas foram detidas temporariamente pelo Departamento de Polícia de Nova Iorque. Mais que isso, ter uma força policial majoritariamente branca detendo constantemente jovens pretos e pardos transformou muitas comunidades negras em "território ocupado".

O que aconteceu na superfície foi espelhado embaixo da terra, no metrô. A MTA procurou contribuir para colocar em ordem a aparentemente descuidada cidade. Os trens foram pintados de branco, os grafites cobertos e a polícia adotou uma estratégia agressiva para prender quem viajava sem pagar. Ao mesmo tempo que a cidade se orgulhava da queda da criminalidade e de um metrô mais seguro, a imagem dos trens perigosos foi "clareada". O bilionário e ex-candidato à presidência Michael Bloomberg passou a ir de trem de sua residência no Upper East Side para a Prefeitura.

Mas as coisas estavam fora dos trilhos. Com uma infraestrutura de cem anos e um número crescente de viagens, o metrô de Nova Iorque começou a desacelerar e colapsar. A ausência de medidas para modernizar o sistema levou a atrasos e superlotação. Para corrigir o problema, seria necessário investir bilhões de dólares. Algumas ideias surgiram, como criar pedágios urbanos para acessar Manhattan de carro ou taxar milionários. Ambas as propostas são terreno minado em termos políticos: a primeira especialmente para quem mora fora do centro e precisa acessar a cidade todos os dias para trabalhar e a segunda, claro, para os ricos.

Em vez disso, a MTA decidiu aumentar as tarifas. De acordo com a Sociedade de Serviços Comunitários (CSS), "mais de 1 em cada 4 nova-iorquinos pobres dizem que muitas vezes não

---

116 Em inglês, a prática ficou conhecida como "*stop and frisk*", e serve para designar um tipo de abordagem especialmente agressiva por parte de policiais. [N. T.]

podem arcar com o custo do metrô ou do ônibus, e muitos são impedidos de acessar cuidados médicos ou mesmo de aceitar um emprego longe de casa em função dos custos impeditivos do transporte". Somado a isso, a cidade contratou 400 policiais para reforçar o cumprimento das regras. De acordo com o Curbed-NY: "Em 2015, ocorreram 29.198 prisões de pessoas que viajavam sem pagar – e 92% dos presos eram viajantes não brancos. DNAinfo aponta que 18.000 dos presos por não pagar em 2016 tinha 16 ou 17 anos"[117].

A resistência

Apesar das diferenças de raça e classe entre os nova-iorquinos, andar de metrô é uma experiência que todo mundo que vive na cidade compartilha. Talvez isso explique a natureza multifacetada da resistência, tanto ao aumento da presença de policiais quanto ao custo crescente das tarifas.

Durante o verão de 2018, quando os atrasos aumentaram em 100%, viajantes usaram o Twitter para ridicularizar as condições do metrô. *Hashtags* como #fixthemta (#conserteaMTA) e #CuomosMta (uma referência ao governador do estado de Nova Iorque, Andrew Cuomo) ficaram entre os tópicos mais comentados no estado. Imagens do metrô alagado e do "Rato Pizza" (um rato gigante correndo com uma pizza na boca em uma estação abandonada do metrô) dizem muito sobre o humor negro com o qual as pessoas encaram os perigos do transporte público.

Outra forma de solidariedade se deu diretamente nas catracas. A "Deslize para a frente" foi uma ação popular direta, uma campanha para proteger aqueles que não podem arcar com as

---

[117] Zoe Rosenberg, "Pressão pela discriminalização de viagens sem pagamento ganha novos apoiadores" ("Push to decriminalize subway turnstile jumping gets new backers"), Curbe – New York, 26 jul. 2017. Disponível em inglês em: https://ny.curbed.com/2017/7/26/16034038/nyc-subway-turnstile-jumping-decriminalized-bill-mta.

tarifas. A iniciativa é baseada na ideia de que aqueles com cartões do metrô ilimitados (Metrocards)[118] permitam que outros viajantes com pouco ou nenhum dinheiro acessem o metrô. "Deslize para a frente" tornou-se um termo comum na cidade de Nova Iorque e ajudou a reduzir divisões de classe e raça. Alguns grupos de libertação negra como Por Que Responsabilizar (Why Accountability) e Projeto Juventude Negra 100 (Black Youth 100 Project) organizaram dias de "Deslize para a frente" no metrô visando não só permitir o acesso, mas também educar e organizar passageiros contra a austeridade. No final de 2019 e começo de 2020, protestos de massa contra a criminalização de passageiros negros e latinos foram organizados pelo Descolonize Este Local! (Decolonize this Place!). Os atos foram inspirados nas greves contra aumento de tarifas no Chile.

Na frente política, a Sociedade de Serviços Comunitários (CSS) propôs um programa de "tarifa justa", em que a cidade subsidiaria o custo dos Metrocards para os nova-iorquinos mais pobres. O programa foi aprovado pela Câmara Municipal, embora o prefeito Bill de Blasio tenha recebido críticas pela lentidão com que encaminhou a questão.

Trazer justiça ao transporte não é apenas uma questão de dólares e bom senso, mas sim algo essencial quando se fala em direito à cidade. A democracia deve refletir valores de igualdade, liberdade de movimento e de se conectar, tanto para cima quanto para baixo.

Post script: Covid

No momento em que escrevo, a cidade de Nova Iorque está há meses na crise da Covid-19. As ruas estão quase totalmente silenciosas conforme a cidade adere à quarentena. Trabalhadores essenciais (trabalhadores de hospitais, fornecedores de alimen-

---

118 Em Nova Iorque, os cartões de metrô ilimitados são conhecidos como *Swipe*, que quer dizer "Deslize" em português. Daí o nome da campanha "Deslize para a frente" (*"Swipe it Forward"*). [N. T.]

tação e equipes de saneamento) são majoritariamente negros ou latinos, vivendo em algumas das comunidades mais impactadas pela Covid-19, a saber, Bronx, Brooklyn e Manhattan. Um mapa produzido pela Associação para o Desenvolvimento de Vizinhanças e Habitação (Association for Neighborhood and Housing Development – ANHD) mostrou que trabalhadores essenciais precisaram viajar mais para atender bairros ricos da cidade. De acordo com Leni Afridi, diretora de políticas da ANHD: "Esta é uma crise de saúde pública, mas é também uma crise de justiça habitacional, uma crise econômica e uma crise de justiça racial. Chegamos ao ponto em que cada parte da infraestrutura com a qual pensávamos que poderíamos contar começou a ruir, e as pessoas mais impactadas são as mais marginalidades. E essas são as pessoas às quais pedimos que estivessem na linha de frente".

E acrescentou: "Há menos prestadores de serviço vivendo lá (falando de Manhattan). Residentes provavelmente podem encomendar compras e não precisam nem sair de casa. [...] Eles têm muito menos exposição do que as pessoas que estão na linha de frente".

Considerando que trabalhadores essenciais são mais pobres e dependem mais de transporte público, a MTA poderia ter ampliado o serviço de modo a garantir distanciamento social. Em vez disso, a MTA reduziu o serviço, levando à superlotação. A decisão não foi totalmente culpa da MTA: o número de viagens caiu 90% com a quarentena, levando a uma redução na receita. A MTA solicitou US$ 3,9 bilhões de ajuda ao governo federal para manter o transporte público. A resposta dada pela administração Trump foi menos do que o ideal. O Centro de Controle de Doenças (Center for Disease Control – CDC) divulgou um informe sugerindo que passageiros evitem transporte de massa em favor de "deslocamentos individuais ou viagens de ocupação única". O presidente da MTA, Pat Foye, classificou a recomendação como "confusa", considerando que a maioria dos nova-iorquinos não possui carro e que essa é uma das áreas mais congestionadas dos Estados Unidos.

O fato de um CDC liderado por Trump haver emitido tal recomendação não chegou a ser surpresa. A visão de Trump da América é a de um colonizador movido a extração de energia, sem nenhum cuidado ou preocupação com o meio ambiente. Na real, na sequência do sufocante assassinato de George Floyd, muitos ambientalistas negros adotaram seu grito "não consigo respirar" como mote para falar sobre racismo ambiental (o South Bronx, por exemplo, tem o número mais alto de pacientes de asma e a maior concentração de trânsito de automóveis, principalmente por parte de serviços de entrega).

Enquanto as conversas sobre ajustes e políticas fiscais iam em uma direção, as ruas levaram a outra. Para proteger motoristas, a frente dos ônibus foi isolada e muitas tarifas não puderam mais ser cobradas. Isso abriu espaço e deu oportunidade para visualizar e debater a Tarifa Zero no transporte público de massa, o que tem sido um sonho radical para muitos.

Conforme o fogo do incêndio nos protestos relacionados à morte de Floyd diminuía, muitos ativistas adotaram maneiras mais criativas de protestar. O grupo de cicloativistas Massa Crítica (Critical Mass) organizou uma Bicicletada. Centenas de ciclistas pretos, latinos, asiáticos e brancos ocuparam a Brooklyn Bridge e o trânsito dos carros parou. Por um momento, pudemos ver o horizonte, e foi mais fácil respirar.

4.5. Quem planta tâmaras não colhe tâmaras

Tom Grito

Meu amigo cozinheiro postou a foto de uma receita no Facebook, ingrediente principal, tâmaras.

Ele tá morando há dois meses na Arábia Saudita porque teve seu voo cancelado por conta do *lockdown* e conseguiu um emprego como cozinheiro em um restaurante. Na legenda, o ditado que agradecia "quem planta tâmaras não colhe tâmaras"

Brasil, terra que "em se plantando tudo dá" e "a terra vale pelo que produz, mas pode valer mais pelo que esconde":

Condomínio, IPTU, campo de golfe, petróleo, mineração, nióbio, ouro, latifúndio, gás natural, urânio, propina...

8 milhões, 511 mil quilômetros quadrados e um pedacinho de terra resolvia o problema de cada um: Reforma Agrária.

Agro é tech

Bala é pop

Bíblia é tudo

A santíssima trindade parlamentar boi, bala e bíblia controla o que se planta, quem planta e a quem se dá.

Na última semana, dois jovens pretos foram assassinados pelo Estado no Rio de Janeiro no momento em que seus coletivos faziam ação social de distribuir cestas básicas.

A justificativa da polícia é que eram criminosos e vendiam plantas proibidas.

As famílias negam, os coletivos testemunham.

Criminalização da solidariedade na pandemia.

Brasil, em se plantando, tudo dá
A terra vale pelo que produz, mas pode valer mais
Genocídio de pobres, pretos, indígenas, reintegração de posse, milícia...
O controle da terra pode valer mais do que quem planta.
Carreata para a retomada da economia
20 mil vidas perdidas por Covid no Brasil
Em caso de doença, cada pessoa infectada pode contagiar outras 3.
Essa mesma pessoa pode plantar ao menos 3 legados: um livro, um filho, uma tâmara.
60 mil sonhos interrompidos que talvez fossem as soluções pros problemas de agora.
Brasil acima de tudo
Deus acima de todos
Terra que em se plantando tudo dá
Planta cana e algodão – colhe escravização
Planta café – colhe capitão
Planta Cannabis – colhe criminalização
Planta os pés – colhe reintegração
Planta guaraná – colhe cloroquina e tubaína
Há que se manter a saúde mental
Acreditar nas tâmaras, nas babosas (não nas baboseiras), nas pimenteiras e nas espadas-de-são-jorge.
Não haverá justiça na colheita enquanto não houver feijão para todos
Enquanto os tempos de fartura não chegam
planto poemas
Em tempos de pandemia
há que se regar a esperança
para aguardar que se
frutifique em futuro

5. Conversas antirracistas

5.1. Super nós: Rumo à sua própria direção! Conversas antirracistas sobre direito à cidade, direito à cultura, desobediência civil e transformações - entrevista: BNegão, GOG, Higo Melo

Paíque Duques Santarém

Mais amor, mais valor a quem faz,
quem se move com o próprio poder,
ah quando esse povo souber
que quem faz mover o mundo
até para o mundo se quiser!

Higo Melo, Super

Baú sempre lotado vida dura
Então! rumo ao setor comercial sul vou de baú
Uma hora e meia em pé a perna dói trampo de office-boy
Preste atenção a maioria por aqui da periferia
Começa o dia todo dia assim bem bem bem cedo
Eterna luta emprego x desemprego dando igual
ao desemprego

GOG, Rumo ao Setor Comercial Sul

Levan, levanta a mão
Deita, deita no chão
Grita, grita a sua opinião só vale
Quando não desafia
Quem te dá permissão
Quem tá com o apito na mão
Procure a sua saída
Encontre a sua vida
Eu disse, encontre, encontre, encontre:
Sua própria direção!
BNegão, Giratória (sua direção)

Se na academia e outros saberes oficiais a relação entre mobilidade e racismo ainda é pouco tratada, no *underground* e movimento cultural essa relação há muito tempo vem sendo refletida, expressa, poetizada. São muitos(as) artistas que vivem a segregação racial no transporte e expressam essa situação. Para que nossa publicação abrangesse esse conjunto de expressões sobre o tema, escolhemos fazer esta entrevista com três artistas negros vinculados ao *underground*, Movimento Hip Hop e lutas sociais pela mobilidade. Utilizando o mesmo roteiro, fizemos entrevistas separadas com Higo Melo, Genival Oliveira Gonçalves e Bernardo Negron. Tivemos o eixo comum da cultura, direito à cidade, luta contra o racismo. Apesar de não terem sido feitas ao mesmo tempo, lendo as respostas podemos ver que há algum diálogo comum entre as vivências. Boa leitura!

1 – Você pode fazer uma breve apresentação? E poderia falar sobre sua trajetória de artista mas também de negro circulando pela cidade? Como é sua relação com a mobilidade urbana e com o racismo no espaço?

Higo – Meu nome é Higo Melo. Nasci na Ceilândia – Distrito Federal em 1980 e fui criado no Paranoá-DF para onde fui em 1990. Morei lá até os 33 anos. Passei então alguns anos no centro de Brasília, o Plano Piloto. Há pouco tempo mudei para Salvador.

Minha relação com o transporte público sempre foi a do cansaço. Quando eu morava na Ceilândia e tinha que ir ao Paranoá para visitar meus tios, lembro que era literalmente uma viagem. A sensação que eu guardo dessa época é de que era como uma interestadual: era como sair de Brasília e ir para o interior da Bahia de ônibus. Sempre parecia muito longe. Saíamos cedo e chegávamos muito tarde. Não tenho noção real de quanto tempo realmente durava uma viagem dessas, mas para mim parecia uma coisa muito longa.

Morando no Paranoá, eu só passei a sair de casa e pegar ônibus com uns 15 anos de idade. Me lembro que uma vez eu saí do Paranoá rumo à Ceilândia para a mesma casa em que eu morava antes e me perdi, desci depois, talvez porque essa sensação de ser muito demorado tenha me sabotado. Como parecia que tinha chegado mais rápido, eu não desci na parada certa, deixei o ônibus passar e depois desci longe, saí perguntando e andei muito.

Das coisas que para mim fazem parte do racismo e de ser de periferia eu sempre falei que o carro do pobre – nessa época dos anos 1990, 2000 – era o tênis. Se eu fosse sair de casa e não estava de tênis, minha mãe sabia que eu estava no Paranoá. Quando saía e estava de tênis, ela perguntava: "Vai pra onde?". Eu me lembro de uma das primeiras vezes em que decidi ir ao Plano Piloto de chinelo: tinha recebido um dinheiro do trabalho na obra que eu fazia com meu pai e quis ir ao Plano comprar umas coisas. Quando eu cheguei com as sacolas de compras das lojas que só havia no centro, minha mãe viu e falou: "Meu filho, você foi ao Plano Piloto de chinelo?". Eu disse: "Fui", e no meu pensamento eu estava bem convicto de ir de chinelo mesmo, eu nunca tinha ido assim, mas dessa vez fui. Com o tempo eu fui percebendo que para os meus pais isso tinha muito significado. Significado de você parecer que não estava largado, né, pois, quando estávamos no Plano Piloto, quem usava chinelo eram ou os *playboys* ou os moleques de rua e não podíamos nos parecer com essa galera. Enfim, essa é uma das relações que eu tenho com o transporte público.

Aí tem também a coisa do baculejo, né. Até eu entender como de fato a polícia agia, as nuances do racismo, demorou para eu fazer algumas leituras da realidade. Sei que passei por várias situações que só depois rememorando consegui compreender que tinham sido racismo. Eu me lembro de algumas, uma delas quando eu estava saindo da obra onde trabalhava com meu pai. Ela era no Lago Sul, bairro nobre que tinha uma barragem para o Paranoá onde há um posto de polícia. Vez ou outra lá eram parados os ônibus para revistar todo mundo, porque havia denúncia de algum roubo no Lago Sul. A única coisa que pensava, era "que bom que não estou envolvido com nada, estou só com minha marmita aqui e não vai dar nada". Geralmente eles desciam as pessoas mais pretas do ônibus, abriam as bolsas, as marmitas e era uma vergonha do caralho ter que abrir sua marmita. E, olha que louco, eu sempre ficava pensando: mas está massa, eu não sou bandido. E era o que eu pensava em primeiro lugar: estou fazendo o certo, não vou ser preso. Só depois que eu fui observando mais isso se repetir, percebendo que quem tinha que descer do ônibus para revista era sempre a galera preta e aí percebi que era bom eu não estar fazendo o errado, mas o problema não se tratava disso e sim de ser preto.

BNegão – Começando, eu sou rapper e músico. Também sou cria de pais que foram ativistas contra a ditadura militar. Moro em Santa Teresa por isso, muitas pessoas da minha geração para trás moram aqui pelo mesmo motivo – é um bairro onde havia muitas rotas de fuga da repressão. Tenho uma ligação brutal com o rap e com o punk rock, dois gêneros de rua e de comunicação direta, venho dessa parada aí. Meu pai é amazonense de família amazonense. Ele veio para o RJ num processo clássico de êxodo rural do Norte-Nordeste para o Sudeste. Minha mãe é de família cearense que veio para cá no mesmo processo. A família dela mora na Baixada Fluminense. Sobre transporte, o lugar onde eu moro sempre foi muito ruim nesse aspecto, porque nunca foi muito rentável e sempre foi ônibus velho do governo. Então, para você ir para qualquer lugar sempre era um acontecimento. Eu tive banda em Niterói por um tempo e era uma hora e meia para ir, uma hora e meia para voltar, ônibus lotado sempre. Os ônibus daqui de onde moro sempre quebravam por serem muito velhos. Era normal ônibus com buraco no chão, você dentro do ônibus vendo o chão passar, entre outras coisas. Normalmente era assim: o ônibus quebrava e o motorista dizia: "Gente, quebrou o ônibus. Desçam do veículo". Aí ele fechava a porta e as janelas, ia embora e ficávamos lá, não aparecia outro ônibus. Era uma coisa muito normal, acabamos desenvolvendo esse costume de subir e descer andando para casa. Pedíamos carona pra caramba, coisa que tinha muito naquela época e que hoje é impensável. Para visitar parentes era sempre aquela treta de sair daqui para a Baixada Fluminense. Muita gente morando longe e isso acaba mesmo distanciando as pessoas, pois você não vai com frequência visitar elas e essa distância vai aumentando cada vez mais. Acaba se perdendo o costume de visitar e assim a coisa fica separatista mesmo, muito distante para as pessoas se encontrarem.

Até pouco antes de lançar o primeiro disco com o Planet Hemp eu tinha – desde os 13 anos, até aquele momento, quando estava com 20 – 100% de aproveitamento nas duras policiais e carros da polícia parando para mim. Não havia a chance de um carro da polícia passar por mim e não parar, era zero possibilidade. Vários amigos brancos tomaram, comigo, as primeiras duras da polícia. Tem uma história clássica: eu vivia andando correndo, sempre atrasado como tudo na minha vida. Estava eu e um camarada. Ouvimos o bonde chegando, então corremos para chegar à parada a tempo. Eu, mais magrinho ou menos gordo, correndo muito para chegar lá e aí passou um carro da polícia na rua na outra direção. Na hora eu perguntei para o meu amigo: "Me diz uma coisa, você já foi parado por um carro da polícia? Pois vai ser parado agora". Ele não acreditou, duvidou, disse que não aconteceria. Mas não deu outra, em menos de um minuto, o carro voltou, nos parou, mão na cabeça, aquela coisa. Isso foi algo com o que eu tive que me acostumar desde os 13 anos de idade, que foi quando comecei a sair de casa que não fosse para ir para o colégio. Foi quando comecei a sair de casa depois das seis da noite, frequentar a Lapa etc. Eu tive 100% de aproveitamento: não vi um carro passar por mim naquela época sem me parar. Então eu imaginei na época: "Pô, eu já tenho esse histórico sem nada, então, quando lançar o disco do Planet Hemp, será muito pior". Porém, por algum motivo que eu desconheço, a partir de uns meses antes de lançarmos o disco, parou. Não sei se é porque eles já sabiam quem eu era, mas não aconteceu mais. Eu já cheguei até a dar autógrafo para a polícia. O cara pediu ali na encolha: eu estava em Taboraí e passou uma joaninha, aquele clássico fusca da polícia que hoje em dia só vemos em filme. O cara me chamou lá e eu já pensei, lá vem, outra dura. Mas ele se aproximou e falou: "Porra, tem como você dar um autógrafo aqui pra minha filha, cara, ela é sua fã. Tem que ser discreto porque se não os outros policiais vão ficar bolados". E aí eu acabei dando o autógrafo.

GOG – Sou o GOG, moro no Guará, cidade-satélite de Brasília, desde os 8 anos de idade. Nasci em Sobradinho, sou cantor de *rap*, tenho também um livro lançado: *A rima denuncia*. Estou aqui pelo convite a tratar deste tema do racismo, transporte público e tudo o que a gente trabalha e tem abordado. A mobilidade tem vínculo com o racismo estrutural, eu vivi isso. Todas as más condições são apresentadas, colocadas ali no baú. Falo da minha concepção de vida, da minha juventude. Eu chegava ali no trabalho no Setor Comercial Sul de baú todo dia e ia treinar datilografia escrevendo letras de *rap*. Muitas das letras de rap da minha geração foram feitas no baú. Isso é desobediência civil. Foi ali que surgiram, através de leituras, várias cenas. E também o baú é a resistência, porque, na mesma hora que ele nos oprime, é no campo da opressão que tenho que trabalhar a minha autoestima. Eu vou nos meus estilos, no meu regime. Para você se impor diante de tudo isso, o rap te coloca a chance de reagir. Mesmo diante desta tragédia do ônibus lotado, a gente se prepara para vencer de todo jeito. Todo mundo vai para o ônibus arrumado, cheiroso, bem-vestido.

Nos meus raps sempre tentei despertar as pessoas a perceberem que a violência não acontece só com elas. Quando está lá na letra "periferia é periferia em qualquer lugar, é só observar baú sempre lotado vida dura cheia de sonhos", isso representa seja em qual quebrada que seja. E quando você fala "Baú sempre lotado vida dura" você começa através da letra a despertar as pessoas a perceberem que a violência não acontece só com elas. Pensando na letra da música, vamos vendo que as pessoas circulam nos amontoados urbanos que são os ônibus. Preto, favelado, gente da periferia. A disputa também acontece ali. Eu preciso de um emprego e estou ali amontoado com todo mundo, uma parte desempregados. Então se eu tiver um emprego ele será um subemprego porque eu estou concorrendo com outras pessoas desempregadas ali. O baú lotado é um recado, ele está te alertando "está achando ruim? salário baixo? olha o baú, metade dele tá desempregado. Quer o subemprego ou o desemprego?".

Hoje até mudou um pouco, mas no meu tempo o barulho do motor era ensurdecedor. Dentro dos baús lotados sabe quais as notícias que nós víamos? Era a dos peguinhas de carros perto do aeroporto. Mas no baú também é onde você monta seu time. O Piolho mesmo, rapper com quem tive grande parceria, eu conheci na rodoviária. A linguagem do moleque que pega o baú lotado é o rap, isso nos desperta. Ali eu via também o jogo da tampinha, as coisas todas. E daí também tem o sonho, né. Todo mundo quer ter sua carreta, mas na periferia a ideia era diferente: o carro que queríamos ter era aquele arrumado, para a gente botar um som e passar na quebrada toda divulgando nossa arte. O carro era usado com outra dinâmica: a de utilizar para propagar o rap por toda a quebrada. Ou então para poder chegar em casa mais cedo. Então, o que os caras chamam de transporte pirata é a possibilidade de chegarmos em casa em um carro que não está tão lotado, parando em todo local. Tem um risco? Sim! Mas muitos correm esse risco para poder chegar em casa e ver o filho acordado ainda.

2 – A mobilidade urbana tem um grande vínculo com o racismo? Como sua atuação artística combate isso?

GOG – Eu moro numa cidade que foi estruturada, criada e traçada estrategicamente para que as periferias estivessem longe, evitando a tensão social. Esse fato, que já é estrutural em Brasília – a distância de 12, 20, 30 até 60 quilômetros do centro, das asas do avião – já é um ponto de partida para discutirmos o acesso e o direito à cidade. O primeiro ponto para discutirmos o transporte público é o acesso à cidade, um direito que a Constituição já nos traz, o de ir e vir. Isso vem juntamente com o capitalismo, que promete direitos, mas somente no papel, liberdades estabelecidas como metas que você não consegue realizar. Então o transporte público, aliado à distância, não poderia deixar de emanar toda uma estratégia que reforça mais ainda o racismo estrutural do Brasil. A questão do transporte público tem a ver com o racismo estrutural. Da mesma forma que o bar foi o que sobrou na periferia – que não curiosamente é onde a polícia mata. Por isso, a ressignificação do bar através da literatura periférica é um momento muito importante. O transporte público reúne essas mesmas pessoas. Da mesma forma que o bar reúne para festa, o transporte coletivo reúne também. Mas o transporte faz isso de forma similar à do navio negreiro, que levava as pessoas de suas casas para os campos de trabalho. Eu vejo essas similaridades e já me vem a discussão de como isso influi no dia a dia das pessoas. Pois as pessoas já chegam no espaço de trabalho cansadas – são uma, duas até três horas para ir e para voltar. Por isso é aquilo de sai cedo, chega tarde, ninguém vê sair, ninguém escuta chegar. Existe toda uma estrutura cultural montada. Me vem à mente o boicote aos ônibus de Montgomery – EUA, a Rosa Parks em 1955: foi um ato para que negros pudessem sentar nos bancos dos ônibus. Houve vitória depois de vários protestos, envolvimento do Martin Luther King, prisões, resistência. Então me vem muito à mente essa cena da desobediência civil não violenta. Percebo algo que vai para além do transporte urbano, as pessoas reparam que em Brasília não se dá carona, são ônibus lotados e carros vazios, não há transporte solidário. Isso para mim tem muita relação com o fato de que a maioria das pessoas que utilizariam transporte solidário são negras. O racismo dificulta a carona. Só dão carona se conhecem pessoalmente e são do lugar. Tudo isso reforça o preconceito racial.

Higo – Considerando que transporte público é o que sobra para quem não teve condição de comprar carro, isso coloca a maioria das pessoas pretas no ônibus. O ônibus não faz parte de uma política pública feita da maneira certa. Então qualquer medida feita no transporte público que desfavoreça o usuário é uma medida racista: seja no horário, seja na quantidade, tudo isso desfavorece historicamente as pessoas negras. Não tem como não ligar essas coisas: as condições do transporte público, o racismo, o descaso, com todo o serviço prestado às pessoas negras. Qualquer parte do Estado – que é quem pode intervir nas políticas de transporte coletivo, mesmo que elas sejam executadas por empresas privadas – tem descaso, como a grande maioria das coisas e serviços acessíveis às pessoas negras. Há uma coisa que acontece muito nos transportes coletivos: a maioria dos trabalhadores que fazem as linhas mais longas, cansativas, é a galera preta que mora nas quebradas mais distantes, e nos trajetos mais curtos a maioria é branca. Essa é uma coisa que reparei quando mudei da periferia para o centro: quando estou no Paranoá, a maioria é preta, e quando estou no Plano Piloto, a maioria é branca, inclusive cobradores e motoristas.

Agora falando sobre a transformação pela arte. Depois de um tempo fazendo rap, eu fui entendendo que não precisava ter uma música para e sobre a militância. Quando o artista canta o que ele vive, sobre o que ele vive, acaba que a militância está na música já, é a arte dele. Não é "fiz essa música para a militância", é "fiz essa música porque é quem eu sou e dentro do que eu sou tem as causas pelas quais eu milito". Quando eu conheci o Movimento Passe Livre eu estava junto com o Movimento Hip Hop do Paranoá e nós decidimos organizar uma manifestação local contra o aumento das tarifas. No disco mais recente do Ataque Beliz tem duas músicas com grande influência disso: a música "A rua", que ganhou um refrão inspirado nas lutas, e a outra é "Todo poder ao povo", porque era um refrão cantado nas manifestações. É aquele: "Poder! Poder para o povo! E o poder do povo vai fazer um mundo novo!". Eu aprendi essa palavra de ordem, que é uma tradução dos Panteras Negras, nas manifestações do MPL e tinha vontade de fazer algo com ela. Quando fui compor, saí da manifestação que era sobre transporte, por Tarifa Zero, para se transformar em outra coisa, que é uma música voltada para o povo negro. A ideia é essa, uma coisa que se retroalimenta. Das influências da minha proximidade com a militância por transporte público, por melhorias, tem isso e tem a coisa da ação direta mesmo. Mas, como eu disse, não é que a música nasce disso ou para isso, ela nasce no contexto, embebida dessa pauta.

BNegão – Para lutar contra o racismo na mobilidade é necessário ir brigando mesmo, falando sobre, lutando. Não tem jeito. A coisa da mobilidade, no nosso caso, é uma coisa de se conscientizar. Com as mobilizações como um todo eu sou como aquela música do Eddie, "pode me chamar que eu vou". Estou à disposição para participar das lutas. É essa coisa, essa ligação que tenho desde o início com o MPL. Sempre que fui convocado cheguei junto por achar fundamental. Por eu já ter vivido isso na pele totalmente. Enfim, participo de ocupações, sejam culturais, sejam por moradia, manifestações. Me recordo de ir para a ocupação da reitoria da USP; eu fui chamado e estava totalmente criado o clima de a polícia invadir. Desde quando eu estava indo para lá do RJ, ouvia na rádio que haveria repressão, iam jogar bomba. Lembro que, quando cheguei, já vi uma galera saindo, com medo da repressão. E eu disse que ia ficar. Já havia me comprometido. Sempre que foi possível eu me mantive presente, independente de ter confusão ou não. Desde mais novo eu participei de muita manifestação do movimento estudantil, nos anos oitenta. Sempre estive envolvido naturalmente com essas paradas sem muito mistério. Se é algo em que eu acredito e posso colaborar, eu me misturo e estou junto. Agora, neste tempo de pandemia, tenho feito muitas *lives* para coisas e tal. Tenho feito agora um esquema de doações para leilões do MTST. Fiquei bem feliz que pude colaborar com a Ocupação Chiquinha Gonzaga, que é superfundamental aqui no RJ e estava com problemas no prédio. O DJ Castro, que é meu parceiro anarquista de longa data, sempre vinculado às lutas, me deu um toque e fizemos uma *live* que conseguiu juntar o dinheiro que estavam precisando. Recebi um vídeo de um cara que estava no corre há um tempão agradecendo e fiquei emocionado num nível gigantesco. O que queremos é ajudar o máximo possível, apagando incêndio e tacando fogo quando necessário.

3 – Vamos tratar agora sobre a relação entre mobilidade urbana e o direito à cultura. Como o transporte tem impacto na vida cultural e como a movimentação cultural pode mudar o transporte?

Higo – Na música, pelas minhas experiências, desde quando comecei a tocar em banda profissional, comecei a perceber que havia duas políticas que se entrecruzavam, mas que tinham efeitos danosos. Uma, a política cultural do DF com o Fundo de Apoio à Cultura ou outras formas de financiamento. Ela possibilitou que eu e minha banda tenhamos tocado muitas vezes no centro e isso era muito bom porque tivemos acesso a estruturas muito boas, casa de eventos. Mesmo quando a contratação foi particular, tinha isso de ser um ambiente com melhor qualidade de som. Porém, muito do que era nosso público não tinha acesso a isso por conta do transporte. Geralmente tocávamos tarde e a galera não podia ir aos eventos. O Ataque Beliz durou dezesseis anos e muito da nossa carreira foi construída no centro. Era um evento quando conseguíamos ir às quebradas. Mas, por termos passado tanto tempo sem conseguirmos ir às quebradas tocar com estrutura, nós perdemos uma boa parte do público. Então formamos um bom público no centro, mas ali na quebrada, onde a banda nasceu e que faz parte dos assuntos das músicas que estávamos tocando, não havia consumo das nossas músicas e isso tudo por conta do transporte público e da política cultural que não chega nas quebradas, sem dar possibilidade de as bandas poderem tocar nas suas próprias áreas.

BNegão – Chego a arrepiar ao lembrar de todo o corre. Pela minha caminhada toda, tanto como músico quanto como guerrilheiro *underground* que fazia o corre tanto para ver quanto para tocar, sempre respeitei muito isso da pessoa que faz um grande esforço para chegar aos shows. Pela criação no *punk*, sempre tive essa coisa de conversar e circular com todo mundo, sem essa separação entre público e artista, que eu não gosto. Então eu sempre soube que para os nossos shows uma galera comprava o ingresso há meses, juntando dinheiro e se organizado para ir num esforço tremendo. Gente até de outras cidades. Uma galera que não tem dinheiro. O nosso público normalmente é uma galera dura, são raladores. Então tínhamos que dar o máximo nos shows sempre.

Teve um show do Seletores que fomos fazer com o Herbie Hancock, no festival MIMO, em Parati, numa praça para dez mil pessoas. Estávamos bem felizes de abrir um show do cara. Ficamos sabendo que iríamos tocar depois dele, deu a impressão de que nosso show seria esvaziado, não iria ficar ninguém. Mas a galera não só ficou como teve mais gente conosco. Soubemos depois que a galera de várias cidades pegou estrada para ver os shows, saindo de São Paulo, Rio de Janeiro, entre outras. Essa postura de respeito a quem se desloca para te ver, não importa se veio de carro ou se pegou lotação ou se veio de outra cidade, foi fundamental para a gente, sempre.

GOG – Penso que o rap tem que tratar desses temas que são recorrentes nas quebradas, sem cair na armadilha de se preocupar mais com o *flow* do que com o *soul*. A alma do bagulho está sendo deixada em segundo plano para que se possa ter fluência. Eu tenho uma disputa lógica, quero colocar a palavra mais acertada naquele ponto. O rap tem que discutir essas cenas. Brazlândia, quando ri ou chora, não é ouvida na Ceilândia, pois é muito afastada. Samambaia tem uma rodovia dividindo ela do Recanto das Emas, olha o Gama onde é que está. Depois as pessoas criam a grande Brasília, com cidades do entorno onde a passagem é tão cara que cria hierarquias que têm muito a ver com o discurso da meritocracia. Um discurso que coloca que quem mora no Goiás é uma pessoa que tem problemas de acesso ao que a cidade coloca de estudo, trabalho, como se fossem pessoas que não venceram na vida. Nesse contexto, o transporte acaba regularizando, legitimando simbolicamente esse pensamento. É nesse ponto que acho que o racismo estrutural e cultural está presente, porque as pessoas acabam acreditando nisso. Você convida um parceiro para a sua casa e as pessoas dizem "não rola, eu moro no Goiás", mas na verdade elas são da Grande Brasília, elas sustentam e constroem a nossa cidade. Hoje, por exemplo, você percebe que a polícia escolhe os ônibus pelos bairros para fazer a revista, desce todo mundo. A exposição é feita, a marmita é aberta. Os caras ainda metem o zoião lá dentro "e aí, só tem ovo, cadê a carne?". Qual é cena? O capitalismo é um gigante do pé de barro.

4 – Artistas fazem shows a noite, causando aglomerações de pessoas de toda cidade. Que tipo de coisas vocês percebem com a juventude negra que se movimenta pela cidade para ver os shows de vocês?

BNegão – Várias cidades em que eu toco têm problemas de transporte, mas os dois locais que eu sempre vejo que tinha mais treta é Brasília e Florianópolis. Brasília eu nunca via ônibus na cidade, demorei anos para ver um. Florianópolis é muito isso também. Eu fico de cara de como que a galera se vira, tem necessariamente que ter carro para circular. Ou você tem carro ou você não tem opção. E é uma coisa pensada, na real, né? Para as pessoas realmente não se mexerem. São Paulo, uma das maiores cidades do mundo, eu não sei como está hoje em dia, mas até bem pouco tempo, à meia-noite os ônibus simplesmente paravam. E aí foda-se se você está na rua, fazendo alguma coisa e precisa se locomover. Vai ter que ficar na rua, à noite, esperando até o serviço de ônibus voltar. Eu, na juventude no RJ, fazia isso milhões de vezes, quando não tinha disposição de fazer a caminhada. Era ou subir a pé, quarenta minutos andando na disposição, ou você espera ali na Lapa, ambiente nada amigável, até o próximo ônibus aparecer às seis da manhã. Os shows acabavam uma hora, meia-noite e ficávamos lá fazendo hora para voltar.

Agora na pandemia estamos sem show nenhum. Mas eu sempre bati nessa tecla antes, dessa doideira que sempre teve de fazer show a partir de meia-noite. Se tentasse fazer show mais cedo ninguém aparecia. Aí, fazendo mais tarde, tanto vinha a galera que estava acostumada a fazer esses bondes de virar a noite como também tinha uma galera que simplesmente não aparecia porque tinha que trabalhar no dia seguinte, não podia ficar sem dormir. É a coisa de circulação por espaço, né? Sempre fiquei muito incomodado com essa coisa de show muito tarde. Eu sou notívago por natureza, mas me preocupei sempre sobre como a galera iria voltar. Porque eu já passei por isso muitas vezes, inclusive tocando, cheio de instrumento. Nós tocávamos por amor, de qualquer jeito, sem cartilha e sem nem imaginar que daria para viver disso.

GOG – Eu percebo muito isso. Fico observando, muitas vezes antes das apresentações, pelas redondezas, vendo as pessoas chegando, os ônibus abarrotados descendo gente para entrar no evento. No caso de Brasília, o transporte funciona numa normalidade deficiente até determinado horário, depois não tem baú. O que percebemos disso aí: há toda uma estrutura política, cultural da cidade em que os espaços públicos próprios para eventos são no Plano Piloto. O mano de quebrada que quer ver um show meu em grandes estruturas – teatros, estádios, ginásios – tem que ser no Plano Piloto. E percebe-se que a maioria dos eventos nas quebradas são de iniciativa e público da própria comunidade. Não há movimento de contrafluxo, de as pessoas do Plano Piloto – maioria de pele clara – irem visitar, por exemplo, a Ceilândia para ver um show nosso, somos nós da periferia que vamos ali ver nossos artistas.

Os shows de rap vão até às três, quatro, cinco horas da manhã e nessa hora não tem baú. Então ou você pega um corujão para a rodoviária e fica ali esperando horas para voltar para casa ou você tem um carro. Muitas vezes terá que dormir na rodoviária, na pedra dura. Eu me lembro de um evento que fiz na Aruc, escola de samba no Cruzeiro-DF. Na hora que acabou o show eu fui sair de carro e quando peguei a BR vi a parada de ônibus lotada, às três da manhã. Percebi que era meu público que estava ali. Quando parei me reconheceram de imediato. Então senti esse peso. Pensei: "Pô, qual é a minha contribuição para essas pessoas que ficam aí na noite, onde a polícia é violenta, os assaltos também?". Nesse dia eu cheguei e perguntei: "Quantos tem aí?". Eram cerca de dez. Coloquei alguns no porta-mala, um monte atrás, dois nos para-lamas da frente e fui com o carro a 10, 20 km por hora, deixei eles onde poderiam ir mais facilmente para casa. Quando se fala em acesso à cultura, as pessoas pensam imediatamente nos eventos, mas tudo isso é impedido pelo cerceamento do direito de ir e vir. Um racismo estrutural, cultural, tão violento, que até as pessoas que sofrem as consequências dele acham normal. Cada vez mais a normalidade transforma a cidade aculturada numa cidade-dormitório. As pessoas estranham quando falamos que o transporte tem que ser gratuito, perguntam: "Mas como a empresa vai pagar os custos do transporte?", e eu respondo: "Mano, isso não é um problema nosso, é do Estado que garante constitucionalmente nosso direito ao transporte, ao ir e vir com segurança e acessibilidade". O dinheiro não pode te impedir de viver a sua cidade.

Higo – Muitas vezes, eu e amigos saíamos para as festas e shows no Plano Piloto de madrugada. Eu não sou de um bairro onde todo mundo tem carro e pode me dar carona de boa. Encontrava lá pessoas do Paranoá, Planaltina, Sobradinho, Ceilândia, tudo uma galera sem carro, e fazíamos lá um bondão para dormir na rodoviária ou ficar até de manhã nas festas. As maiores críticas que fazíamos às baladas era que elas não iam até de manhã, porque ficava difícil sair do rolê e pegar um ônibus: o transporte aqui acaba à meia-noite e depois só volta às cinco, seis da manhã. Então o clássico era sair dos eventos e dormir na rodoviária. Tinha a chance de encontrar algum *brother* que morasse perto, mas era muito raro e isso demorou muito mesmo para acontecer. Então, o clássico era isso da rodoviária. Aí acontece de tudo. Teve uma vez em que estávamos esperando amanhecer e veio um morador de rua, doido de cola provavelmente, tentando roubar o pastel de uma pessoa. O mano deu um pinote, caiu no chão se machucando todo. A polícia apareceu e veio acusar de que estavam batendo nele e os trabalhadores da pastelaria disseram que não, que ele sempre estava ali drogado, doidão, pedindo ou roubando coisas. Enfim, foi uma *bad* sinistra. Eu nunca gostei de fazer isso de ficar dormindo na rodoviária. Já dormi algumas vezes, mas era palha. Mesmo assim, fazendo esses enfrentamentos dessas condições, conheci muita gente. Lembro do Vander, por exemplo, militante negro. Encontrei ele num brechó do Plano Piloto. Quando vi ele dizendo que tocava saxofone e gostava de rap, eu fiquei impressionado: era meu sonho fazer uma exploração musical no *rap*. Ficamos amigos e já começamos a trampar juntos na banda Ataque Beliz. Passou um tempo, ele saiu do Ataque Beliz e decidiu formar um projeto chamado Aquilombando, que basicamente era da galera que não morava no Plano Piloto e se encontrou nesses rolês de madrugada. Foi um projeto muito grande em quantidade de gente e importância política no DF. Era um projeto de militância cultural e racial em várias frentes: *grafitti*, rap, DJ, break, uma coisa bem hip hop mesmo. Esse projeto nasceu da reunião da galera que não era do Plano e se conheceu no centro durante os eventos, passando a noite na rodoviária.

5 – A música tem o potencial de fazer movimentar mentes e significados: nossas mentes só chegam até onde conseguimos imaginar. Pensando nisso, qual seria a relação entre música e mobilidade urbana?

GOG – Eu estava falando antes sobre a desobediência civil não violenta, que foi usada por Gandhi na Índia e conseguiu vencer um exército inglês muito armado e violento. Acho que temos que reviver a história para entender nosso momento. São ferramentas fortes: a história, sociologia, antropologia. Os *rappers* querem muito contar a sua história, mas, para isso, é importante conhecer a história que não é só a sua. Para a gente conversar sobre transporte público é preciso explicar para o parceiro que ele tem acesso à cidade, que ela não é só um sonho a se realizar. Nós temos parceiros, muitos que eu conheço, que não é que no Movimento Hip Hop pegaram avião pela primeira vez. Não, eles foram ao Plano Piloto pela primeira vez! Seu hábitat era a Ceilândia, fincou raízes lá, dançando break na quebrada, mas ele nunca tinha ido ao centro, só via pelo jornal ou televisão. E o rap faz esse transporte, é o despertador periférico. Quando ele apita, você começa a pensar, mano, tem alguma coisa errada aqui: quem criou fronteiras? Por que a passagem é cara? Por que desce do baú quem mora no Recanto das Emas, mas quem é do Plano eu nunca vi dentro do ônibus? Por que, quando a polícia entra no ônibus atrás do batedor de carteira, ela pergunta de onde você é, e se for do Plano Piloto, tudo bem, mas, se morar no Recanto, Paranoá, vão perguntar "o que que você está fazendo aqui?". E, pior, muitas vezes a polícia, quando aborda, fala que carteira de identidade não é documento, que documento mesmo é a carteira de trabalho. Isso é muito violento numa realidade em que o Brasil não dá emprego ao jovem.

Higo – Para mim, esse é o lance de você viajar na música. Eu acho que algumas músicas, principalmente do *rap*, me trouxeram isso. Eu me lembro que eu ouvia muitos *raps* de outras cidades e ficava ali viajando com aquele monte de bairros narrados. Era diferente de hoje, pois naquele cenário não havia internet para pesquisar as coisas, não se via os bairros e cidades menos conhecidas na TV. Então, quando se vê isso numa música, por exemplo o Brown falar "de Guaianases ao extremo sul de Santo Amaro", você não tem muita dimensão do que é isso e aí quando ele cita a Ceilândia no "Capítulo 4, versículo 3", dá para dar uma viajada, entendendo a comparação que ele faz com a Ceilândia. Antes disso, tem a história das músicas que funcionaram mais como um mapa da cidade para mim, que foi a "Brasília periferia", do GOG, porque ele citava um monte de quebradas, falando de todo um trajeto por onde passava. E era muito doido porque quando eu ia pegar um ônibus e passava por outro, lia o letreiro e aquilo já vinha na minha cabeça, era uma experiência que eu tinha tido antes, uma viagem que eu tinha tido a partir da música. De conhecer outros lugares a partir da descrição feita na música. Quando alguém me dizia "eu moro em Águas Lindas, Valparaíso", eu já conhecia porque tinha ouvido em uma música. Acho isso muito importante nessa coisa de localização.

BNegão – Essa pergunta é muito boa. Vou responder por duas vias: a primeira é pelo além do além – peço perdão a todos agnósticos e galera que não acredita em porra nenhuma, fiquem tranquilos. Essa história nunca contei em público, só para pessoas próximas. Quando eu era muito moleque, tinha uma vizinha que fazia mapa astrológico e ela ficou muito grande, por fazer astrologia de coisas cármicas, ou seja, de quais questões você veio resolver nesta vida. Minha mãe por algum motivo teve interesse, acabou fazendo o meu mapa e me deu de presente quando tinha doze anos de idade. Eu gostei, peguei, mas não entendi muita coisa, porque ainda era muito novo. Mas lá tinha umas coisas que foram muito marcantes no decorrer da minha vida. Primeiro, que eu tinha que desenvolver uma relação boa com dinheiro, porque eu sempre fui muito refratário ao dinheiro, que sempre achei o mal do mundo desde que me entendo por gente. O mapa dizia que eu tinha que desenvolver uma relação que não fosse refratária com o dinheiro, que não precisaria endeusar, mas se fosse refratário iria me foder. Tinha que usar aquilo como elemento de passagem, de mobilidade inclusive – para ir pra lá, pra cá, pagar sua casa, pois vivemos numa sociedade capitalista ainda, não tem jeito. Fiquei impressionado com esse lance. Me lembro que quando fui pegar os primeiros cachês do Planet Hemp, cheguei lá como se eu estivesse quase roubando, me sentia mal de pedir minha parte. Era essa relação muito louca. A segunda coisa era mais curiosa. Nessa época, eu não tinha nenhuma pretensão de viver de música, meu lance era ser desenhista ou veterinário. Sempre amei a música, mas nunca imaginava que viveria disso. Usava a música para tudo, porém jamais pensei em trilhar algum caminho disso. Mas o mapa dizia que eu tinha acumulado muito conhecimento nas últimas encarnações, porém não tinha dividido com ninguém porque eu achava que a humanidade era uma merda. Eu pensei: "Realmente, tenho esse sentimento". E aí o mapa dizia que minha missão nessa encarnação era dividir esse conhecimento. Falava que o ideal era que eu fizesse palestras, usando o microfone para poder falar para muita gente, para poder queimar esse carma. Ouvi isso com doze anos de idade, não tinha nenhuma pretensão com essa informação.

Eu comecei na música tocando guitarra, porque ser guitarrista de *punk rock* era minha primeira vontade, muito influenciado pelo Clemente da banda Inocentes, que é um dos meus heróis. Em algum momento, justamente por conta dessa questão da mobilidade, de ser muito pesado, difícil entrar e sair do ônibus, ficar batendo a guitarra em todo mundo; perde o ponto para sair, o ônibus quebra e você tem que caminhar com a guitarra pesada para todo lado... Lembro justamente que eu parei de tocar guitarra por causa da preguiça e cansaço de carregar guitarra para todo lado. Um dia, cheguei atrasado na aula, estava com a guitarra e tinha que subir com ela ainda no prédio da escola, quatro andares de escada. Estava lá conversando com um camarada sobre isso e falei: "Mano, não aguento mais. Vou parar de tocar guitarra, vou falar que sou vocalista e não precisarei mais carregar nada para lugar nenhum. Não aguento mais levar essa guitarra". Deu três dias dessa conversa, eu estava subindo atrasado mais uma vez para a aula e esse camarada estava falando com outro maluco, apontou para mim e gritou: "Esse é o vocalista", e o cara me perguntou se era mesmo, gaguejei, disse que sim e ele me chamou pra fazer teste na banda de metal dele, que cantava em inglês e era lá em Niterói. A banda acabou virando de metal com *rap*, eu com meu inglês macarrônico. Então minha história de ser vocalista, apesar da coisa do mapa astral, aconteceu por causa da condução. Não fosse isso da condução talvez eu estivesse tocando guitarra até hoje. Mas eu não aguentei esse lance de colocar guitarra, mais mochila, mais andar pra caramba, esperar condução lotada. Por um lado, é engraçado, essa parada da mobilidade influiu muito na minha caminhada.

Nunca tinha parado para pensar que minha decisão de ser vocalista aconteceu por causa do ônibus! Já havia contado essa história várias vezes, mas ainda não tinha feito essa conexão. Não aguentava mais carregar a guitarra para um lado e para o outro nas conduções e comecei a cantar. Agora cá estou eu.

Por outro lado, essa parada de expandir a mente eu devo muito aos meus mestres, que eu nem imaginava conhecer, quanto mais tocar junto, ficar amigo deles. Isso aconteceu comigo muito. Quando eu penso nas paradas que faço, na galera que curte o som que eu faço – a maioria esmagadora das coisas que faço são trabalhando a mudança, dando *twist* de pensamento. Muita gente me reporta de muitas maneiras, na rua, por *e-mail*, mensagem, carta, falando sobre como uma frase, uma música foi importante para ela se transformar. Eu fico feliz pra caralho porque eu sinto que essa missão, essa necessidade é como um tributo aos meus mestres que fizeram isso comigo. O Clemente dos Inocentes mesmo – a quantidade de coisas que vivi indo aos shows, saía de lá com a cabeça enorme, cheia de ideias –, Thaíde e DJ Hum, Racionais... grandes fundamentos. Public Enemy, acabei tocando com eles a convite; Afrika Bambaataa; Tony Allen, que se foi agora há pouco; toquei com eles e milhões de mestres que são fundamentais na minha trajetória como ser humano. Independentemente de estar fazendo música ou não. Penso muito nisso quando estou fazendo música com as pessoas, estou fazendo a energia circular. Expandir a mente, o espírito, isso mesmo. Essa coisa da mobilidade mental tem muito sentido.

6 – Muitas lutas negras na história tiveram o transporte como pano de fundo. Como recado final, o que podemos pensar sobre nossa história de lutas e os desafios que enfrentamos hoje na cidade?

BNegão – Eu estava vendo uma coisa do Bob Fernandes sobre o dia depois da [abolição da] escravidão. Ele estava comentando um jornal do Maranhão da época. A primeira coisa do jornal do dia era: "Não temos mais escravidão, o governo terá que indenizar os donos de escravos", e logo depois a outra matéria era: "Se prepare aí porque será uma vagabundagem, tem que ficar de olho nesses caras, tem que ser duro, prender etc.". Então, no primeiro dia de liberdade já era isso, saíram do chicote da escravidão para as armas da polícia, para serem corridos o tempo todo. Para serem banidos o tempo inteiro, todo dia. Essa parada basicamente nunca mudou, só assumiu outras roupas, outros termos, mas a energia que move é a mesma, você não pode estar ali. Faz-se um lance de ônibus ruim porque as pessoas não podem estar ali. Não se faz uma linha que ligue o subúrbio à Zona Sul por isso. Quando o metrô, que era bem da zona nobre, chegou às outras zonas do RJ, fazendo conexão com os trens, houve abaixo-assinado contra. A galera da zona nobre falando "aqui não". Não havia negócio de livre circulação, tudo foi meio brigado, imposto. E sempre foi na mesma onda: fica no seu cantinho, não fala nada, fica na tua, não se mexe não, se mexer eu estou de olho, se mexer mais vou espancar, se mexer mais ainda vou dar tiro. É sempre essa coisa de limitar a vida das pessoas de tudo o que é jeito e principalmente pelo transporte. Aquela coisa: transporte popular ruim, caro, e você não tem dinheiro, mas depende daquilo para circular.

GOG – Foram 388 anos de escravidão no Brasil. Nós temos mais 132 anos desde a Lei Áurea, somos o último país a abolir a escravidão. Quando você traz para os dias atuais, vê os efeitos de como foi. Aquela elite rural e agrária da época acelerou a abolição da escravidão para evitar que na proclamação da República houvesse, além da abolição da escravidão, uma reforma agrária, como vinha sendo conduzido pelo André Rebouças. Eu li que naquela época já havia no debate das elites a palavra "comunismo", acredita? André Rebouças teve que se justificar dizendo que aquele processo não era de comunismo, mas sim de democracia agrária no Brasil. Aí você percebe a morte de senhores e o ataque a várias regiões quilombolas em luta, que são diferentes regiões remanescentes hoje. Eu estive na serra da Barriga e pude perceber a extensão do Quilombo dos Palmares, que chegou a abrigar quarenta mil pessoas. De toda forma, percebemos que nossas lutas são sabotadas ou invisibilizadas pelos livros. Quando colocamos nossas questões, ainda vêm alguns para dizer que "havia escravidão entre negros, que Zumbi tinha escravos também", essas conversas. Mas, pegando o gancho do transporte, é bom sabermos que jamais houve navios negreiros comandados por negros, a não ser quando eles tomavam as embarcações. Quando falamos em banzo, imagine-se no além-mar; há mais de quinhentos anos, as distâncias eram muito maiores. As viagens duravam entre quarenta e noventa dias. As mortes eram tantas que inclusive modificaram as rotas dos tubarões, que ficavam rondando por onde os barcos passavam para comer pessoas mortas. Os tubarões os seguiam durante todos os trajetos. Hoje colocam a corrupção como a causa principal dos males, mas a corrupção é peixe pequeno para nós. O grande problema que sofremos, secular, é o racismo.

Higo – Eu acho que a nossa luta por sobrevivência, nossa arte, tudo o que fazemos enquanto vivos e para nos mantermos vivos em todos aspectos possíveis – fisicamente, como pessoas na história – deixa uma marca. Quando eu observo músicas de muitos anos atrás e consigo saber quem cantava, em que época cantava, entender o contexto do que tem naquela letra cruzado com o contexto da época, consigo entender muita coisa da história e do povo dessa época. Eu acho que nossa sobrevivência, nossa luta, nossa militância, precisa estar junto com o trabalho de não deixar essa história na mão de quem está negando a história. Devemos tirar da mão dos negacionistas para podermos, lá na frente, fazer que quem estiver nos ouvindo ou vendo nossa luta por algum meio entenda todo o contexto de nossa história. Acho que é isso que a gente faz. Você, ao escrever este livro, está fazendo parte disso, colocando esses trechos de nossa história numa forma de mídia e acesso que lá na frente possibilitará às pessoas entender essa história e entender este contexto. Não só porque você está contando, mas também porque tem várias histórias que se cruzam e passam a fazer sentido. Acho que é assim que se pesquisa história e espero que seja assim que se continue.

Bonus track – comentem-se

Pedimos aos três entrevistados que falassem sobre uma música sua e comentassem as respectivas músicas dos outros entrevistados.

5.2. "Giratória (Sua direção)" - BNegão

BNegão – Essa música começou com um *riff* e depois veio a letra, que foi feita toda em cima desse negócio de mudança, de dar esses cliques na cabeça de quem está no mundo de bobeira. Você não tem o direito de estar de bobeira neste planeta, você será atropelado ou arrastado, acaba parando num lugar que você nem sabe onde é. Se você ficar nessa direção, terá uma vida medíocre. Se você tentar assumir sua direção, que é fora do que tem reservado para quem é ali da classe média baixa para baixo, já era. A música fala sobre essa libertação.

GOG – Essa música é muito louca porque giratória já vem da roleta, né. E, às vezes, falamos "vamos roletar". O transporte tem um itinerário, o sistema te coloca sob um comando teleguiado, para levar a um destino tem uma direção já colocada. A gente se enquadra à roleta, vestimos a camiseta do sistema achando isso normal. Chega uma hora que algo vem e nos convoca a levantar a mão, gritar nossas opiniões, assumir nossa própria direção, encontrarmos nosso caminho, mudar aquela bússola que te indica aquele caminho, seu norte geográfico já traçado.

Higo – Essa música tem uma parada muito louca de conexão, da metáfora de você estar movimentando a roda do mundo sem sair do lugar, a coisa do hamster na rodinha. O mais louco é que se eu for pensar como funciona o transporte coletivo dentro da sociedade, sobretudo periférica, é basicamente isso de você andar de ônibus todos os dias, do trabalho para casa, da casa para o trabalho, mas sem sair do lugar do ponto de vista social. Você se mantém no mesmo lugar.

Giratória (Sua direção)

Desde que você engatinha
Quem foi que tentou te enganar?
Teleguiando comando, vontade
E a sua direção, como se fosse opção

Como um ratinho mimoso, na gaiola giratória
você faz esse mundo girar
veste a camisa, defende, e vai pra briga
esvai sua energia, mas não para pra pensar
(Mas que situação...)

Deita no chão
Levan
Levanta a mão
Grita (grita)
A sua opinião não é clara

Levan
Levanta a mão
(Deita) Deita no chão
Grita (grita)
A sua opinião não é clara

(Deita no chão, Levanta a mão)

Deita no chão
Levan
Levanta a mão
Grita (grita)
A sua opinião não é clara

Levan
Levanta a mão

(Deita) Deita no chão
Grita (grita)
A sua opinião só vale
quando não desafia a quem te dá permissão,
quem tá com o apito na mão;
procure a sua saída
encontre a sua vida
eu disse:
encontre sua própria direção

5.3. "Super" - Higo Melo

Higo – "Super" nasce inspirado numa história onde super-heróis decidem fazer uma greve e, como consequência, as pessoas normais substituem eles na resolução de todos os problemas. A partir daí propus: vamos pensar agora se as pessoas normais fizessem greve o tanto de trabalho que os super-heróis iriam ter. Na música eu inverto essa coisa dos poderes, pois o super na verdade é o comum. Os super-heróis são as pessoas normais.

BNegão – Essa música tem uma coisa muito boa porque, ao mesmo tempo que ela fala da realidade da parada, a energia dela é de puxar para cima. Acho muito genial isso. Essa é uma música de dia, ensolarada. Ao mesmo tempo é de batalha.

GOG – Essa música tem muito a ver com aquilo deles quererem que não percebamos, nossa importância na estrutura do sistema: só como mão de obra, apertados no baú, humilhados, pensando que esse é nosso papel na sociedade. Quando você cresce, o seu eu transborda nos outros. Esse direito de ir e vir é também da mente. Os moleques podem até ser enquadrados numa Lei de Segurança Nacional (risos) por informarem que as pessoas têm superpoderes, basta você inflar seu supereu transbordando no supernós.

Super

Eu, você. Todos nós.
Temos o poder de sermos mais do que heróis
Super Eu, Super você.
Super todos nós
Vivemos do poder que temos
Não temeremos mais

Mais uma vez se ergue o sol
E lá vai "Super alguém"
Um super qualquer, anônimo, usar o poder que tem.

Ônibus superlotado, carteira super vazia.
Vai buscar o suprimento pra superar mais um dia.
Seu poder parece simples, pra quem tá acostumado a ver tudo
como está, sem lembrar que é transformado
Por alguém igual a ele, que do tijolo faz a casa
Não igual à que ele mora, que a chuva cai e arrasa
Mas é casa. Casa mesmo.
Um aconchegante abrigo.
Daquelas que faço cem
E nem uma delas consigo

Porque fomos enganados na hora de negociar
Tanto poder de fazer, por pouco poder de comprar

Realidade a mudar
Tanta coisa pra saber
A principal é que o mundo
Depende do seu poder

Depende do valor daquilo que você faz
E isso já é prova que você merece mais.

Refrão
Mais amor! Mais valor a quem faz.
Quem se move com o próprio poder.
Ah, quando esse povo souber:
Quem faz mover o mundo
Até para o mundo
Se quiser.

E lá vai super alguém.
Qualquer super atrasada
O mau transporte que tem
Quebra no meio da estrada
Fica preocupada com a hora de chegar
Pois agora é contratada porque sabe transformar
De enlatado a ensacado em algum tipo de comida
Bem lavada bem cortada
Mal passada, bem cozida
Pra estressados e apressados
Receita bem conhecida
Mas é super educada, não quer dar um fim à lida de ida e volta tormentosa e permanência cansativa.
Não é super poderosa. Se esforça pra estar viva.
Gasta pouco a pouco a vida exercendo seu poder
De alimentar pessoas para que possam mais viver
Tanta coisa pra saber mudar a realidade
Depende do seu poder. Saiba que nunca é tarde.
Pois a força que tu usa no trabalho dia a dia, pode até parar o mundo usada com sabedoria.

Vivemos da força que temos
Somos nossos próprios rivais.
Difícil enxergar sozinho quem vive do que faz. E assim nosso poder é subvalorizado.
Viramos subproduto desse supermercado onde chamam seu poder apenas de mão de obra.

E pagam o preço que querem e não o que você cobra.
Gosta de viver de sobra? Deixe tudo desse jeito
Mas conheço uma manobra, um plano quase perfeito:
"Sonhar mais um sonho impossível
Lutar quando é fácil ceder
Vencer o inimigo invencível
Negar quando a regra é vender"
Sua força faz mover as engrenagens do mundo.
Da alta tecnologia ao solo menos fecundo
Você que gera a riqueza que está ao seu redor
Mas recebe miséria em troca do seu suor
Deixe o poder de fazer, temos poder de parar.
Parar é o super poder de poder recomeçar.

5.4. "Rumo ao Setor Comercial Sul" - GOG

GOG – Essa música é muito marcante para mim. Foi assim que eu comecei, em pé naquele baú e as imagens indo para o papel através da letra. E o louco é que a gente colocou "aqui a visão já não é tão bela, Brasília periferia Santa Maria é o nome dela" e os irmãos falavam, mano, a gente só existia na coluna policial. Aí você está realizando o direito à cidade.

Higo – Eu escuto músicas do GOG desde os 16 anos ou até menos. Eu gostava de ir para o trabalho ouvindo música e "Rumo ao Setor Comercial Sul" era muito significativa porque fazia a trilha sonora do meu rolê: pegar o busão e curtir essa experiência de ir para o trampo ouvindo uma coisa que fala sobre o trampo. O GOG é dos melhores em escrever músicas com histórias reais.

BNegão – GOG é professor, literalmente. Os grandes do rap sempre foram descritos como cronistas ou repórteres da quebrada, da rua. Perfeito, você vai ali, é transportado para aquela realidade. Falando do Conic, vêm memórias boas na cabeça: as lojas de skate, de *rap*, cultura de rua total.

Rumo ao Setor Comercial Sul

"Baú sempre lotado vida dura!"
Então! rumo ao Setor Comercial Sul vou de baú
Uma hora e meia em pé, a perna dói trampo de office-boy
Preste atenção, a maioria por aqui da periferia
Começa o dia todo dia assim bem, bem, bem cedo
Eterna luta emprego *versus* desemprego dando igual a
[desemprego
Pouco dinheiro *versus* alimentação igual a subnutrição
Só para citar alguns ingredientes desse caldeirão
"siga em frente sempre em frente sempre em frente"
Chego no trabalho adiantado todo dia reviso as matérias do colégio
Treino datilografia, é, quero ser alguém
Muito mais que alguém de bem
Adiantar o lado de alguns – Ei véi, aqui quem fala é Japão
Seu irmão da Expansão do Setor O
Veja só: Rapaziada foi difícil
Chegar aqui, analisar a vida assim
É triste complicado ver seu irmão de rocha cair
Cara, acorda, olha é nosso povo aqui nessa UTI
Pânico na CEI! Mas chega aí
Agora que o baú tá na Guariroba
O trânsito nervoso e pra chegar
No meu itinerário o "335" leva ainda mais de hora

Rumo ao Setor Comercial Sul
Baú sempre lotado vida dura

Rumo ao Setor Comercial Sul
Vou nos estilo, no meu regime, nem um pouco satisfeito
Ontem violaram meus direitos
Encapuzados dedo no gatilho sem tarja no peito
A ação confirmando a tradição, erro grosseiro

Careca, agasalho, jaquetão preto
Jamais será a descrição do marginal perfeito
Rumo ao Setor Comercial Sul vou de baú
E haja bom humor. A porta abriu só que não fechou
O barulho do motor é ensurdecedor. Cadê meu troco cobrador?
"click click" Cine Ritz, Blitz!
O papo agora é Conic. Uma das quebra mais preza
A playboyzada despreza diz que é brega
Só querem o que é chique
Uma avalanche de tolices que pra eles tem motivo certo
Desfile de marca no "Gilberto". Eu tô esperto e alerto vocês
Japão, vou falar mais sobre a 1ª da W/3
Vai aí... O movimento não para, o Fliperama logo de cara
Vários chegados levando a vida lavando carros, o som no talo
Rap nacional pesado se não tem carro alguém traz o rádio
Vaquinha rola a qualquer um vai
Compra pilhas na Feira do Paraguai
É meio-dia, o sol não dá estia
O camelô de tanto gritar já tá rouco
Juntando todo troco R$ 1,50 no bolso
Garantia do "Cachorro com Refri" no almoço
Do rango sobra de útil a tampinha
Adivinha aonde tá a bolinha!
Uma vidente arriscou perdeu tudo o que tinha
Pra banca não dar problema tá armado o esquema
"deu louça avisa o antena"
Saí batido da área quebra pra Rodoviária!
"– Chokito, Prestígio, Halls, Suflair, Mentex, Caramelo, Goma!
Aceito Ticket, Vale-Transporte, Passe-Escolar
Cheque sem Fundo, Dente Furado, Sutiã Relaxado
Piolho na rima chegando!"

Rumo ao Setor Comercial Sul
Baú sempre lotado vida dura

Rumo ao Setor Comercial Sul
Difícil esquecer da GDF, dos 3S e da AAP
Rapaziada que tem muito a dizer
Marginalidade deixada de lado
Sucesso conquistado com trabalho suado
Nada por acaso, aí chegado!
Às dezoito bato o ponto e saio "voado"
O Centro de "Taguá" como sempre congestionado
O "Kombão do Lalico" sai do Pão de Açúcar lotado
Desço na área mais uma vez preocupado
Mente quem diz estar preparado
O professor só dispensa às 23!
Informando ser assustadora a estimativa de reprovação
Aprendizado noturno é de difícil assimilação
Rotina encontrar Dona Ercília no portão
Vida dura é ser mãe na expansão

É isso! estamos juntos pro que der e vier
Vá de baú, vá como pode, mas siga em frente
Sempre em frente ouça seu chegado GOG!

Rumo ao Setor Comercial Sul
Baú sempre lotado vida dura

6. O custo e o valor do transporte

6.1. Lírica de favelada

Nívea Sabino

Eu gasto muito
é com passagem

coração selvagem
animalia de mais-valia
que me convida
a ousar ser nós
transformando o
engasgo
num fuzilo
Só!

Resolvi lutar
com o que não tive
acesso
Eu, réu!?
– confesso:
me negou os versos!

Me ouvindo assim
(des)faço um outro
seu me olhar

Quiçá
em ti
encanto provocar

E desmontar
o ódio e
a aversão à cor
que chegam primeiro
do que quem eu sou

Li livros
ouvi discos
folheei jornais, me
formei ao gosto
do que tanto faz

O meu grito é o mesmo
dos meus ancestrais
de um Amarildo
que não volta mais
Cairão mais!
(... e quantos mais!?)
N'zinga, não deixa que
(oh!) corram
socorro!

Nenhum
ao meu redor
impediu o metrô
de seguir viagem

Havia um corpo
negro
estendido no trilho

e ninguém
desviou o caminho

Salve e lembrem Dandara
esposa de Zumbi,
– quem soube!?

Toda periferia sangra
que nem Manguinhos
criança preta
não é bandido

Cê pede paz,
mais um negro jaz!

Aqui jazz
sambando endosso
te funk na cara
melodia rara
negra graduada(mente)
dominando a fala e a palavra

São denúncias líricas
de uma favelada

6.2. Financiamento do transporte coletivo soteropolitano: o melhor exemplo da falência de um modelo

Daniel Caribé

Pelo menos até a pandemia da Covid-19, cujas consequências já sabemos que serão muitas, nesta segunda década do século XXI podemos destacar três eventos que influenciaram significativamente a forma como pensamos a mobilidade urbana no Brasil.

O primeiro entre eles é uma derivação das lutas e das propostas da geração defensora da reforma urbana e da ideia de *direito à cidade*. Vimos ser aprovada, em 2012, a Lei da Mobilidade Urbana (Lei n. 12.587), que, embora quase não tenha sido posta em prática, apesar da sua relevância e urgência, ainda assim obrigou as maiores cidade do país a elaborarem os seus planos de mobilidade urbana e a reformularem os seus contratos de concessão.

O segundo evento surge um ano depois, já em 2013, evidenciando, entre muitas outras coisas, o atraso e as lacunas da Lei n. 12.587. O ciclo que se inaugurou naquele ano ainda não encontrou o seu final, suas consequências ainda são imensuráveis e as explicações do "fenômeno" estão longe de produzir um consenso. Porém, o que foi quase esquecido ao longo das muitas transformações pelas quais o Brasil e o mundo passaram desde então, e que agora fazemos questão de relembrar, é que tudo se iniciou com uma luta generalizada contra o aumento das tarifas do transporte coletivo.

Por último, quase de forma despercebida, em 2015, um novo direito social surgiu e foi cravado na Constituição Federal: o *direito ao transporte*, uma nítida vitória das mobilizações contra os aumentos tarifários, porém também com eficácia contestável.

Neste texto iremos analisar como a prefeitura de Salvador, gestora de uma das maiores cidades do país, faz o controle do contrato de concessão do transporte coletivo e como realiza o financiamento dessa política pública; isso de forma atravessada tanto pela segregação socioespacial e racial que caracteriza a capital baiana quanto pelos três eventos supracitados.

Cidade dividida

Antes de qualquer coisa, é preciso entender de que forma a mobilidade urbana poderia ajudar a combater a segregação socioespacial e racial que caracteriza Salvador. "Poderia ajudar" porque, sendo mais realista, ela vem, ao contrário, piorando a situação.

O modo de produção atual divide os trabalhadores em dois grandes grupos. Enquanto uma maioria é destinada a produzir sob um regime extensivo de exploração, mais violento e opressor, fundamentado em técnicas ultrapassadas, muitas vezes exigindo apenas o próprio corpo, outro grupo de trabalhadores é submetido a uma exploração mais intensiva, moderna, que lança mão das tecnologias mais atuais, exigindo mais o uso do intelecto.

Essa divisão também se expressa no espaço produzido socialmente, sobretudo nas grandes cidades, onde os trabalhadores são segregados com mais ou menos intensidade a depender de quão agudas são as desigualdades.

Chamamos o imbricamento da economia urbana com os espaços produzidos pelos (e para os) trabalhadores pouco qualificados para o mercado de trabalho de *circuito inferior*; e esse mesmo imbricamento, agora com os espaços produzidos pelos (e para os) trabalhadores qualificados, de *circuito superior*, remodelando os conceitos de Milton Santos (2008) apresentados no livro *O espaço dividido*[119].

Nos países de origem colonial, em especial aqueles onde a mão de obra escravizada importada foi empregado em larga escala, restou aos trabalhadores negros (libertos ou escravizados, brasileiros ou africanos), em sua grande maioria, assumir o circuito inferior das relações de trabalho, enquanto os imigrantes que chegaram aqui já livres se dividiram entre o circuito superior e o circuito inferior. Essa segregação deixou pouca margem de ascensão, ou seja, onde eram predominantes, poucos trabalhadores negros se transformaram em trabalhadores qualificados; porém, no sentido inverso, não aconteceu o mesmo, já que não há limites para a expansão da força de trabalho subqualificada.

Então há cidades onde os negros formam a grande maioria dos trabalhadores do circuito inferior, e outras em que é possível perceber esse mesmo circuito sendo formado por negros e brancos ou apenas por brancos, porém não é comum que existam locais onde o circuito superior do trabalho e dos espaços produzidos seja predominantemente formado por negros, e isso vale até mesmo para cidades como Salvador, onde já é possível perceber a ascensão de um punhado de famílias negras.

Essa estratificação da classe trabalhadora, atravessada por questões raciais, foi mais bem elaborada em minha tese de doutorado, por isso aqui apenas passamos por ela, deixando um alerta: além desses dois circuitos, há as classes dominantes, que precisam que se perpetuem as mil facetas da segregação intraclasse trabalhadora. Não substituo o conflito de classes pelo conflito entre os dois circuitos, mesmo reconhecendo que as diferenças entre eles sejam tamanhas que muitos vejam aí o cer-

---

119 O livro *O espaço dividido: os dois circuitos da economia urbana* teve a sua primeira edição lançada em 1979, porém ainda é uma das mais importantes obras da geografia brasileira. Aqui não só adicionamos o componente racial aos espaços divididos, como também inserimos a *exploração* enquanto elemento central dessas segregações.

ne da questão. O conflito intraclasse trabalhadora, que também se expressa espacial e racialmente, mas não só, é uma das facetas da complexidade que é o conflito entre as classes sociais no geral e, arrisco-me a dizer, também é uma das maiores lacunas deixadas pelo marxismo.

Entre essas facetas da segregação provocada pela fragmentação dos trabalhadores, interessa-nos particularmente a espacial, pois foi através desses diferentes circuitos que trabalhadores construíram também seus bairros apartados uns dos outros. Há os bairros de classe média e há os bairros populares, sem falar das periferias, mas isso não é apenas "privilégio" brasileiro, sendo a forma como todas as cidades do mundo passaram a se organizar. Porém, em cidades como Salvador, os bairros populares são predominantemente povoados por pessoas negras, enquanto nos bairros de classe média há predominantemente pessoas que, apesar de não serem necessariamente brancas, são consideradas como se fossem. Mais do que isso, as desigualdades sociais são tamanhas entre essas duas grandes frações que não apenas o espaço de cada uma é distinto, ou os padrões de consumo, mas a vida como um todo ganha dinâmicas tão singulares que, no máximo, podem ser apenas constrangidas pelo vaivém de trabalhadores, geralmente aqueles do circuito inferior que trabalham nos espaços produzidos pelo (e para o) circuito superior.

É por essa razão que o desenho das linhas de ônibus, e agora também o do metrô, não é alheio a essa segregação. Ao contrário, ele pode aprofundar o apartamento entre os circuitos ao dificultar ou até mesmo impedir que os trabalhadores do circuito inferior usufruam dos equipamentos e dos espaços destinados aos trabalhadores do circuito superior. Ou pode apenas legitimá-lo, quando fornece o transporte exclusivamente para os deslocamentos de um circuito para o outro relacionados ao trabalho, alienando-os completamente daquele território nos seus demais aspectos.

Porém, a tarifa do transporte coletivo pode jogar um peso ainda maior do que o desenho das linhas nessa segregação socioespacial e racial. Em muitos casos, os trabalhadores do circuito inferior só podem acessar os bairros do circuito superior através da mobilidade ativa, ou seja, utilizando-se do próprio corpo (caminhadas ou bicicletas), pois não têm condições de pagar pelo transporte coletivo, quando ele existe. Mesmo que as linhas existam, mesmo que não habitemos cidades marcadas por regimes como o do antigo *apartheid* sul-africano, mesmo que as pessoas sejam respeitadas no direito de ir e vir, ainda assim, os deslocamentos são constrangidos pelo alto valor que se deve pagar para embarcar nos ônibus e metrôs.

Sabendo que o que diferencia um circuito do outro não é a renda média dos indivíduos, usaremos aqui esse indicador para ilustrar a relação entre desigualdade e mobilidade urbana. Na cidade de Salvador, 77% da população se enquadrava nos estratos socioeconômicos de menor renda (classes C, D e E). Esse contingente realizava 74% das viagens diárias na região metropolitana, mesmo tendo as classes A e B os maiores índices de mobilidade *per capita*. Notamos ainda que, para essas classes que povoam o circuito inferior, os meios ativos ou coletivos de deslocamento são predominantes quando contrastados com os meios mecanizados individuais. No geral, 33% dos deslocamentos em Salvador eram feitos por meios ativos em 2012, quando foi feita a última pesquisa Origem-Destino aplicada à Região Metropolitana de Salvador (Derba, 2012).

Essa mesma pesquisa Origem-Destino apontava que mais de 29% da população estava *imóvel*, o que chamamos aqui de *insulamento*, pois, com raras exceções, ninguém se encontra verdadeiramente imóvel. Apenas para a capital baiana, o índice era de 27,7%. Isso significa que quase um terço dos soteropolitanos não saía dos seus bairros e não utilizava o transporte coletivo, seja por falta de recursos financeiros, seja por não terem motivos para grandes deslocamentos.

Temos assim um quadro interessante: os dados do último censo demográfico (2010) demonstram uma significativa segregação espacial entre negros e brancos[120]. Os negros e pardos estão localizados nos bairros populares e periferias da cidade e são também aqueles que recebem os menores salários (portanto, têm a menor renda). E, entre aqueles de menor renda, a mobilidade é feita de forma precária, por meios ativos ou através do pagamento de tarifas que levam boa parte do orçamento familiar[121]. Portanto, as altas tarifas praticadas, e o fato de que as linhas de ônibus e metrô não são pensadas para a apropriação da cidade por aqueles que a produzem, mas para que outros se apropriem da força de trabalho deles, amplificam os índices estatísticos de segregação e desigualdade. O modelo de planejamento da mobilidade urbana e a forma de financiamento do transporte coletivo vão expressar o interesse dos governantes e gestores capitalistas em aprofundar ou reverter essa situação, assim como a capacidade de organização e questionamento dos oprimidos e explorados.

Afobamento

Em 2014, ainda impactado pelas mobilizações do ano anterior, escrevi um artigo (Caribé, 2014) que marcaria o meu giro em direção ao urbanismo, o qual se consolidaria na tese defendida

---

120 Para consultar a distribuição racial verificada a partir dos dados fornecidos pelo último Censo Demográfico do Instituto Brasileiro de Geografia e Estatística (IBGE), recomendo o interessante trabalho da organização Pata, disponível em: http://patadata.org/maparacial.
121 Os dados apresentados pela última Pesquisa de Orçamentos Familiares (POF 2017-2018), realizada pelo IBGE, mostram que os gastos com transporte superaram aqueles com alimentação, ficando atrás apenas dos gastos com habitação (Silveira, 2019). É importante lembrar, entretanto, que as despesas com transporte não se resumem ao dispêndio com transporte coletivo, pois boa parte das famílias brasileiras está endividada ou passando sufoco graças aos financiamentos de automóveis e ao dispêndio com combustível e manutenção.

cinco anos depois (Caribé, 2019). Aquele artigo era revelador, não pela repercussão, que não foi grande, mas por ter mostrado que o rei estava nu: todo mundo era capaz de enxergar o desastre que aconteceria logo em breve, nem precisava ser especialista para denunciar, porém, como o grito não foi ouvido naquele momento, a nudez só foi reconhecida por todos, inclusive pelo rei (ou prefeito), dois anos depois.

Enquanto administrador público, me inquietavam os arranjos escolhidos para lidar com uma política pública fundamental para as cidades e para os citadinos, pois nitidamente estavam fadados ao fracasso; e enquanto militante – àquela altura, do Movimento Passe Livre e do seu braço soteropolitano, o Coletivo Tarifa Zero –, o autoritarismo dos processos, a opção implícita pelo aprofundamento da precarização da vida dos trabalhadores, bem como pela ampliação da segregação socioespacial e racial, abriam campo para o refinamento da crítica, o que resultaria na defesa da Tarifa Zero enquanto forma de financiamento do transporte coletivo, mas também enquanto programa de reapropriação das metrópoles a ser oferecido àqueles que as constroem cotidianamente através dos seus trabalhos e dos seus deslocamentos.

O tecnicismo que caracterizou os debates afastou até mesmo os militantes mais experientes, e a celeridade do processo deu poucas chances para os especialistas (ainda não inseridos nas engrenagens) reagirem a contento. Tudo aconteceu de forma muito rápida, no refluxo das lutas sociais, foi um golpe certeiro e possibilitou que a prefeitura se dedicasse a outros imbróglios, a exemplo do Plano Diretor de Desenvolvimento Urbano (PDDU), aprovado apenas dois anos depois, já em 2016.

O fato é que, apesar da pouca visibilidade dada à luta em curso contra a licitação, as críticas ali feitas se mostraram certeiras muito antes do que seus autores imaginavam. E a afobação, que é como dizemos por aqui, na prática, nos devolveu à mesma situação anterior, quando cada celeuma entre os usuários, os empresários do setor de transporte coletivo e a própria prefeitura era resolvida na base das mobilizações e/ou revoltas, negociatas ou judicialização: tudo que a licitação feita a toque de caixa pretendia evitar.

Licitando a segregação

Entre as mobilizações de 2013 e a aprovação da emenda à Constituição que elevou o *transporte* ao *status* de direito social, a prefeitura de Salvador correu contra o tempo para firmar um novo contrato de concessão do transporte coletivo da cidade, antes mesmo de elaborar o Plano Diretor (2016) e o Plano de Mobilidade (2018), e sem levar em consideração as transformações pelas quais a cidade passava, a exemplo do mesmo descaso na construção do metrô e, principalmente, sem respeitar minimamente a ideia de participação e controle social estampada nas leis.

O contrato firmado com as empresas concessionárias em Salvador dividiu a cidade em três grandes áreas de operação (Área A – Subúrbio; Área B – Miolo; e Área C – Orla/Centro). Ora, essa divisão expressa também características sociais da capital baiana para além de um simples riscado sobre um mapa. Quase a totalidade dos bairros de classe média e dos estratos mais ricos da cidade estão contidos na Área C (Orla/Centro), onde também há maior concentração da população autodeclarada branca. Enquanto isso, os bairros populares e com os piores índices socioeconômicos, além dos piores índices de imobilidade, se encontram nas duas áreas restantes, em especial na Área A. Esse desenho das áreas destinadas a cada operador reproduzia quase fielmente a divisão social e racial da cidade.

O critério de avaliação das propostas foi a maior oferta de pagamento pela outorga da concessão, ou seja, quem ofereceu o maior pagamento à prefeitura de Salvador saiu vencedor da disputa. A prefeitura pretendia arrecadar cerca de R$ 180 milhões com a licitação e as empresas vencedoras receberam o direito de explorar a atividade durante 25 anos. O valor arrecadado, segundo promessas da prefeitura, seria integralmente investido no transporte coletivo, principalmente no altamente contestado corredor exclusivo de BRT (*Bus Rapid Transit*).

Além da outorga, os consórcios vencedores deveriam pagar mensalmente à Agência Reguladora e Fiscalizadora dos Transportes Públicos de Salvador (Arsal), criada em janeiro de 2014, um valor correspondente a 0,5% sobre o faturamento bruto mensal diretamente obtido com a prestação do serviço.

Resumo da ópera: os consórcios vencedores teriam os custos normais da atividade econômica (salários, manutenção, combustível etc.), impostos e taxas, mais a outorga. Para pagar tudo isso, além das poucas receitas acessórias (publicidade, por exemplo), existiam os vales-transporte (parte paga pelos patrões, parte descontada dos salários) e, principalmente, o montante arrecadado através da tarifa paga pela parcela mais pobre dos trabalhadores soteropolitanos, predominantemente negra, exatamente aqueles que moram mais distante dos postos de trabalho, dos serviços públicos e dos equipamentos de lazer e têm pouca capacidade de migrar para os automóveis particulares.

Assim, a prefeitura não só não ajudava a baixar o preço da tarifa, como, na prática, obrigava à elevação desse valor, pois pretendia arrecadar com o transporte coletivo ao invés de subsidiá-lo, adotando uma lógica tributária regressiva, tirando recursos dos mais pobres e transferindo para os menos pobres, quando não para os empresários do setor de transportes. A concessão, que gerou o contrato hoje parcialmente vigente, não buscava em hipótese alguma a modicidade da tarifa, conforme exige a Lei de Mobilidade, já vigente àquela altura, não respeitava o direito social ao transporte e não resolvia as questões colocadas pelas mobilizações de 2013.

Entretanto, as empresas concessionárias não só deram o calote na prefeitura, não pagando a totalidade do que exigia a concessão do serviço, como também ganharam isenção fiscal em 2019. As empresas concessionárias já haviam questionado judicialmente o contrato, pedindo a sua extinção em 2018, alegando prejuízos acumulados de 280 milhões de reais em menos de três anos de funcionamento. Além do mais, recusavam-se a renovar a frota, deixando circular ônibus cada dia mais depreciados e sem ares-condicionados.

Foi aí que o próprio prefeito assumiu a falência do modelo: "nosso sistema de ônibus está em crise, tem empresas que não conseguem pagar a outorga. Não posso transferir o preço da conta para a passagem do ônibus. A prefeitura não tem condição de subsidiar um sistema que nunca foi subsidiado" (Nascimento; Morais, 2017) e adicionou: "é um descumprimento do contrato por parte das empresas. As empresas, já há algum tempo, não pagam a outorga onerosa nem a taxa de fiscalização, não recolhem ISS, não cumprem a obrigação de renovar a frota" (Andrade; Roldan, 2018). Quem leu essas declarações, e não conhece a história por trás delas, poderia pensar que o responsável por tudo isso fosse outro político qualquer.

A tarifa desregrada

Em relação à tarifa, a concessão previa uma novidade: finalmente teríamos critérios. Até aquele momento, a cada ano, às vezes num período menor do que isso, as empresas pressionavam o poder público exigindo aumentos que superavam em muito a inflação dos anos anteriores, praticamente dobrando a tarifa nas últimas duas décadas (já descontada a inflação). A partir daquele marco, as coisas prometiam ser diferentes. Em tese, havia apenas duas possibilidades de aumentos tarifários: 1) os reajustes (que passariam a ser anuais) e 2) as revisões, que deveriam acontecer a cada quatro anos. Só que o diabo mora nos detalhes, e ficou também garantido que as concessionárias poderiam requerer a qualquer tempo a revisão do contrato com base no equilíbrio econômico-financeiro.

Os dois primeiros aumentos tarifários aconteceram respeitando índices inflacionários. O terceiro, em 2017, já foi uma revisão do contrato, fundamentada no estudo supostamente realizado pela própria prefeitura. E daí para a frente, a partir de 2018, deveríamos ter reajustes anuais, sempre no mês de janeiro, levando em conta o Índice Nacional de Preços ao Consumidor Amplo (IPCA) e o Índice Nacional de Preços ao Consumidor (INPC), cada um com o peso de 40% e ambos calculados pelo Instituto Brasileiro de Geografia e Estatística (IBGE); e, para os 20% restantes do índice de reajuste, a base de cálculo seria a variação do preço do combustível calculado pela Agência Nacional do Petróleo, Gás Natural e Biocombustíveis (ANP).

Entretanto, os aumentos passaram a acontecer sem respeitar os critérios elencados na própria concessão, e o contrato que formalizava tudo, na prática, já não tinha mais validade, pois a relação entre as empresas concessionárias e a prefeitura passou a ser mediada por um Termo de Ajuste de Conduta (TAC). Em março de 2020, tivemos o último aumento, o segundo seguido acima da inflação, fazendo de Salvador – uma das cidades com maiores índices de desemprego e de informalidade no país – a capital do Nordeste com a maior tarifa de transporte coletivo.

Sem um marco regulatório efetivo, sem um contrato válido na prática, contando com a anuência do Ministério Público do Estado da Bahia e da prefeitura de Salvador, sem a fiscalização dos órgãos públicos e da população, enfim, quase chegando a um *laissez-faire*, as concessionárias começaram a cortar as linhas consideradas deficitárias e a não entregar minimamente o que havia sido firmado.

Fim de linha

A tese aqui defendida é que o modelo escolhido pela prefeitura de Salvador não pode e não pretende dar respostas à crise urbana e social do país, que expressa e provoca, numa relação dialética, a falência do modelo de concessão e financiamento do transporte coletivo brasileiro. De um lado, as empresas concessionárias veem sua "clientela" cair a cada ano, assim como os seus lucros; do outro, os conflitos em torno dos aumentos da tarifa e dos cortes de linhas continuam a acontecer, à espera de uma nova articulação (nacional? global?) das insatisfações. E, no meio disso tudo, a ideia de transporte enquanto direito social se perde.

O resultado não poderá ser outro a não ser o aumento da segregação socioespacial e racial que tanto caracteriza Salvador, um aprofundamento das distâncias entre os circuitos da economia urbana supracitados, a ampliação do insulamento de estratos inteiros da população, a radicalização da fragmentação da cidade e das sociabilidades, e a piora das condições de acessibilidade, especialmente para as camadas mais empobrecidas dos trabalhadores.

Imaginar esse cenário no contexto pós-pandemia da década que está para começar, quando a pobreza urbana será ampliada, os conflitos sociais idem, os operadores do transporte coletivo serão pressionados a diminuir a ocupação média (e muitas vezes desumana) dos veículos, e os trabalhadores do circuito superior, exatamente os que ainda podem pagar pelo alto preço das tarifas, serão empurrados para o *home office* e para o uso dos automóveis privados e, portanto, precisarão cada vez menos dos transportes coletivos, nos mostra que temos pouco tempo, se é que ainda temos algum, para remodelar o que entendemos ainda hoje por mobilidade urbana.

Se, no início de 2020, os sistemas de transporte coletivo demonstravam sinais de colapso, agora, com a previsão de quedas drásticas de receitas e aumento dos custos, já em 2021 poderemos ver algumas das grandes cidades brasileiras sem ônibus circulando pelas ruas. A pandemia parece ser o ponto final do atual modelo, ou o fim de linha, que é como chamamos por aqui.

Referências

ANDRADE, Igor; ROLDAN, Alezinha. Prefeito aponta desonra de contrato e empresas se queixam de prejuízo. *A Tarde*, Salvador, 2 fev. 2018. Disponível em: https://atarde.uol.com.br/bahia/salvador/noticias/1933190-prefeito-aponta-desonra-de-contrato-e-empresas-se-queixam-de-prejuizo.

CARIBÉ, Daniel. *Tarifa Zero*: mobilidade urbana, produção do espaço e direito à cidade. Salvador, 2019. Tese (Doutorado pelo Programa de Pós-Graduação em Arquitetura e Urbanismo) – Faculdade de Arquitetura, Universidade Federal da Bahia (UFBA). Disponível em: https://ppgau.ufba.br/sites/ppgau.ufba.br/files/tarifa_zero_tese_de_doutorado_-_daniel_caribe.pdf.

_____. 25 anos de subordinação: o Edital de transportes de Salvador. *Passa Palavra*, 5 ago. 2014. Disponível em: http://passapalavra.info/2014/08/98968.

DEPARTAMENTO DE INFRAESTRUTURA DE TRANSPORTES DA BAHIA (Derba). *Síntese dos resultados*: pesquisa de mobilidade na Região Metropolitana de Salvador. Salvador: Derba, 2012. Disponível em: http://planmob.salvador.ba.gov.br/images/consulte/legislacao/pesquisa-o.d.-da-rm-de-salvador-2012-sintese-dos-resultados.pdf.

NASCIMENTO, Gabriel; MORAIS, Matheus. Sobre ônibus do CAB, Neto declara: "Não é birra política que vai atrapalhar transporte". *Metro1*, 14 jun. 2017. Disponível em: https://www.metro1.com.br/noticias/cidade/37103,sobre-onibus-do-cab-neto-declara-nao-e-birra-politica-que-vai-atrapalhar-transporte.

PATA. *Mapa racial do Brasil*. Disponível em: http://patadata.org/maparacial.

SANTOS, Milton. *O espaço dividido*: os dois circuitos da economia urbana dos países subdesenvolvidos. 2. ed. São Paulo: Edusp, 2008.

SILVEIRA, Daniel. Peso do transporte no orçamento familiar ultrapassa o da alimentação pela primeira vez, aponta

IBGE. *G1*, 4 out. 2019. Disponível em: https://g1.globo.com/economia/noticia/2019/10/04/peso-do-transporte-no-orcamento-familiar-ultrapassa-o-da-alimentacao-pela-primeira-vez-aponta-ibge.ghtml.

6.3. Também é pelo transporte que uma mulher negra não consegue chegar aonde ela quer: perspectiva interseccional sobre lógicas a que o sistema de transporte da cidade de São Paulo está sujeito

Kelly Cristina Fernandes Augusto

Abordagem

É comum que debates sobre transporte sejam iniciados com a motivação de discutir soluções e entraves para a difusão do uso de certo meio de transporte. Mas, ao perderem-se por meandros técnicos e tecnológicos, cada vez mais afastam-se das condições que envolvem as escolhas das pessoas quando optam ou são condicionadas a utilizar determinado meio de deslocamento, tais como a pé, de bicicleta, ônibus, trem, carros ou motos, para fazer suas atividades cotidianas. Se partirmos da concepção de que a vida, como a conhecemos hoje, é possível a partir da inserção de técnicas no meio natural, isto é, de meios instrumentais e sociais, dentre os quais se encaixa o sistema de transporte, este deve ser encarado como meio para a realização da vida e não como finalidade em si mesmo.

O erro de sobrepor a técnica à vida é difundido, perpetuado e legitimado por atores sociais e econômicos. Por exemplo, se a discussão é promovida por um órgão público que atua no gerenciamento de sistemas de transporte, a ótica predominante costuma orientar-se segundo conceitos como: otimização, desempenho, volume de passageiros transportados, pico da demanda, eficiência etc. Mas, se o interlocutor for o representante de uma empresa prestadora de serviços, outros elementos serão utilizados: melhor relação custo-benefício, máxima eficiência, menor tempo de deslocamento etc.

Algumas narrativas podem inclusive incorporar conceitos trazidos de outros países, tais como *smart cities, mobility as a service* e *bus on demand*, utilizando-se dos vácuos deixados por órgãos públicos para indicar a necessidade de criação de novos mercados e oportunidades de negócios, algumas delas comprometidas com o interesse comum, mas restritas e capazes apenas de levar os mesmos aos mesmos lugares, muitas delas sendo viáveis apenas por meio do controle mediado por plataformas tecnológicas e da reprodução da lógica do subemprego.

Assumindo que transporte é uma atividade-meio, a descrição desse cenário serve como justificativa para a urgência de reconhecê-lo enquanto fenômeno social de duplo sentido, portanto resultado da mudança social e do deslocamento pelo espaço (Urry, 2007). O que o torna um mecanismo de reprodução das lógicas das quais está a serviço, portanto também meio de reprodução de segregação socioespacial, que no Brasil é sobretudo expressa pelas desigualdades, que, de acordo com Sílvio Almeida, autor do livro *Racismo estrutural*, "podem ser expressas em dados estatísticos ou quantificadas matematicamente, mas sua explicação está na compreensão da sociedade e de seus inúmeros conflitos" (Almeida, 2019, p. 155).

Antes de avançar, por segregação podemos entender ações que são promovidas com o objetivo de separar pessoas identificadas como de determinado grupo de uma mesma sociedade com base em critérios étnicos ou raciais, na medida em que a distância física é equivalente à distância social. Aliás, a segregação pode estar em uma lei, a exemplo dos regimes do *apartheid* na África do Sul e nos Estados Unidos, ou ser promovida por meio de empecilhos à inserção socioeconômica, fazendo com que determinado grupo não tenha as mesmas condições de ascensão econômica, de acesso à justiça, à seguridade social e aos bens públicos essenciais.

No Brasil, assumindo que o transporte é o meio de acesso aos locais onde essas atividades e oportunidades estão disponíveis, ele, assim como a política tributária, a violência de gênero e o encarceramento em massa, pode facilmente tornar-se um instrumento de reprodução dessas lógicas, porque sua configuração atende aos múltiplos sistemas de opressão que articulam raça, gênero e classe, os quais moldaram nossa sociedade e criam "encargos singulares para as mulheres negras" (Akotirene, 2019, p. 54).

Lançadas as bases, este capítulo faz um apanhado bibliográfico na tentativa de, mesmo que preliminarmente, chamar atenção para a urgência do reconhecimento de que o sistema de transporte da cidade de São Paulo foi desenvolvido sob lógicas que o tornaram uma ferramenta de reprodução da segregação socioespacial. Na construção dessa trama social, na qual os habitantes das periferias são protagonistas, o transporte coletivo por ônibus, enquanto coadjuvante, é utilizado como fio condutor para tratar da localização residencial e da segregação socioespacial sob uma perspectiva interseccional.

Mas, como a explicação para isso não é simples, é construído um encadeamento, quase com a intenção de desenhar um mapa, composto pelos subtítulos: (i) Os ônibus estão para as periferias assim como os galhos estão para as folhas das árvores; (ii) Vícios do setor privado sobrepostos ao interesse público; (iii) Quando as periferias virarem centros; e (iv) Periferias têm cor e elas são pretas. Esses subtítulos são como pistas distribuídas para que, ao final, todos(as), independentemente de conhecimentos prévios, cheguem ao mesmo lugar: o reconhecimento de que a segregação socioespacial da cidade de São Paulo também é projeto e produto do racismo estrutural, e permeia desde projetos de transporte até a política tarifária do município.

Por fim e pedindo licença, o título do capítulo é fruto da adaptação do trecho da entrevista dada por Lucio Gregori, ex-secretário de Transportes da cidade de São Paulo, à Rádio Brasil Atual (RBA, 2017). "Também é pelo transporte que uma mulher negra não consegue chegar aonde ela quer" surge do reconhecimento de que o transporte é "um dos meios" de reprodução de segregação socioespacial e do racismo, de que as mulheres negras (pretas e pardas) são as mais impactadas, e da urgência de contrapor a lógica centro-periferia, que, apesar de ainda presente, já anuncia pontos de ruptura.

Os ônibus estão para as periferias assim como os galhos estão para as folhas das árvores

A Região Metropolitana de São Paulo é a mais populosa do Brasil; todos os dias, milhares de pessoas deslocam-se de um lado para o outro. Boa parte desses deslocamentos são realizados por meio do transporte público coletivo, cerca de 36,4%, e, destes, 29,4% são feitos em ônibus (Metrô, 2019). Quem utiliza esse meio de transporte sabe que ele não é um serviço público trivial, isto é, de que se possa abdicar, isso porque o transporte coletivo por ônibus está enraizado na formação da capital e das cidades vizinhas.

Mas isso não é um acaso. Entre 1940 e 1980, a população das cidades brasileiras cresceu em número de pessoas e extensão territorial – "tamanho". Esse modelo na capital paulista resultou em um tipo de ocupação urbana disperso e difuso, que ocupou grandes extensões territoriais enquanto era desenvolvido, o que é demonstrado pelos dados divulgados no *site* da SPTrans, órgão que gerencia o sistema na capital, que transporta "10 milhões de passageiros por dia, em uma frota que compreende 14.500 coletivos cadastrados, que percorrem, em dias úteis, 3 milhões de quilômetros. Esses ônibus realizam 200 mil viagens programadas nos dias úteis e estão distribuídos em 1.300 linhas, sendo que 150 delas fazem parte do Noturno – Rede de Ônibus da Madrugada, das 0 à 4h".

Se esses números, todos reunidos, talvez não digam muita coisa, complemento dizendo que o sistema de ônibus da capital paulista daria facilmente 74 voltas ao redor da Terra em um dia, sendo o maior da América Latina, em número de linhas e em quantidade de passageiros transportados (Bazani, 2020). Mas nem sempre tivemos toda essa quantidade de ônibus circulando por aí; dependendo de quantos passos damos para trás na história, os ônibus nem eram tão importantes, pois o protagonismo dos bondes e dos trens era maior.

Então, por que os ônibus tornaram-se tão importantes? A resposta para essa pergunta passa pelo fato de que a expansão do sistema de ônibus desvinculou a expansão da mancha urbana da capital do sistema de trens, vetor de desenvolvimento da cidade no século XIX; com esse novo meio de transporte ampliaram-se as possibilidades de superação de declividades acentuadas, ocupação de áreas distantes e a circulação em vias com curvaturas estreitas, muitas delas clandestinas ou privativas, fruto da disseminação de loteamentos "ilegais" (Franco, 2005).

O parcelamento e a destinação residencial de áreas que a princípio eram rurais foram induzidos pela ausência de resposta às demandas habitacionais da classe trabalhadora por parte do poder público, que acabou respondendo com estratégias estritamente técnicas e higienistas, expulsando a população moradora de cortiços e habitações precárias situadas na área central e entorno. Sem carteira assinada, o que na época garantia acesso à saúde e a políticas habitacionais, empobrecidas e predominantemente negras, milhares de pessoas ficaram à sua própria sorte. Mas, apesar de indesejadas enquanto moradoras das "áreas nobres" da cidade, onde residia a elite econômica e política da capital, elas eram necessárias para a continuidade de funções urbanas, econômicas e domésticas, o que demandava que, desde então, centenas de pessoas se deslocassem todos os dias entre os bairros em formação e o centro da capital.

Nas periferias, como resultado da capacidade individual de cada morador(a) ou de redes de colaboração entre vizinhos, surgem habitações construídas cada uma à sua maneira durante os dias de "folga". Assim, da impraticabilidade de transpor as distâncias crescentes entre residência e local de trabalho a pé, aparecem serviços de transporte de passageiros por meio de veículos de uso coletivo, com acesso condicionado ao pagamento de tarifas aos donos do "negócio", que transportava trabalhadores até seus locais de trabalho e vice-versa. É importante destacar que muitas dessas "iniciativas" eram fruto da associação entre proprietários de veículos e loteadores, dada a valorização que a disponibilidade de transporte gerava aos terrenos, de maneira que o transporte, mesmo nessa época, já estava a serviço da especulação imobiliária (Bonduki, 1998).

Em um ambiente sem regras claras, "a demanda diária por transporte coletivo subiu rapidamente para o nível de dezenas de milhões de viagens – deslocamentos –, representando uma grande fonte de receita à vista e sem intermediários para os operadores" (Vasconcellos, 2014, p. 67-8). De acordo com Eduardo Vasconcellos, especialista no tema, o resultado disso foi a oferta de transporte precário e concorrência por passageiros nas vias, avenidas e ruas. Somente a partir de 1960 o poder público começa a pressionar os operadores e impor regras relativas a rotas, horários e veículos utilizados.

Mas, antes de avançar nas transformações e implicações desse cenário, é preciso entender um pouco mais essas ruas e avenidas construídas com a intenção de conectar essas novas áreas ocupadas, que futuramente serão chamadas de periferia e, após críticas, serão ditas no plural em vista da necessidade do reconhecimento de sua diversidade: periferias. Langenbuch, geógrafo que, em 1968, fez estudos sobre as novas ocupações urbanas que surgiram em São Paulo, é um importante ponto de partida, isso porque reconheceu e procurou explicar a diversidade dessas novas áreas. Isso o levou a criar três tipos de classificação para as novas frentes de urbanização que se apoiavam na expansão rodoviária: subúrbio rodoviário, subúrbio-ônibus e subúrbio-entroncamento, que possuem como característica comum a baixa densidade – poucas pessoas habitando uma áreas extensa –, predominância de uso residencial e com setor terciário em formação, isto é, lojas, comércios, quitandas etc., que eram empreendidos por moradores(as) e voltados ao atendimento de demandas locais (Langenbuch, 1968).

Sobre o subúrbio-ônibus, a viabilidade da ocupação está profundamente atrelada à disponibilidade de linhas de ônibus, o que, em termos materiais, vai promover um crescimento linear da mancha urbana, pois os loteamentos eram instalados ao longo da avenida onde havia transporte disponível, mesmo que irregular. Esse modelo de ocupação do território resultou em um sistema de transporte, se é que já podia ser chamado assim, com inúmeras paradas distribuídas em grandes extensões, que estimulou o desenvolvimento de centralidades locais, estimuladas pelo dinamismo dos fluxos e das dinâmicas de embarque e desembarque.

Tudo isso com infraestrutura urbana precária ou inexistente. Negligente, o poder público exigia pouco ou nada dos loteadores, que eram os responsáveis por abrir as "ruas não oficiais", clandestinas ou particulares, que, enquanto ganhavam importância para o desenvolvimento local, eram desprovidas de infraestrutura básica, guias, calçadas, sarjetas etc. Para não dizer que nada foi feito, nos anos de 1916 e 1953 houve ações pontuais de oficialização em massa de arruamentos particulares. Mas a morosidade, a burocracia e a falta de fiscalização, sem falar na ausência de política habitacional, não foram capazes de frear o surgimento de novos loteamentos ilegais, de forma que as ações do poder público só estimularam o surgimento de mais e mais loteamentos clandestinos.

É importante ressaltar que essa dinâmica ultrapassou os limites da própria capital, abrangendo municípios como Santo André, São Bernardo, São Caetano e Guarulhos, o que depois acarretaria o reconhecimento da Região Metropolitana de São Paulo (RMSP), em 1973.

Vícios do setor privado sobrepostos ao interesse público

O crescimento da população das periferias, que também resultou no aumento da pressão popular por serviços e equipamentos urbanos, levou à criação da Companhia de Desenvolvimento Habitacional e Urbano do Estado de São Paulo (CDHU), fundada em 1949, a qual, em um primeiro momento, contribuiu para a periferização da cidade, transformando-a em política de Estado. Na área de transporte, de atribuição municipal, foi criada a Companhia Municipal de Transportes Coletivos (CMTC), em 1947.

Por sua vez, a CMTC tornou-se responsável pela operação de parcela significativa das linhas de ônibus da cidade; isso atenuou a atuação de empresas clandestinas de transporte de passageiros, mas não abrangeu toda a cidade. Perante a ausência de transporte público coletivo, moradores(as) de áreas distantes da dita "cidade formal", historicamente negligenciadas pelo poder público, continuaram dependendo do transporte clandestino, e parte dessas pessoas tinha que fazer longos deslocamentos a pé para chegar até as avenidas por onde passavam os ônibus ou até os pontos de fim de linha (Bonduki, 1998).

Com o passar dos anos, o sistema de transporte coletivo por ônibus virou o principal meio de transporte de milhares de pessoas, o que para alguns empresários significou uma grande fonte de receita à vista. Isso fomentou disputas políticas e econômicas que acarretaram a extinção da CMTC em 1994. Segundo Vasconcellos (2014), "as empresas privadas tiveram uma convivência problemática com as empresas públicas por causa da divisão do mercado de passageiros, em razão do grande mercado de usuários".

O mesmo autor atribui a extinção da CMTC, assim como de outras empresas públicas de transporte, "à má administração, à existência de excesso de trabalhadores e à existência de linhas de rendimento muito baixo". Mas, como foi mencionado logo na introdução, a propagação da ideia do setor de transporte como um mercado a ser explorado atuou em prejuízo do reconhecimento do papel que este adquire para a inserção socioeconômica de milhares de pessoas, tornando as distâncias sociais tão grandes como as físicas, e que, na inexistência de políticas habitacionais, torná-las viáveis, baratas e menos desgastantes deveria ser um compromisso a ser assumido socialmente. Criou-se um estigma em relação às empresas públicas de transporte de passageiros porque, enquanto as linhas mais "rentáveis" eram operadas por empresas privadas, as linhas mais longas e com menor número de passageiros ficavam a cargo da CMTC.

Após a extinção da CMTC, a gestão do sistema fica a cargo da São Paulo Transporte S/A (SPTrans), empresa municipal que se tornou a responsável pelo planejamento e gerenciamento do sistema na capital, que passa a ser operado de forma indireta, sendo dada a concessão dos serviços a empresas privadas de transporte de passageiros. Vale a pena lembrar que, já nessa época, o transporte coletivo público de passageiros é serviço público essencial e a organização e prestação são de competência dos municípios, que podem operá-lo diretamente ou conceder o serviço (Constituição do Brasil, 1988).

O município de São Paulo, quando passa a regular a atuação das empresas operadoras, faz isso por meio da gestão de autorizações, permissões e/ou concessões, instrumentos pelos quais eram estipuladas regras, itinerários e o preço das tarifas, de modo que os contratos decorrentes desses acordos, entre poder público e privado, são também a materialização de intenções políticas e econômicas. Dando um salto histórico, o certame mais recente, com início em 2015, parcelou o sistema em três grandes grupos: Grupo Estrutural, Grupo Local de Articulação Regional e Grupo Local de Distribuição. Estes foram parcelados em 32 lotes, o que, em tese, possibilitaria que mais empresas de ônibus participassem do processo. Após muitas idas e vindas, resultado dos choques entre gestores municipais, empresários de ônibus e sociedade civil organizada, os contratos foram assinados em setembro de 2019, mas é importante destacar que em apenas um dos 32 lotes houve mais de um concorrente.

O resultado, em particular, atesta que a competitividade do edital de licitação da cidade de São Paulo foi baixa, o que significa que disposições no edital desfavoreceram a entrada de novas empresas, principalmente quando se verifica que famílias reconhecidas historicamente por serem detentoras de empresas de transporte tinham participação acionária em mais de uma das empresas que se habilitaram ao processo – muitas delas, provavelmente, ainda fruto da mencionada associação de loteadores e empresas de ônibus. Essa relação entre posse da terra e transporte também pode ser observada por meio do quesito posse de garagens, parte do edital de licitação, pois a participação no processo de concessão foi condicionada à posse prévia de terrenos (Idec, 2019).

Esses e muitos outros vícios presentes no edital não podem ser encarados como um mero acaso, porque são frutos de relações sociais, políticas e econômicas que vêm sendo perpetuadas ao longo de décadas, e em prejuízo sobretudo das populações periféricas, negras e empobrecidas. Portanto, são urgentes rupturas nesse processo, tal como foi a mudança realizada através do edital mencionado, que alterou a forma de remuneração das empresas, que passou de pagamento por passageiro transportado para, dentre outros critérios, valor do custo para manter os ônibus circulando, o que promete romper com um padrão histórico, praticado desde que os ônibus passaram a fazer parte da cidade, assim tornando banais cenas de pessoas espremidas nos ônibus ou penduradas nas portas dos ônibus que circulam pelas principais avenidas dos bairros periféricos, aquelas mesmas que tiveram papel crucial na ocupação dessas áreas.

Quando as periferias virarem centros

Em certa medida, o ganho de complexidade dos arranjos institucionais e regulamentações ocorreu também em resposta ao aumento da rede de ônibus, tendo como ápice a implantação de um sistema-tronco alimentador, baseado na articulação de terminais de ônibus, pontos de parada e de corredores exclusivos que passam a articular os deslocamentos em diversas regiões da capital. Em termos práticos, esse sistema cria hierarquias na rede e torna as baldeações, que também são chamadas de integrações, indispensáveis para quem mora mais longe da Área Central, onde está a maioria das vagas de emprego e estudo, e que foi viabilizada através da adoção do sistema de bilhetagem eletrônica, Bilhete Único.

Apesar dessas novas soluções técnicas, empregadas com a intenção de reduzir os custos com a operação e deixar os deslocamentos por ônibus menos demorados, na prática tiveram como finalidade levar milhares de pessoas que estão distribuídas nos bairros periféricos e em municípios vizinhos até os seus lugares de trabalho e depois trazê-las de volta. Por isso, não deixam de refletir também a divisão social do trabalho, que resumidamente trata da forma como nos organizamos para produzir e reproduzir.

Falando da relação entre trabalho e moradia, o desenvolvimento desigual associado à mão de obra com baixos salários foi um recurso indispensável ao desenvolvimento industrial e à reprodução do capital, que, como já foi explicitado, são fatores que influenciaram a formação socioespacial das periferias de São Paulo. Esse modelo estimulou a formação de hierarquias entre os lugares, porque, enquanto as áreas periféricas eram praticamente deixadas à sua própria sorte ou aos interesses de alguns particulares, grandes investimentos eram realizados nas áreas centrais com o objetivo de modernizar a infraestrutura urbana. Como disse Milton Santos, em *Natureza do espaço*: "A localização das pessoas no território é, na maioria das vezes, produto de uma combinação entre forças de mercado e decisões de governo. Como o resultado é independente da vontade dos indivíduos atingidos, frequentemente se fala de migrações forçadas pelas circunstâncias a que se alude acima. Isso equivale também a falar de localização forçada. Muitas destas contribuem para aumentar a pobreza e não para suprimir ou atentar" (Santos, 2002, p. 84).

Para além do aumento das distâncias, atualmente, essa lógica centralizadora atrelada ao modelo rodoviário constitui um entrave para a mobilidade urbana e social. O valor de uso, termo utilizado por Flávio Villaça, atrela a condição central adquirida por uma parcela territorial como resultado dos esforços despendidos em sua formação e consolidação; quando a somatória desses esforços se torna muito abrangente e passa a adquirir valor simbólico, referencial e cultural, temos aí a consolidação de uma área que extrapola limites locais, portanto atrativa e socialmente estratégica. Mas, apesar de a Área Central da cidade de São Paulo ser reconhecidamente fruto disso, além do trabalho não pago, não pode ser desfrutada por todos(as) na mesma medida (Villaça, 2001).

É importante dizer que a concentração de atividades nessa área significa o acúmulo de vagas de emprego formal, mas também de vagas de trabalho produto do subemprego, que serão prioritariamente ocupadas por pessoas empobrecidas e negras. Isso acaba por difundir uma dinâmica de deslocamento custosa, em termos humanos, financeiros e ambientais, cujo prejuízos vão recair de forma desproporcional sobre os moradores de periferias, os quais, sem direito a seguridade e benefícios sociais, vão absorvê-los sem apoio ou intermediação do poder público.

A localização então torna-se objeto de disputa social, já que passa a determinar o tempo gasto e custo com transporte e a quantidade de oportunidades que podem ser acessadas. Mas, como na maioria das disputas sociais, a força dos agentes não é equilibrada, favorecendo atores com mais poder político e econômico. Mesmo nos bairros periféricos, com adequadas proporções, essa disputa ocorre, o que acarreta diversas gradações de áreas residenciais de baixa renda, que vão das casas de alvenaria de alto padrão e condomínios fechados até barracões de zinco na beira de córregos poluídos, como cantou Beth Carvalho.

Nas últimas duas décadas, os inúmeros desafios colocados às pessoas que utilizam ônibus todos os dias, claro que somados a aspectos de cunho cultural que não serão analisados aqui, estimularam o aumento do uso do transporte privado motorizado por camadas de renda mais baixa, sobretudo na faixa 2, que é referente à renda familiar mensal de até R$ 3.816,00, enquanto estratos de pessoas com níveis de renda mais altos passam a usar mais o transporte público, segundo dados da Pesquisa Origem-Destino realizada em 2017 pela Companhia do Metropolitano de São Paulo (Metrô).

Ainda utilizando dados da mesma pesquisa, mas referentes ao ano de 2007, Andreína Nigriello e Rafael Henrique de Oliveira demonstram que a oferta desigual de infraestrutura de transporte para acesso a centralidades locais, o que a autora denomina como polos na periferia, que são formados por "longas faixas de quadras ocupadas por atividades econômicas ao longo do sistema principal de circulação, que adentram a periferia", tornou-se um estímulo à motorização. A autora ainda atribui esse efeito à ausência de itinerários que interliguem os bairros ou municípios da região metropolitana entre si.

É importante dizer que, nas famílias que possuem carro ou moto, estes são utilizados predominantemente pelos homens, o que também colabora para que as mulheres sejam maioria no transporte público. Fazendo uma ponte com a configuração da rede de transporte, que privilegia deslocamentos por motivo de trabalho, a redução de itinerário, aumento de baldeações e o corte de linhas, cuja justificativa ancora-se na "racionalização" do sistema, significa, para muitas mulheres, mais comprometimento de renda e desgaste físico e emocional, principalmente para as mulheres negras e periféricas, que historicamente acumulam mais funções e têm menor renda.

Esse contexto será somado à má qualidade da infraestrutura urbana das periferias da cidade, que é perpetuada a cada nova gestão, formando um acumulado de ausências. Ausência de cobertura de transporte, de iluminação pública, de faixas e corredores de ônibus, de segurança pública, de calçadas, de infraestrutura cicloviária etc – fatores que, no limite, vão colocar a vida das mulheres em risco, ao ficarem à mercê da violência urbana, materializada por meio do assédio, importunação sexual e, no limite, pelo estupro.

Nesse sentido, o passado, que reverbera e estrangula o presente, tornou-se uma amarra que coloca em risco o futuro da cidade, que, apesar de incorporar soluções e narrativas alinhadas com conceitos de sustentabilidade, não consegue desatar os nós deixados para trás. Isso, na prática, significa que a lógica de implantação do sistema de ônibus favorece a formação de relações de dependência territorial que minam a autonomia das periferias, assim como a energia de vida de seus moradores, que, cada um à sua maneira, procuraram formas de contornar o desgaste dos longos trajetos, lotações excessivas e custos crescentes com transporte. Para ilustrar isso, segue trecho da letra de uma música do Rincon Sapiência, "Volta pra casa":

> Trabalhadora voltando pra casa
> Perguntando pra Deus "por que não tenho asas?"
> Pra voar pelos ares e voltar para o lar
> A real, ônibus cheio dói só de pensar
> Na bolsa um livro novo, não tem condição
> Leitura na multidão, frustração
> Nove horas no trabalho é bem mais suave
> Que as duas horas balançando na condução
> O dia inteiro dando duro, uma volta cansativa
> Ainda desce bem no ponto mais escuro
> A violência subindo de nível
> Do receio da solidão, a sensação da mulher é horrível
> Ela caminha, semblante preocupado

Escuridão, o bar da rua se encontra fechado
Quanto vale uma vida? Pensa no seu pivete
Na bolsa tem a bíblia, também tem canivete

Periferias têm cor e elas são pretas

Em sua maioria, as pessoas negras (pardas e pretas) estão na periferia. Dados sistematizados pela extinta Secretaria Municipal de Promoção e Igualdade Racial (SMPIR) e disponibilizados no portal São Paulo Diverso demonstram que a população negra paulista mora em sua maioria nas periferias da cidade, sobretudo nos extremos das zonas Leste e Sul.

Em termos quantitativos, segundo o Censo Demográfico de 2010 (IBGE), a população da cidade era de 11.253.503 habitantes, e, destes, aproximadamente 37% (4.164.504 habitantes) são negros e negras. Segundo o relatório "Igualdade racial em São Paulo: avanços e desafios", Parelheiros é o bairro com maior contingente de pessoas negras (57,1%), enquanto em áreas centrais como Pinheiros o percentual é de apenas 7,3%.

A segregação residencial, por sua vez, pode ser considerada como dimensão estruturante das relações raciais na capital paulista, como observa o pesquisador Danilo França, isto é, não ocorre apenas por classe social, o que oferece um importante contraponto a estudiosos brasileiros que consideram que a segregação social no Brasil é determinada pela classe social, não por outros fatores. Para isso, o autor utiliza-se de duas técnicas de mensuração, fazendo uso de dados sobre a RMSP. Ao fazer isso, em resumo, demonstra que os brancos estão mais concentrados em áreas centrais e os negros, por sua vez, nas periferias. Mas, mesmo levando em conta critérios para além da localização, o autor conclui que "negros e brancos de classe média continuam se concentrando em áreas muito distantes umas das outras"; assim, conclui que, "se a segregação fosse puramente por classe social, haveria grande proximidade de negros e brancos de cada uma das classes, e não apenas entre os mais pobres" (França, 2017, p. 66).

Dado que a relação entre localização extrapola as questões relativas à classe social, a associação dessa informação com dados referente à renda familiar das famílias pode tornar ainda mais evidentes os efeitos do binômio *localização* e *transporte* na vida das pessoas negras na cidade de São Paulo. Dados sobre a renda média domiciliar revelam que, segundo a cor do(a) responsável, em domicílios com responsáveis brancos(as) a renda média é de R$ 7.095,00, e entre os domicílios com responsáveis negros(as) a renda média é de R$ 2.867,61. Portanto, os custos, por exemplo do transporte, tendem a ter um impacto 1,5 vez maior na renda de famílias negras. E, se mais uma vez olharmos para a questão da localização, esse impacto pode comprometer 1,6 vez mais a renda de um morador(a) de Parelheiros, em relação a um(a) morador(a) de Pinheiros.

Esses efeitos são ainda mais reforçados pelos consecutivos aumentos tarifários, que, em 2020, foram acompanhados da redução dos subsídios públicos ao sistema, meio pelo qual o poder público participa do pagamento dos custos com a operação, que foram reduzidos de R$ 3,3 bilhões para R$ 2,64 bilhões ao ano. O último reajuste fez com que a passagem de ônibus passasse de R$ 4,30 para R$ 4,40. Em matéria publicada no *Jornal Nexo*, é apontado que, em bairros como Heliópolis, o aumento expulsa usuários do sistema, que passam a ter que andar até 3,5 km para chegar ao trabalho.

Os efeitos da imobilidade não afetam apenas deslocamentos para o trabalho, de maneira que a ausência de recursos para o pagamento da tarifa também gera prejuízos para a saúde das pessoas e para a criação e fortalecimento de relações sociais. Como exemplo disso, a pesquisa de opinião pública realizada pela Rede Nossa São Paulo e pelo Instituto Brasileiro de Opinião Pública e Estatística (Ibope) revela que, quando pessoas negras são questionadas sobre com que frequência deixam de fazer deslocamentos por causa do preço da tarifa quando é necessário ou quando querem fazer consultas médicas e exames, ir a parques, cinemas e outras atividades de lazer, e visitar amigos ou familiares moradores de outros bairros, a resposta "sempre" foi indicada por, respetivamente, 16%, 17% e 20% dos entrevistados(as).

A imobilidade também é um dos efeitos dessa conjuntura; um indicador importante para observá-la também é o índice de mobilidade, que revela que pessoas com renda familiar mensal de até R$ 1.908,00 e entre R$ 1.908,00 e R$ 3.816,00, padrão de renda cuja concentração é maior em periferias, têm índice de mobilidade médio de 1,73 viagem por habitante. Já na faixa de renda seguinte, entre R$ 3.816,00 a R$ 7.632,00, esse índice sobe para 2,13, podendo chegar, nas faixas mais altas, em 2,72 (Metrô, 2019).

Quando olhamos para esses mesmos dados com a perspectiva de gênero, verificamos que as mulheres fazem menos deslocamentos do que os homens. A realização de menos viagens por mulheres, de acordo com Haydée Svab, deve-se também ao fato de que a absorção das mulheres pelo mercado de trabalho se deu, em princípio, "no setor de serviços e com enorme concentração nos empregos domésticos, de menor rendimento"; consequentemente, menos renda, menos mobilidade.

Essa divisão, que, em um primeiro momento, é expressada pela renda, também será determinante para o papel que as mulheres têm para a economia do cuidado, que trata de atividades que são desempenhadas, gratuitamente ou não, por pessoas que se dedicam às necessidades físicas, psicológicas e emocionais de terceiros.

Essa alegação se ampara no fato de que as mulheres fazem mais deslocamentos com a finalidade de resolução de assuntos pessoais, compras e saúde. O que indica que elas são as principais responsáveis pelo equilíbrio e manutenção da vida familiar, que se tornam as principais responsáveis por levar as crianças à escola, fazer compras no mercado e acompanhar familiares em consultas médicas, ao mesmo tempo que têm os menores salários e menos oportunidades de lazer, recreação e acesso à cultura.

Como disse Angela Davis em encontro internacional sobre feminismo negro e decolonial em Cachoeira, no estado da Bahia: "Quando a mulher negra se movimenta, toda a estrutura da sociedade se movimenta com ela, porque tudo é desestabilizado a partir da base da pirâmide social onde se encontram as mulheres negras, muda-se a base do capitalismo". Portanto, quando as mulheres negras são impossibilitadas de se movimentar, seja pela limitação de seus deslocamentos, seja pela imobilidade social que lhe é imposta, isso significa que toda a nossa sociedade está presa em uma estrutura de opressão e dominação.

Mas, para terminar este capítulo com um fio de esperança, a chave para desestabilizá-la pode estar na força dos(as) moradores(as) das periferias, que é amparada por fortes raízes socioculturais, materializadas no dinamismo das áreas comerciais, nas garagens que viram oficinas, nas cozinhas domésticas que encorpam a renda familiar, em pontos de cultura e saraus, associações de bairros, que devem ser apoiados por uma agenda política e social antirracista e feminista.

Referências

AKOTIRENE, Carla. *Interseccionalidade*. São Paulo: Sueli Carneiro; Pólen, 2019.

ALMEIDA, Sílvio Luiz de. *Racismo estrutural*. São Paulo: Sueli Carneiro; Pólen, 2019.

BANCO INTERAMERICANO DE DESENVOLVIMENTO; SECRETARIA MUNICIPAL DE PROMOÇÃO DA IGUALDADE RACIAL DE SÃO PAULO. *Igualdade racial em São Paulo*: avanços e desafios. São Paulo: São Paulo Diverso, 2016.

BAZANI, Adamo. Curiosidades sobre os transportes coletivos por ônibus da cidade de São Paulo. *Diário do Transporte*, São Paulo, 6 jan. 2020. Disponível em: https://diariodotransporte.com.br/2020/01/06/curiosidades-sobre-os-transportes--coletivos-da-cidade-de-sao-paulo.

BERTONI, Estêvão. Como o aumento da passagem exclui pessoas do transporte público. *Nexo Jornal*, São Paulo, 2 jan. 2020. Disponível em: https://www.nexojornal.com.br/expresso/2020/01/02/Como-o-aumento-da-passagem-exclui-pessoas-do-transporte-p%C3%BAblico.

BONDUKI, Nabil. *Origens da habitação social no Brasil*: arquitetura moderna, lei do inquilinato e difusão da casa própria. São Paulo: Estação Liberdade, 1998.

BRASIL. *Constituição da República Federativa do Brasil*. Brasília: Presidência da República, 1988. Disponível em: http://www.planalto.gov.br/ccivil_03/constituicao/constituicao.htm.

COMPANHIA DO METROPOLITANO DE SÃO PAULO (Metrô). *Pesquisa Origem-Destino 2017, 50 anos*: a mobilidade urbana da Região Metropolitana de São Paulo em detalhes. Versão 4. São Paulo: Secretaria dos Transportes Metropolitanos, 24 jul. 2019. Disponível em: http://www.metro.sp.gov.br/pesquisa-od/arquivos/Ebook%20Pesquisa%20OD%202017_final_240719_versao_4.pdf.

FRANÇA, Danilo Sales do Nascimento. *Segregação racial em São Paulo*: residências, redes pessoais e trajetórias urbanas de negros e brancos no século XXI. São Paulo, 2017. Tese (Doutorado em Sociologia) – Faculdade de Filosofia, Letras e Ciências Humanas, Universidade de São Paulo (USP). doi:10.11606/T.8.2018.tde-07022018-130452.

FRANCO, Fernando de Mello. *A construção do caminho*: a construção da metrópole pela conformação técnica das várzeas e planícies fluviais da bacia de São Paulo. São Paulo, 2005. Tese (Doutorado) – Faculdade de Arquitetura e Urbanismo, Universidade de São Paulo (USP).

INSTITUTO BRASILEIRO DE DEFESA DO CONSUMIDOR (Idec). *Boas práticas de gestão dos ônibus na visão do usuário*. São Paulo: Idec, 2019.

LANGENBUCH, Juergen Richard. *A estruturação da Grande São Paulo*: estudo de geografia urbana. Rio Claro-SP, 1968. 2v. Tese (Doutorado pelo Programa de Pós-Graduação em Ciências Sociais) – Faculdade de Filosofia, Ciências e Letras de Rio Claro, Universidade Estadual de Campinas. Disponível em: http://www.repositorio.unicamp.br/handle/REPOSIP/281312.

NIGRIELLO, A.; OLIVEIRA, R. H. Por que se está usando mais o automóvel nas áreas periféricas? Espacialização das dinâmicas associadas à mobilidade da população da Região Metropolitana de São Paulo. In: SEMANA DE TECNOLOGIA METROFERROVIÁRIA, 20. *Anais...* São Paulo: Aeamesp, 2014. Disponível em: http://www.aeamesp.org.br/biblioteca/stm/20smtf1412Tt35ap.pdf.

REDAÇÃO RBA. Transporte reforça discriminação entre periferia e centro, diz ex-secretário. *Rede Brasil Atual*, São Paulo, 19 set. 2017. Disponível em: https://www.redebrasilatual.com.br/cidadania/2017/09/transporte-mantem-a-discriminacao-entre-a--periferia-e-o-centro-diz-ex-secretario.

REDE NOSSA SÃO PAULO; INSTITUTO BRASILEIRO DE PESQUISAS DE OPINIÃO E ESTATÍSTICA. *Pesquisa de opinião pública Viver em São Paulo*: mobilidade urbana. São Paulo: Ibope, ago. 2019. Disponível em: https://www.nossasaopaulo.org.br/wp-content/uploads/2019/09/Pesquisa_ViverEmSP_MobilidadeUrbana_completa_2019.pdf.

SANTOS, M. *O espaço do cidadão*. São Paulo: Edusp, 2002.

SVAB, Haydée. *Evolução dos padrões de deslocamento na Região Metropolitana de SãoPaulo*: a necessidade de uma análise de gênero. São Paulo, 2016. Dissertação (Mestrado no Departamento de Engenharia de Transporte) – Escola Politécnica da Universidade de São Paulo. Disponível em: https://www.teses.usp.br/teses/disponiveis/3/3138/tde-30092016-142308/publico/HaydeeSvabCorr16.pdf.

URRY, John. *Mobilities*. Cambridge: Polity Press, 2007.

VASCONCELLOS, Eduardo Alcântara de. *Políticas de transporte no Brasil*: a construção da mobilidade excludente. 1. ed. São Paulo: Manole, 2014.

VILLAÇA, Flávio. *Espaço intra-urbano no Brasil*. São Paulo: Nobel; Fapesp, 2001.

6.4. O pacto e o impacto dos transportes: mediocridade e mortandade na mobilidade urbana do Rio de Janeiro

João Pedro Martins Nunes e Vitor Dias Mihessen

Este texto é dedicado à memória de Luiz Mário Santos, vulgo Mário Macaco. Grande amigo, sindicalista, liderança central do movimento pela revitalização dos trens metropolitanos do Rio de Janeiro, em especial o ramal Guapimirim/Vila Inhomirim, na Baixada Fluminense. Com seus trilhos interrompidos aqui na terra, faremos de tudo para honrar e defender seu legado histórico de luta pelos trabalhadores e trabalhadoras de periferia.

Estamos juntos sempre, companheiro!

Introdução

Abrimos nosso artigo saudando a memória de um líder comunitário que dedicou boa parte do seu tempo e saúde à defesa de uma vida mais digna e de um sistema de mobilidade urbana mais justo, especialmente para quem nasceu nas periferias do Rio de Janeiro. Como este é exatamente o caso dos dois autores implicados neste texto, resolvemos escrever a partir de passagens sobre a nossa própria história e de algumas experiências que se materializam em duas mobilizações sobre o direito à cidade. Nesse caminho, apresentaremos a hipótese que queremos encaminhar aqui, de que os transportes urbanos do Rio têm dono e isso tem consequências trágicas.

Ainda que pessoas como o Mário Macaco tenham mais tempo de movimento organizado do que nós dois temos de idade, vamos usar nossa juventude para narrar teses que desenvolvemos observando e escutando os mais velhos e questionando estruturas opressoras enraizadas que insistem em se manter de pé com pouca crítica disruptiva, construtiva e coletiva atrelada. Para nós, olhar a mobilidade urbana de maneira interseccional é combater o patrimonialismo, o racismo e o machismo nas práticas dos serviços de transporte que são ditos públicos, mas operam numa perversa lógica privada, mercadológica e que tira a vida de determinadas pessoas.

Duas pessoas

Vitor Dias Mihessen é de Realengo, seu centro geográfico e afetivo, num município intempestivo. É descendente de migrantes árabes e nordestinos que fizeram morada no subúrbio que é origem, mas que sonha ser destino. Viveu fisicamente distante das ditas "melhores oportunidades": longe da faculdade e do mestrado, o jeito era usar o modal de alta capacidade. Da Zona Oeste à Zona Sul, depois de Niterói a Bangu, passando por Copacabana, com privilégio, rodou quase toda a Região Metropolitana. Daí quase toda sua produção acadêmica e musical se dirigia à mobilidade urbana, e sua desigualdade socioterritorial. "Quase" porque não foram atravessadas ou sentidas em sua totalidade, com as piores intensidades, em suas mórbidas possibilidades. As interferências do ir e vir que marcam nossas trajetórias foram processos determinantes para todas as reflexões e histórias que traremos aqui.

João Pedro Martins é de Nova Iguaçu, município da Baixada Fluminense, no Rio de Janeiro. Filho de um professor de Geografia e de uma pedagoga produtora cultural, aprendeu desde cedo os desafios e as potências de ser um homem preto no espaço urbano brasileiro. Para cultivar afetos, graduar-se e trabalhar, criou intimidade com os meios públicos de transporte, em especial os ônibus intermunicipais e os trens. Resolveu estudar Relações Internacionais, mas, no caminho, atravessando quase 50 km em 2 horas – para ir e depois para voltar –, foi crescendo a curiosidade de entender as dinâmicas das periferias urbanas dentro das periferias mundiais. Era preciso entender o que se vive. Segue aceitando a provocação de tentar ter um olho no telescópio – vigilante dos movimentos de longa duração, das condições estruturais e das disputas globais – enquanto mantém um outro olho no microscópio – para as consequências e potências humanas dos(as) sujeitos(as) construindo suas histórias diante das circunstâncias que defrontam.

Duas mobilizações

Falaremos de duas campanhas em que estivemos juntos. Uma é a de série de mobilizações que fizemos no Rio, com a rede da Casa Fluminense, chamada Transporte sem Desvio, quando questionamos a Federação patronal, a Defensoria Pública, o "governador", a Assembleia Legislativa sobre o motivo de um transporte tão caro. Tivemos a certeza de que "Transporte Bom e Barato é Possível", tal como dizia o boletim que produzimos e distribuímos na Central do Brasil e na estação Carioca do metrô, e em diversas outras partes da metrópole.

A outra briga que queremos contar aqui é com órgãos como Ministério Público, Agência Reguladora dos Transportes (Agetransp) e Supervia, pela morte de Joana Bonifácio e de tantos outros jovens negros oriundos de periferias da Baixada Fluminense, Zona Norte e Zona Oeste da capital, que tiveram seus sonhos interrompidos no sistema de trens do Rio de Janeiro. A ideia seria falar dos atos antes e depois da materialização do livro que guarda essas histórias, chamado *Não foi em vão* (Albergaria; Nunes; Mihessen, 2019), e pelas interações após os lançamentos do nosso livro e apontar para um horizonte mais seguro e menos desigual.

Duas hipóteses

Nossas hipóteses também são duas. A primeira é a de que o transporte público é, na verdade, um serviço privado. Tem dono. A cobrança da tarifa reflete notadamente a apropriação privada dos sistemas viários das cidades, historicamente construídos por causa dos interesses dos donos de terras. Estes decidem o trajeto e o destino das pessoas que transportam.

A segunda hipótese é a de que, assim, seus proprietários levam pessoas à morte. Ambas as hipóteses se baseiam em nossas vivências e em evidências. Seja quando atropelam e matam, seja quando poluem e matam, seja quando demoram e matam aos poucos. Os transportes geram muitas externalidades negativas, que podem ser traumáticas tanto para as vidas envolvidas nas histórias quanto para a sociedade e a economia que ficam na história. Por isso precisam ser repensados.

Pacto: mediocridade a serviço da desigualdade

Nas diferentes frentes, e para diferentes consequências, a crise da mobilidade urbana no Rio de Janeiro é uma decorrência da capitulação a uma lógica privada dos processos de planejamento, execução e controle das políticas públicas. Isso se aplica às diversas vertentes da mobilidade urbana, seja nos padrões de desenvolvimento urbano, da distribuição socioespacial das oportunidades de emprego e do acesso a serviços públicos ou do transporte público em si.

Em relação a esse último, o cenário é ainda mais grave, havendo a subjugação das decisões às demandas de um pequeno grupo econômico interessado na obtenção de lucros extraordinários. Esse grupo, pode-se dizer, operou e opera como verdadeiro baronato do setor de transporte, corrompendo diferentes níveis da administração pública para impedir o controle social, orientar os marcos regulatórios a fim de obter vantagens e evitar a fiscalização. Isso se espraia por diversos campos, mas aqui, como dito na introdução, nos deteremos nas duas campanhas de que participamos, relacionadas ao sistema de bilhetagem eletrônica e à operação dos trens metropolitanos.

Transporte sem Desvio

Por trás do transporte caro e precário da Região Metropolitana do Rio de Janeiro, existiu um emaranhado de corrupção que ajuda a explicar parte significativa das condições experimentadas pelos usuários. Isso ficou comprovado após as investigações Cadeia Velha e Ponto Final, conduzidas pelo Ministério Público do Estado do Rio de Janeiro.

Os fatos descobertos levaram à prisão de deputados estaduais, conselheiros do Tribunal de Contas, representantes do Departamento de Transportes Rodoviários do Rio de Janeiro (Detro) e diretores da Federação das Empresas de Transportes de Passageiros do Estado do Rio de Janeiro (Fetranspor), além de gerar acusações contra dois ex-governadores. Foi revelada a existência de uma "Caixinha da Fetranspor", com o pagamento semanal por empresários de ônibus, que, em contrapartida, recebiam dos agentes públicos vantagens como o aumento indevido de tarifas e o bloqueio de qualquer iniciativa que contrariasse seus interesses.

Os valores desviados para o esquema giram em torno de R$ 108 milhões no período entre 2010 e 2017.
A chave para entender o que aconteceu está no sistema de bilhetagem eletrônica, que permite que o acesso dos usuários ao transporte público seja feito com o uso de um cartão. Este é o principal meio de pagamento das passagens utilizado, chegando a uma média diária de 7,5 milhões de viagens em 2017. O sistema é gerido pela RioCard, empresa controlada pela Fetranspor. O problema é que a empresa também controla todos os dados referentes à bilhetagem e impede o acesso a informações detalhadas pelos órgãos de controle. O número de viagens é utilizado também para o pagamento de um subsídio financiado pelo governo do estado e que garante a redução do valor total da tarifa ao usuário nos transportes intermunicipais.

A manipulação dessas informações serviu como brecha para o desvio do dinheiro público.

O Ministério Público do Rio de Janeiro chegou a pedir a extinção da Fetranspor e assinar Termo de Ajustamento de Conduta (TAC) para que o governo do estado fizesse as alterações devidas no sistema. Mas a morosidade na aplicação de medidas reais fez crescer a indignação e motivou a criação da campanha Transporte Sem Desvio, que, a partir da sociedade civil, pedia por mais transparência no sistema de transporte e a redução das tarifas do transporte público. Coordenada pelas organizações Casa Fluminense e Meu Rio, a campanha conseguiu fazer pressão para que a Assembleia Legislativa do Rio de Janeiro (Alerj) pautasse e votasse projetos que impedissem que donos das empresas de transporte também fossem os responsáveis pelo gerenciamento dos dados e recursos da bilhetagem eletrônica.

Assim, após muita pressão popular, num primeiro momento, o Projeto de Lei n. 3.641/17, dos deputados Luiz Paulo (PSDB) e Gilberto Palmares (PT), foi aprovado pela Alerj e vetado pelo governador Wilson Witzel. Contudo, diante da iminência de derrubada do veto pelos deputados, apresentou um novo PL, com conteúdo similar. Assim, um novo marco legal foi instituído, a Lei estadual n. 8.479, de 26 de julho de 2019, colocando, entre as exigências feitas pelos deputados a partir das bandeiras das organizações da sociedade civil, a realização de licitação para uma escolha transparente de nova entidade para realizar o serviço então realizado pela RioCard, de modo que essa nova empresa selecionada não fosse vinculada às responsáveis pela operação dos transportes.

Apesar da aprovação da lei, o Executivo ainda não tomou iniciativas concretas que mudem as condições institucionais que permitam cessar essa lógica. O edital fica na coordenação da Secretaria Estadual de Transportes (Setrans). Uma das consequências é o enfraquecimento da função reguladora do Estado, que, no caso dos transportes no Rio, se materializa na Agência Reguladora de Serviços Públicos Concedidos de Transportes

Aquaviários, Ferroviários e Metroviários e de Rodovias do Estado do Rio de Janeiro, ou simplesmente Agetransp. Sem uma sólida atuação da agência não será possível melhorar a qualidade dos transportes públicos no Rio metropolitano.

Não foi em vão

A atuação da Agetransp também é temerária em relação aos trens metropolitanos. Nesse sentido, uma história especialmente emblemática é a de Joana Bonifácio. Moradora de Coelho da Rocha, em São João de Meriti, para realizar o sonho de se formar em Biologia, Joana conseguiu ser aprovada no Centro Universitário Estadual da Zona Oeste (Uezo). Para os estudos, sua rotina era pegar trem da Supervia do ramal Belford Roxo no sentido Central do Brasil, descer na estação Mercadão de Madureira, caminhar até a estação Madureira, pagando outra passagem lá, e seguir até a estação de Campo Grande. A jornada só era finalizada com mais um trecho a pé até a universidade. Em 24 de abril de 2017, o trajeto cotidiano foi interrompido já no início. Ao tentar subir no trem, as portas se fecharam deixando sua perna presa. Sem sensores na porta do vagão, câmeras que permitissem ao maquinista visualizar toda a composição ou guardas da Supervia na plataforma, o trem partiu e ela foi arrastada para debaixo da composição, o que tirou sua vida.

A situação, que já era trágica, se tornou verdadeiramente cruel diante do tratamento que a empresa deu à questão. Seu corpo ficou estirado na linha férrea durante todo o dia e sua família ficou sabendo do ocorrido por meio de fotos divulgadas nas redes sociais. Nos dias seguintes, a Supervia tentou primeiramente vender que se tratava de um suicídio e, depois, que o "acidente" ocorreu devido à imprudência da estudante. A tentativa da empresa de responsabilizar Joana pela sua própria morte levou à reação de familiares e amigos que lideraram uma série de manifestações, ações de mobilização e pesquisas para defender o direito da memória de Joana Bonifácio, com a intenção de contribuir para que isso não ocorra com mais ninguém. O livro *Não foi em vão: mo-*

bilidade, desigualdade e segurança nos trens metropolitanos do Rio de Janeiro é um dos resultados dessas pesquisas e processo de luta. A Agetransp, ao menos inicialmente, comprou a narrativa da concessionária de que a responsabilidade era da usuária. Não fosse a pressão da família e pessoas que se solidarizaram com a situação, não teria sequer multado a Supervia. O falecimento de Joana nos revela muito sobre a conivência da agência reguladora e dos demais órgãos do governo do estado com a situação inadmissível de sucateamento dos trens metropolitanos. Isso revela como as condições de infraestrutura que permitem que uma usuária de transporte público perca sua vida de maneira tão banal ao acessá-lo estão sendo construídas e reproduzidas ao longo dos anos e seguem abertas para quem quiser ver. Embora o Estado tenha fechado os olhos, os passageiros veem e vivem cotidianamente essas condições. O ponto que leva à morte de uma jovem nos trens é antecedido por um longo percurso de violação de direitos dos usuários, onde não há garantia de dignidade nos trajetos para acessar serviços e oportunidades nem da efetivação da cidadania dos passageiros.

Mesmo diante das condições de desenvolvimento socioespacial da Região Metropolitana do Rio de Janeiro, que tem como característica a urbanização acelerada que levou à formação de bolsões de pobreza, a manutenção das péssimas condições dos serviços prestados não se explica apenas pelos fatores históricos. Essa situação, de permanente violação, só é possível mediante um pacto entre as empresas concessionárias de transportes e o Estado, no qual este não cumpre com as melhorias que deveria promover e, como contrapartida, não exige que as empresas garantam os padrões mínimos na prestação de serviço – definidos contratualmente e pelas normas técnicas. Um verdadeiro pacto de mediocridade.

Um dos principais argumentos levantados pela família é que, se é recorrente, não é acidente. Ao longo da pesquisa, percebemos que o que aconteceu com Joana está muito longe de ser caso isolado. No próximo tópico buscaremos aferir a dimensão desse impacto, que é um passo fundamental para, em nome de Joana e de todas as outras vítimas, buscar transformar essa realidade.

Impacto: reflexos do sistema na vida do usuário

Para partirmos da perspectiva do transporte como um direito social básico, tal como ele é reconhecido pela Constituição Federal brasileira desde 2015, precisamos revisitar as lógicas perversas que fizeram do transporte público um serviço de exploração privada. Como mostrou a série de matérias da Agência Pública para o Especial Catraca, poucas famílias brancas e de descendência europeia dominam todo o serviço de ônibus do Rio, amplamente utilizado pela classe trabalhadora, de maioria negra, empobrecida e periférica (Belisário, 2017). Ainda segundo a pesquisa, as empresas atuam principalmente no setor de transporte e imobiliário, mas destacam-se também os ramos automobilístico e de gestão de empresas.

No caso dos modais de alta capacidade – sob monopólio natural exercido pelo Estado em função da infraestrutura, compra de veículos e obras –, estes tiveram sua operação e manutenção concedidas a empresários e acionistas a partir de contratos extremamente longos e com pouca transparência. Esse modelo vai de encontro à lógica da gestão pública, de ser transparente e participativa, e impedem os usuários de conhecer a fundo o sistema e opinar não só para denunciar como para apresentar propostas para o aprimoramento. Vemos que isso vem sofrendo transformações na prática, a partir de ferramentas tecnológicas que apoiam o aprimoramento dos procedimentos, decorrente de denúncias feitas pelo celular, como o aplicativo MoveCidades, do Instituto Brasileiro de Defesa do Consumidor (Idec), e o portal Consumidor Vencedor, do Ministério Público (MP).

Transporte bom e barato é possível

O pagamento da tarifa caracteriza a compra de mercadoria e o valor de uso é, portanto, imposto ao consumo daquele bem pelos usuários do sistema, que não têm nenhum domínio sobre seus custos. Não há transparência, e a partir dela, ou melhor, da falta dela, todos os demais obscurantismos se impõem. Somente com pesquisas domiciliares feitas pelo Instituto Brasileiro de Geografia e Estatística (IBGE), como a Pesquisa de Orçamentos Familiares de 2018, revela-se recentemente um fato que para o Rio de Janeiro já era uma realidade desde 2002: nas regiões metropolitanas do Brasil, gasta-se mais com transporte do que com a alimentação e muitos ficam impedidos de se deslocar pelo peso do bilhete no orçamento, assim como pelos custos que o tempo gasto também impõe na vida dessas pessoas.

Para a campanha Transporte Sem Desvio, produzimos o Boletim Agenda Rio 2030, um amplo material informativo, e entrevistamos alguns dos passageiros para sabermos o peso da tarifa no bolso do trabalhador. Entre os entrevistados, a média ficou em um terço da renda total. Somados ao tempo gasto, de mais ou menos uma hora e meia no deslocamento casa-trabalho, a baixa qualidade, a falta de conforto e segurança, podemos dizer que é um dos sistemas mais caros do mundo.

No boletim, que é assinado por Casa Fluminense, Instituto de Políticas de Transporte e Desenvolvimento (ITDP), Instituto Brasileiro de Defesa do Consumidor (Idec) e Projeto MobCidades, é possível vermos também que, entre 2010 e 2018, o Bilhete Único quase dobrou, com aumento de 94%, enquanto o salário mínimo aumentou 82% e a inflação foi de 62%. Ou seja, o custo do transporte urbano aumentou proporcionalmente mais do que os rendimentos e a inflação nominal, e representa um custo proibitivo para muita gente. Fora os vales-transporte pagos pelas empresas e as gratuidades pagas pelo Estado, outros 60% dos embarques nos transportes são pagos diretamente pelos usuários, em dinheiro ou cartão (ANTP, 2013).

São essas pessoas que deixam de comer para poder usufruir do transporte "público". Impedir monetariamente o ir e vir não é somente inconstitucional como uma forma de morticínio.

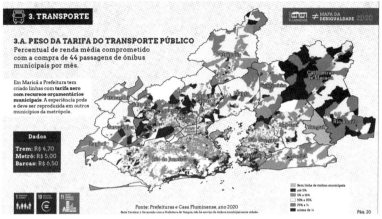

Mapa da desigualdade 2020 – Casa Fluminense
Arte: Guilherme Braga e Taynara Cabral.

Mobilidade, desigualdade e segurança nos trens metropolitanos

Depois da morte de Joana Bonifácio, na estação de Coelho da Rocha, do ramal Belford Roxo, nem nossas vidas nem nossos olhares sobre a vida foram os mesmos. Notadamente dentro de um sistema que já é relegado ao mínimo cuidado do governo do estado e da concessionária, o ramal ainda é preterido entre os demais. Segundo a empresa, é aquele em que há mais buracos nos muros e menos pagamento de passagem. É justamente aqui que a gente precisa pensar sobre o direito ao transporte, gratuito e de qualidade. Se há muitas pessoas que não podem pagar as caras passagens do sistema de transporte público fluminense e arriscam suas vidas por isso, passou da hora de falarmos sobre Tarifa Zero.

Perder a vida na linha férrea foi a consequência de 67% dos atropelamentos ferroviários entre 2008 e 2018, vitimando fatalmente 245 pessoas. Proporção próxima à de pessoas negras entre todos os óbitos, 68%, tirando o número altíssimo de registros que ignoravam a cor da pele, como é costume. Ignorar a ocupação das vítimas foi o caso de três quartos dos 368 registros de homicídios nos trens, todos dados retirados do livro *Não foi em vão* (Albergaria; Nunes; Mihessen, 2019). Novamente repetimos, não é coincidência.

Fizemos questão de atualizar esse número para lançar em primeira mão neste artigo. Sendo assim, a partir do *Mapa da desigualdade 2020* da Casa Fluminense, de acordo com dados preliminares do DataSUS, 42,5% das mortes causadas por atropelamentos ferroviários no Brasil ocorreram na Região Metropolitana do Rio de Janeiro (91 casos). Dentre essas vítimas, 82,4% eram negros.

Em 2020, quase a metade de todos os homicídios culposos por atropelamento ferroviário do Brasil aconteceu no Rio de Janeiro. A esmagadora maioria é de pessoas negras

A violência sobre os corpos negros é sistêmica e remete à história deste país, que ousa retornar aos tempos mais sombrios de apagamento. Não vamos deixar. Buscamos visibilizar essa mensagem de todas as formas, atos, histórias, memórias, números, infográficos, mapas, recomendações, agendas, artigos, livros. Listamos uma série de propostas que vão da infraestrutura de transporte do Rio ao enfrentamento do racismo estrutural e à preservação do direito à memória, passando pelas propostas para melhorar a gestão e a regulação da mobilidade, tema central deste texto. Seguimos.

Conclusões

Neste breve artigo, buscamos discorrer sobre duas campanhas de pesquisa e incidência política, a Transporte Sem Desvio e a Não Foi Em Vão. Em ambos os casos, a reunião do esforço de diversas pessoas teve como objetivo colocar no centro do debate público questões que, embora fossem fatos sociais conhecidos, ficaram fora da agenda política dos tomadores de decisão e não se tornaram alvo de políticas públicas.

Também em ambos os casos, a prioridade era colocar o transporte público a serviço das pessoas. Quando questionamos a apropriação privada das políticas de transporte não queremos com isso nos posicionar contra a participação de empresas privadas na operação dos transportes na condição de concessionárias. Isso não é essencialmente ruim. Nossa crítica se dirige à lógica privada, distante do interesse público ou coletivo, que pautou as diretrizes das políticas de transporte. Com isso, mais do que simples operadoras, por meios legais e ilegais, as empresas ditaram os rumos dos transportes, que passaram a atender ao que seria mais benéfico aos donos ou acionistas e não ao que era mais benéfico aos usuários ou à cidade. Isso só foi possível porque, pouco a pouco, as capacidades estatais de planejamento, regulação e fiscalização foram sendo enfraquecidas.

Foram abordadas brevemente algumas das consequências humanas e técnicas desse processo que vem se fortalecendo há anos no Rio de Janeiro. É preciso repensar, por exemplo, o modelo de financiamento do transporte, que hoje remunera as empresas em função do número de passageiros. Isso é problemático. Primeiro, porque a quantidade de passageiros transportados está longe de ser a melhor forma de medir os custos da operação. O segundo ponto é que esse modelo de financiamento estimula a superlotação do transporte, uma vez que, sob essa lógica, quanto mais passageiros (remuneração) com menos ônibus ou trens (relativos aos custos de combustíveis, desgaste dos equipamentos, etc.) mais lucrativa é a operação. A qualidade passa longe dessa conta.

É urgente que o acesso ao transporte público não seja sinônimo de violação de direitos constitucionais, dentre eles a vida. Requalificar a infraestrutura é um dos lados de atuação para isso, mas o outro lado é a garantia do direito à memória. Diante da interrupção da potência de vida de Joana e de tantas outras pessoas, cabe ao Estado reconhecer a violação e adotar medidas que busquem a reparação e a não repetição.

Pensar e construir estratégias que mudem radicalmente esse modelo é fundamental para que o transporte público deixe de ser um segundo (ou terceiro) turno de trabalho, em termos de desgaste, para seus usuários e passe a ser um vetor da garantia da cidadania plena, na medida em que facilita o acesso a oportunidades e direitos, e um vetor de uma cidade mais sustentável, na medida em que desestimula o uso de soluções individuais de transporte, como o carro. Nesse sentido, o debate sobre a Tarifa Zero é central e inadiável.

Referências

ALBERGARIA, R.; NUNES, J. P. M.; MIHESSEN, V. D. *Não foi em vão*: mobilidade, desigualdade e segurança nos trens metropolitanos do Rio de Janeiro. Rio de Janeiro: Fundação Heinrich Böll, 2019.

ALVES, G. B. O.; MIHESSEN, V. D. *Pandemia na metrópole*: os impactos do coronavírus na mobilidade cotidiana da Região Metropolitana do Rio de Janeiro. Rio de Janeiro: Observatório de Metrópoles, abr. 2020. Disponível em: https://www.observatoriodasmetropoles.net.br/pandemia-na-metropole-os-impactos-do-coronavirus-na-mobilidade-cotidiana-da-regiao-metropolitana-do-rio-de-janeiro.

ANTP. *Revista Ponto de Vista*: 100 textos de especialistas para você saber, comentar e se informar. Um registro histórico dos principais textos publicados on-line. ANTP, 2013. Disponível em: http://files-server.antp.org.br/_5dotSystem/download/dcmDocument/2013/12/17/EEC0BFD2-AFC0-4B46-BEAD-DCBC575AE4E4.pdf.

BELISÁRIO, Adriano. *Especial Catraca*. Agência Pública, 2017. Disponível em: https://apublica.org/especial/especial-catraca.

CASA FLUMINENSE. *Boletim da Agenda Rio 2030*: por que tão caro? Transporte bom e barato é possível. Rio de Janeiro: Casa Fluminense, 2019.

_____. *Mapa da desigualdade 2020*. Rio de Janeiro: Casa Fluminense, 2020. Disponível em: https://casafluminense.org.br/wp-content/uploads/2019/04/2%C2%BA-Boletim-Agenda-Rio-2030-Por-que-t%C3%A3o-caro.pdf.

7. Democracia e esperança

7.1. A juventude negra vai circular

Lisandra Mara, Luana Costa e Luana Vieira

Introdução

Em aço oxidado e com seis metros de altura, a escultura que marca o Memorial pela Vida da Juventude Negra em Belo Horizonte – Aya Árvore da Vida Pela Vida – foi inaugurada no Centro de Referência da Juventude (CRJ) no dia 10 de dezembro de 2019, Dia Internacional dos Direitos Humanos. Aya pode ser interpretada como um importante símbolo da luta da juventude negra pelo direito à vida, à memória, à cidade. Um marco estacionado nas imediações da Praça da Estação, para onde confluem inúmeras das malhas de circulação de chegada e partida, de ônibus e trem urbanos, de ligação entre territórios negros, indígenas, ciganos e um núcleo embranquecido da cidade que se autodenomina "centro".

Aya é resultado de uma iniciativa institucional da municipalidade. Mas, mesmo com todas as possíveis contradições e tensões inerentes aos processos políticos, salta aos olhos a robustez física do ícone ferroso e a proposta interativa do projeto, que revela histórias, fortalece a vida e denuncia a necropolítica. Concebida com a participação de jovens das nove regionais administrativas da cidade, conforme relato do futuro arquiteto Gabriel da Cruz (2020)[122] – jovem selecionado para o Núcleo

---

[122] O estudante de Arquitetura Gabriel da Cruz nos concedeu em julho de 2020 uma entrevista sobre sua experiência na atividade.

de Pesquisa do memorial com ação na regional oeste –, a obra é assinada pelo artista negro mineiro Jorge dos Anjos.

Outra possível interpretação para Aya é a materialização do compromisso da institucionalidade com a pauta antirracista, pela vida e pelos direitos da juventude negra, que deve transcender a temática específica para a juventude no município. Ainda que reconheçamos a conquista, defendemos que as políticas públicas devam alcançar, dentre outras, a transformação da política de mobilidade urbana para a construção de reparações. Por ser conexão entre entre os lugares de moradia, trabalho, lazer e espiritualidade, compartilhamos com Antônia Garcia a compreensão da mobilidade urbana como instrumento de controle cotidiano dos acessos e das relações entre agentes (Garcia, A., 2009).

Nesse sentido, o propósito do texto é discutir as juventudes, as culturas juvenis e seus desafios e demandas relacionados à mobilidade urbana na Região Metropolitana de Belo Horizonte de modo a provocar reflexões para a construção de uma cidade democrática, diversificada tanto na experiência dos espaços (físicos e virtuais) quanto nos processos de decisão.

Na primeira parte do texto refletimos sobre as dinâmicas de produção e circulação nas cidades da periferia do sistema capitalista e as violências que atravessam os corpos múltiplos das juventudes e o estado de emergência para pretos e pretas. Em seguida, trazemos a problematização da encruzilhada entre corpos e lugares – se tem territorialidade, tem *apartheid*! –, para então fazer um convite à revolução epistêmica em O Grito

---

Escolhido em processo seletivo dentre 285 inscritos, jovens de Belo Horizonte, Betim, Vespasiano, Contagem, Nova Lima, Santa Luzia, Ribeirão das Neves, Pedro Leopoldo, Justinópolis, Sabará, Ibirité, Rio Acima e até de Juiz de Fora. Uma de suas ações no projeto foi resgatar e registrar histórias de mães que perderam os filhos, jovens negros. Para Gabriel, foi uma experiência de sensibilização, troca, aprendizado e ruptura com o senso comum, que revelou a multiplicidade de vidas e de sonhos por trás dos números do genocídio da juventude negra.

Griot: a periferia como ponto de partida para o pensamento e o manifesto poético de João Paiva, Baião do Barreiro.

Na discussão, buscamos olhar de forma especial para o direito de jovens pretas e pretos à cidade, jovens que em Belo Horizonte tiveram atuação determinante na ocupação e ressignificação de espaços do núcleo embranquecido e na concepção, construção e uso do Centro de Referência da Juventude (CRJ), localizado na Praça da Estação. Como declarou em 2017 a historiadora e educadora social Jamine Miranda[123], apesar das adversidades, a efervescência na cidade resiste e transborda das vilas, favelas e periferias, onde a cultura juvenil dá as cartas para a construção de uma cidade mais inclusiva. O histórico de conquistas das lutas juvenis em Belo Horizonte e no país, que transcende a sobrevivência e incide na elaboração de políticas públicas e do bem viver, mantém viva a esperança: a juventude negra vai circular.

Dinâmicas de produção e circulação nas cidades da periferia do sistema capitalista

A cidade é o palco do exercício do poder. Por ela circulam, em disputa, corpos, narrativas e matéria nas dinâmicas de produção do espaço urbano. As metrópoles brasileiras capitalistas, patriarcais e colonialistas são símbolos das ideologias que as estruturam. Social e espacialmente hierarquizadas, compostas por núcleos embranquecidos e fálicos onde se concentram as riquezas produzidas sobretudo pelo trabalho dos corpos negros que habitam os territórios mais retintos e horizontalizados, esparsos ou mesmo adensados, onde, como disse a criança, "cada um tem seu céu em cima"[124]. Como nos apresenta Mil-

---

[123] Em fala durante mesa do Curso Promotoras Populares de Defesa Comunitária, promovido em 2017 pelo CAU Direitos Humanos do Ministério Público Estadual e para formação principalmente de mulheres negras que eram lideranças em comunidades na Região Metropolitana de Belo Horizonte.
[124] Fala de criança moradora da Favela da Serra em entrevista a Izabel

ton Santos (1998), na produção do espaço urbano, dinâmicas espaço-temporais produzem uma sobreposição de encontros efêmeros e matéria construída e reconstruída para morar, cuidar, trabalhar, estudar, recrear, divertir, criar e circular.

A necessidade de deslocamento cotidiano sempre acompanhou as dinâmicas urbanas. A cada passo dado rumo ao famigerado desenvolvimento, mais complexas as cidades se tornaram e a mobilidade foi forjada como objeto privilegiado nas relações sociais, econômicas e de trabalho. Foi e ainda é por meio dela que as possibilidades de organização da vida nas cidades acontecem. Como afirmam Rafaela Albergaria et al. (2019), o debate sobre as possibilidades de "mobilidade de pessoas" como política pública e social abarca perspectivas de deslocamentos corporativos, cooperativos, coletivos, inclusivos e individuais, relacionados a uma gama de construções e posições sociais que implicam garantias democráticas.

Para Clarisse Cunha Linke e Roberto Andrés (2020), o transporte coletivo urbano por ônibus no Brasil enfrenta há muitas décadas uma grave crise quanto à sua gestão e financiamento. A estrutura é montada para gerar lucro no lugar de garantir acesso a oportunidades, uma vez que os formatos de licitação se baseiam em contratos de longa duração que concentram gestão, frota, garagens e bilhetagem nas mãos de poucas concessionárias. O lucro é gerado a partir do pagamento da passagem. Essa lógica de mercado no transporte, somada à fragilidade de controle e ausência de subsídio público, induz à precarização do serviço, com aumento dos preços das passagens, e à redução da oferta. Esse sucateamento é agravado pela orientação das políticas em torno do automóvel, com priorização de grandes obras viárias e políticas de redução de alíquotas de impostos para a compra de veículos.

As estruturas de segregação também podem ser observadas a partir das tendências discriminatórias e excludentes presentes

---

Melo durante realização da sua pesquisa de mestrado (Melo, 2009).

nas formas de deslocamento de homens e mulheres nas cidades. Segundo dados da Pesquisa Origem e Destino da Região Metropolitana de Belo Horizonte, realizada em 2012, a maior parte dos deslocamentos das mulheres é feito a pé (58,1%) e de transporte coletivo (20,81%). No caso dos homens, (47,2%) de seus deslocamentos são a pé e (18,81%) são de transporte coletivo. Eles também fazem mais trajetos de ida e volta para casa, sem nenhuma demanda a ser realizada nesse caminho. No caso da RMBH, são (47,5%) dos deslocamentos masculinos contra (34,9%) dos deslocamentos femininos – geralmente trajetos marcados pelas tarefas de cuidado em que mulheres têm, social e historicamente, sido colocadas como responsáveis. Cabe ressaltar a violência presente no cotidiano de deslocamento dessas mulheres. Segundo pesquisa realizada pelos institutos Patrícia Galvão e Locomotiva em 2019, 97% das mulheres no Brasil já sofreram algum tipo de assédio no transporte público.

A cidade, portanto, é produzida de modo a garantir um funcionamento que corresponda a interesses dominantes, econômicos, brancos, masculinos e adultos. Os interesses dos outros tantos atores que produzem a cidade são historicamente relegados a posições inferiorizadas da hierarquização social. E numa dessas posições encontramos as possibilidades de reprodução da vida reservadas à juventude negra. Jovens que, diante de um projeto hegemônico de cidade pautado na violência contra seus corpos e na negação do morar, circular ou mesmo existir, resistem e criam dinâmicas de afeto e cuidado. Violências que se agravam com a interrupção do processo de democratização em curso no país nas últimas três décadas com efeitos sobre a vida das juventudes.

Corpos múltiplos das juventudes e o estado de emergência para pretos e pretas

Não foge mais à reflexão que o termo "juventude", no singular, não consegue traduzir a diversidade de um grupo social formado por mais de 51 milhões de brasileiros que vivem e transitam por territórios tão diversificados Brasis afora. Há alguns anos o país passa por um processo de ressignificação, na esfera pública, das visões a respeito desses sujeitos que constituem a parcela jovem da sua população. São indígenas, quilombolas, ribeirinhos, homens e mulheres periféricas, cis e transgêneros. Pessoas que professam religiões diferentes, trabalhadores e universitários, pessoas com deficiência, milhares que não estudam nem trabalham, subjetividades diversas, encruzilhadas infinitas.

Atualmente[125], um quarto da população brasileira está na faixa de 15 a 29 anos de idade e são considerados "jovens" pelo Estatuto da Juventude (2013). A lei conquistada a duras penas pelos movimentos juvenis dispõe sobre os direitos das juventudes brasileiras e, de certa forma, ecoa o grito oriundo dessas vozes por narrativas que considerem a pluralidade de suas manifestações e a urgência por necessidades no agora. A partir do estatuto é possível refletir orçamento, planejamento e organização de políticas públicas específicas que expandam garantias constitucionais de direito à moradia e à mobilidade, à saúde, à sustentabilidade e ao meio ambiente ecologicamente equilibrado, à educação e à cultura, ao esporte e ao lazer, à profissionalização, ao trabalho e à renda, ao acesso à justiça, à participação social, política e à representação juvenil e, consequentemente, políticas públicas que impeçam o genocídio da juventude negra.

O contexto de reconhecimento da juventude como categoria social, o ambiente de empoderamento e valorização das identidades juvenis dentro dos movimentos sociais, somados às iniciativas em âmbito federal de promoção de políticas de juventude, favoreceu a criação do Centro de Referência da Juventude (CRJ) em Belo Horizonte. No entanto, como ressalta Bruno Vieira (2019), as juventudes belorizontinas enfrentaram um longo per-

---

[125] De acordo com o Censo do IBGE de 2010. Mais na internet: https://biblioteca.ibge.gov.br/visualizacao/livros/liv95011.pdf.

curso desde os processos de discussão da década de 1990 e a formulação da proposta no contexto da III Conferência Municipal de Juventude em 2006. Foi apenas em 2011, no entanto, que o debate de implantação do CRJ foi retomado, período marcado por uma série de diálogos infrutíferos entre grupos juvenis e a prefeitura de Belo Horizonte, responsável pela implantação do centro junto com o governo de Minas Gerais.

Em 2015, a obra foi entregue à cidade, mas com possibilidade limitada de utilização. Nesse contexto, o ano de 2016 é marcado pela radicalização da discussão com a ocupação das juventudes reivindicando a imediata abertura do espaço com o movimento #OcupaCRJ, que, entre outras ações, propôs a formulação de um projeto de utilização democrática do centro que colocasse as juventudes à frente da sua construção com a criação do Comitê Gestor CRJ. A posse do comitê para a gestão 2020-2021 foi recém-realizada.

Entretanto, toda essa movimentação política e ativismo juvenil se dá em meio a um genocídio direcionado à cor da pele. Em tempos de pandemia da Covid-19, a redução das ações policiais no estado do Rio de Janeiro diminuiu em 60% o número de mortes, conforme Estudo da Rede de Observatórios da Segurança. Por aqui, todo mundo sabe que a violência contra as juventudes é programada e produzida em grande escala. Érica Malunguinho (2020) constata que os números do Atlas da Violência e do Anuário Brasileiro de Segurança Pública registram o que a experiência vivida pela população preta e periférica já sabe: gente que some, deixando de existir por uma regra que nos habituamos a ver.

Nascidas(os) e criadas(os) na periferia, também são incontáveis os manos e as pretas raras que vimos morrer. Como destaca Sílvio Almeida (2018), o racismo – entranhado nas estruturas das nossas instituições – fornece o sentido, a lógica e a tecnologia para o funcionamento dessa política de morte que tenta exterminar o povo negro. A Polícia Militar, defensora da propriedade privada, é historicamente a maior legitimação do racismo no Brasil, assassina vidas pretas desde sua criação em 1809. De revolta em revolta, corpos pretos insurgentes são abatidos sob o estigma da ilegalidade somada à impunidade estrutural que protege os algozes. Os noticiários são incansáveis na reprodução desta nossa tragédia cotidiana. Quantos casos de assassinato de jovens, vítimas de arma de fogo e mortos em operações policiais desastrosas, nós acompanhamos pela TV nos últimos anos?! 111 tiros disparados contra cinco jovens pretos dentro de um carro "suspeito". Quem será responsabilizado por essa emboscada em Costa Barros?! O governador do estado?! Quantos mais serão necessários tombar para que se inverta essa lógica de aversão à cor, de guerra, de repressão e de reação que orienta a matança de civis e policiais negros nas políticas de segurança pública no Brasil?!

Desde a década de 1970, movimentos negros unidos contra a discriminação racial rememoram nossa ancestralidade, que em nosso passado forjamos revoltas, lutamos por liberdade, formamos quilombos, construímos a cultura e a história desta nação. Portanto, a maior geração de jovens da história deste país não pode ser negligenciada. O Estado precisa ser denunciado. Responsabilizado em tribunal. Obrigado a reparar a partir de um pacto profundo de rompimento das violências estruturais contra as juventudes, prioritariamente a juventude preta e periférica, que efetivamente mais sente as vias da exclusão e da morte. Repensar a segurança pública pelo viés da cidadania e priorizar o respeito aos direitos humanos, especialmente no que se refere à vida, é elemento central para a constituição de uma sociedade efetivamente democrática. Dialogando outra vez com Érica Malunguinho (2020), vidas negras importam vivas.

Se tem territorialidade, tem apartheid!

No Brasil urbano, construído sob o signo de quase quatrocentos anos de escravização, podemos afirmar que o racismo é uma constante nas dinâmicas de produção das cidades e que as políticas públicas se pautaram pelo projeto de embranquecimento da nação. A primeira Constituição do Brasil (1824) considerava gerações escravizadas como "não humanas", de modo que a população negra foi impedida por lei de frequentar a escola (1839), não teve direito à terra, na Lei de Terras (1850), nem sua cidadania garantida após a promulgação da Lei do Ventre Livre (1871), e tampouco teve acesso a serviços e bens de consumo após a assinatura da Lei Áurea (1888).

Recorremos às memórias de Neusa Maria Pereira (2019), uma das fundadoras do Movimento Negro Unificado de 1978:

> Com o término da escravidão, uma massa humana foi atirada à rua, entregue à própria sorte, sem receber nenhuma garantia do Estado. Quem recebeu o dinheiro que deveria ir para as mãos dos ex-escravizados foram os imigrantes, que puderam, com benefícios materiais, começar sua vida no país que tomariam como deles. Começava também a política de embranquecimento da nação sempre desejado pela classe dominante. Nas ruas das cidades brasileiras perambulavam pessoas desesperadas e disformes pela fome. Massas formadas por ex-escravizados expulsos das fazendas onde tinham, mesmo que em condições desumanas, um teto para dormir e comida para se alimentar. Os despossuídos de qualquer auxílio tinham que procurar empregos e casas para morar numa sociedade racista não interessada em sua inclusão. O sustento da família era garantido pelo trabalho da mulher negra como doméstica ou vendedora de quitutes nas ruas das principais metrópoles do país. Nesse contexto, grande parte da população negra foi empurrada para as favelas e comunidades pobres da periferia esquecida pelo poder público, de onde têm ainda hoje muita dificuldade para sair.

Essas desigualdades vão sendo espelhadas, produzidas e reproduzidas no espaço de construção das cidades no contexto contemporâneo sob a lógica de divisão racializada dos territórios, com políticas públicas fundadas em dinâmicas que favorecem a concentração da riqueza produzida pela sociedade nos núcleos embranquecidos. Como nos apresenta a historiadora Josemeire Pereira (2018), no Arraial do Curral Del Rei, sítio onde a elite mineira implanta o projeto de embranquecimento republicano para se tornar a capital do estado, predominava a população negra (cerca de 80% da população), sobretudo mulheres negras livres. Essa população afrodiaspórica é retirada de seu território constituído por encruzilhadas, por festas do Rosário e de Santana, pelo cruzeiro no alto do morro, por tecnologia construtiva africana de adobe, pau-a-pique e madeira arrasados para dar lugar à malha urbana ortogonal do interior da atual avenida do Contorno e as zonas suburbanas de Belo Horizonte.

Desde então, ao longo do século XX, a população não branca, sobretudo afrodiaspórica, é historicamente excluída dos processos de decisão e seus territórios são estigmatizados, constituídos no imaginário dominante como signos da precariedade, da insalubridade e da pobreza. Ideias que se consolidam no espaço ao longo do tempo e à medida que a sociedade opta, por meio da negligência, tornar dicotômica a produção da cidade na lógica centro-periferia, e destinar à população negra, indígena e diversa condições urbanas genocidas. As cidades brasileiras são fruto dessa herança escravocrata, que aprofunda segregações simbólicas hierarquizadas em regiões divididas por classes, cores e etnias. Atualiza a geografia e o nosso lugar nessa embarcação: das senzalas para os guetos, dos tumbeiros para o busão!

Distribuição da população negra em Belo Horizonte, 2018

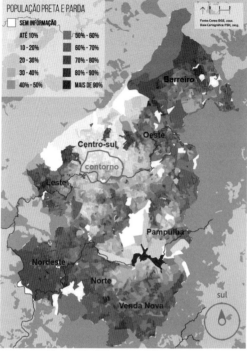

Fonte: IBGE, 2010; Silva, 2018.

A localização na cidade determina as oportunidades na medida em que possibilidades de acesso a serviços, equipamentos públicos e ao mercado de trabalho por meio da mobilidade urbana estão relacionadas ao lugar de moradia. Imagine seu direito de acessar a cidade sendo racialmente condicionado e, enquanto morador ou moradora de favela, periferia ou ocupação, ter que arcar com altas tarifas para conseguir acessar equipamentos públicos essenciais, atravessar vias de alta velocidade e cruzamentos mal sinalizados, percorrer quilômetros de passarelas para baldeação, cruzar catracas e correntes "sob o olhar sanguinário do vigia", cobrar pela ausência de informação de horários e itinerários todos os dias, enfrentar longas filas de espera, equilibrar-se em carros e vagões sujos e superlotados, conviver com abusos ou ter seu corpo violado, derivar na madrugada porque o transporte público que o(a) levaria de volta para casa simplesmente acaba. E saber que o caminhão matou na BR a van que levava seus amigos para estudar: eram doze, sobreviveram seis. Como destaca Tainá de Paula (2020), para a nossa sociedade, as periferias são como depósitos que acomodam a classe trabalhadora ainda compreendida como massa escravizada e os modais, instrumentos de locomoção e de transporte urbano, bebem dessa estruturação do racismo e da desigualdade social.

Na outra ponta institucional, o Estatuto da Juventude[126] indica, no seu artigo 31, que "o/a jovem tem direito ao território e à mobilidade, incluindo a promoção de políticas públicas de moradia, circulação e equipamentos públicos, no campo e na cidade". O fragmento de lei se volta para a necessidade de expansão de garantias que trazem para o primeiro plano o debate sobre cidadania e participação social e política. Entretanto, o Fórum das Juventudes da Grande BH, em sua plataforma Juventudes contra a Violência[127], denuncia:

> o direito ao território e à mobilidade são dificilmente assegurados pelo poder público, visto que parcela considerável das juventudes brasileiras vive em espaços precários, e a circulação de muitos jovens pelos espaços públicos é marcada por segregações socioespaciais motivadas por preconceito e discriminações de todos os gêneros. (Eixo Programático Direito à Cidade).

---

[126] Estatuto da Juventude. Disponível em: http://www.planalto.gov.br/ccivil_03/_Ato2011-2014/2013/Lei/L12852.htm.

[127] A plataforma política Juventudes Contra a Violência estabelece dez pautas prioritárias para que a sociedade civil e os governos possam se comprometer com o enfrentamento às violações de direitos sofridas pela população jovem. Sua construção é fruto de um intenso processo colaborativo entre grupos, movimentos e organizações com atuação no campo das juventudes e dos direitos humanos em Belo Horizonte e RMBH.

Sobre as políticas específicas de mobilidade urbana, o Fórum também publiciza que há ausência de intersetorialidade nas esferas federal, estadual e municipal quando o assunto é subsídio para o transporte das juventudes.

> Capitais como Recife, Belo Horizonte e Cuiabá, por exemplo, associam o direito ao transporte público exclusivamente à condição de estudante – e não à de jovem, como previsto no Estatuto. (Eixo Programático Direito à Cidade).

A exemplo disso, temos o transporte urbano como gatilho das Jornadas de Junho em 2013, quando revoltas populares, ocorridas em todo o país, contestaram o aumento das tarifas do transporte público em mais de cem cidades brasileiras. O *salve geral* das juventudes do Movimento Passe Livre (MPL) reinseriu com fôlego o debate de transformação da atual concepção de transporte coletivo urbano, rechaçando a sua concepção mercadológica e abrindo espaço para a luta por um transporte público, gratuito e de qualidade como direito para o conjunto da sociedade.

Nessa toada, duas grandes janelas de discussão puderam ser abertas: uma para a criação de um desdobramento jurídico que colocasse o transporte coletivo urbano no rol de direitos sociais no país. Avançamos! A Emenda Constitucional n. 90/2015[128] foi aprovada em setembro de 2015. A segunda janela de discussão questiona a persistência do olhar enviesado sobre as formas de ocupação dos espaços urbanos pela juventude negra e periférica, que, além de desvalorizada culturalmente, é sistematicamente criminalizada.

---

128 A Emenda Constitucional n. 90/2015, aprovada em setembro de 2015, coloca o transporte urbano no rol dos "novos" direitos sociais no Brasil. Proposta no ano de 2011 pela deputada federal Luiza Erundina, a aprovação da emenda expõe a dificuldade da população em arcar com as altas tarifas do transporte coletivo, e é fruto da mobilização e luta dos movimentos populares desde os primeiros anos da década de 2000, com o surgimento do Movimento Passe Livre (MPL) em várias cidades brasileiras.

Nos anos que se passaram desde junho de 2013, praticamente tudo se transformou na sociedade brasileira, mas algumas relações insistem em permanecer. O *pulão* – ato de não pagar a tarifa, seja pulando a catraca, entrando pela porta de trás ou permanecendo na parte dianteira do ônibus – evidencia a barreira financeira que essa parcela da juventude enfrenta para ter acesso à cidade. Em diversas capitais do país, não pagar a tarifa é a forma encontrada por jovens para não se submeter à lógica de que, para usar o transporte público, é necessário ter dinheiro. O *pulão* é um ato de necessidade, de não submissão a um sistema de transporte que é segregador, em especial se levarmos em consideração o preço das tarifas do transporte coletivo metropolitano, a dificuldade da juventude negra periférica de se inserir no mercado de trabalho e a necessidade de locomoção para fins de lazer e cultura. De lá para cá, como as juventudes têm destruído essas barreiras que as avisam constantemente quem são as pessoas autorizadas e não autorizadas a usufruírem de espaços públicos e simbólicos nas cidades?

Grito Griot: a periferia como ponto de partida para o pensamento

As expressões culturais juvenis, cujo DNA está no senso de coletividade das periferias dos grandes centros urbanos, dão o tom de reação à perversidade dos conflitos sociais e das violências determinadas por esse Estado colonial, racista, machista, misógino e LGBTfóbico. Ao contrário daqueles que alegam ser os únicos detentores do consciente, a filosofia ancestral *corta de mil* a quebrada, tem formato intelectual próprio, cria e recria apontamentos para que se reverta essa lógica de apagamento simbólico da memória de resistência do povo preto em nosso país.

Nossos corpos, territórios e saberes são políticos e nossas escolas de formação vão desde o aquilombamento nos terreiros de umbanda e candomblé, da geração avó, à ressignificação do espaço urbano dada pela arquitetura em movimento da favela. Está na frequência de cuidado com o cultivo do nosso próprio alimento, na partilha da medicina e da etnobotânica comunitária, no futebol de várzea, nas rodas de samba e poesia, na gira da capoeira e no ambiente de potencialização cultural e política dos movimentos reggae, soul, funk e hip hop. Está na rua com a movimentação dos saraus de periferia e na experiência de mandatos coletivos – instrumento de ocupação na política institucional que inclui e vocaliza lutas de parte significativa da população brasileira que não estava representada nos parlamentos.

A partir de relatos da Roda BH de Poesia[129], nos últimos quinze anos nasceu nas periferias dos grandes centros urbanos um grande número de saraus e movimentos de literatura. Esses espaços surgem trazendo novos apontamentos para a literatura contemporânea brasileira, já que seu nascimento se dá em locais que não as bibliotecas ou ambientes já destinados à literatura. O ano de 2013 é marcado pela multiplicação de saraus cuja proposta é fazer literatura em espaços públicos das cidades. O Sarau do Binho, na Zona Sul de São Paulo, e o Sarau da Cooperifa, são dois exemplos dos primeiros saraus desse movimento chamado retomada da literatura contemporânea brasileira.

Os saraus inauguram o espaço dedicado à palavra falada como uma ferramenta de luta política que reinventa o tecido urbano por meio do compartilhamento de leituras, e tais relações provocaram deslocamentos tanto na literatura, que, historicamente, esteve em um espaço confortável, silencioso, canônico e, por assim dizer, elitista, quanto na vivência e ocupação das pessoas nos espaços públicos da própria cidade. Assim como a proposta de transformar bares e botecos em espaços culturais se espalha pelo país com o surgimento do Sarau Coletivoz, no Barreiro (MG), Sarau Debaixo (Aracaju), Sarau da Onça e Sarau Bem Black (Salvador), Sarau da Guilhermina (São

---

129 A Roda BH de Poesia é um espetáculo de *spoken word*, atividade literária que reverencia a poesia falada e a oralidade. Inspirada nas rodas de poesia tradicionais na região Nordeste do Brasil e pelos movimentos contemporâneos da poesia brasileira, a Roda BH de Poesia é palavra viva, um corpo lírico formado por poetas e artistas que trabalham a palavra através de diferentes suportes, técnicas e experimentações.

Paulo), Sarau B1 e Sarau Curió (Fortaleza), entre tantos outros, também começam a surgir, a partir das especificidades de cada local, saraus e espaços de literatura em praças públicas, ruas, estações de metrô, viadutos, pontos de ônibus, becos, terrenos ociosos, casas, galpões e edifícios subutilizados nas cidades. A poesia e a literatura inevitavelmente passam a criar relações íntimas com a cidade, pois as ocupações culturais geralmente ocorrem em espaços públicos abertos e, mesmo quando têm como cenário espaços fechados, não deixam de discutir a configuração espacial da cidade e sua inerente desigualdade.

O ambiente dos Slam's, movimento de batalhas de poesia falada, *spoken word* – trazido ao Brasil pela poeta e pesquisadora Roberta Estrela D'Alva –, novamente torna-se referência na poesia contemporânea brasileira. Poetas, ativistas autônomas, educadores populares, entre tantas outras identidades sociais, também se valem da poesia como ferramenta de (re)existência e combate ao racismo, ao machismo e às injustiças sociais. A literatura e a palavra falada são utilizadas como ferramentas de afirmação de identidades e ressignificação social, como meio de dialogar com os problemas políticos, com o intuito de compartilhar essas críticas e ir ao encontro da solução desses problemas.

A organização cultural e política das juventudes brasileiras, com sua capacidade crítica e criativa, multiplica tempo e espaço, amplia horizontes existenciais e enriquece subjetividades que germinam mundos possíveis. Na última década, milhares de *griots urbanos* têm contado as histórias de como sentem as vozes e as memórias que atravessam seus corpos na vivência das cidades.

O manifesto poético de João Paiva (2019) desenha em letra incendiária de força as dimensões sistêmicas que regem as dinâmicas de produção e circulação nas cidades. "Baião do Barreiro", é *papo reto* sobre a violência institucional cotidiana perpetrada contra as juventudes no acesso aos bens culturais da cidade, ocupa o que foi abandonado pelo Estado e dá sentido às agruras e alegrias de uma parcela da juventude brasileira que resiste e dissemina práticas de bem viver.

BAIÃO DO BARREIRO

Por João Paiva

Baaaaaaaaaaaaaaaaaaaarreiro Velho Oeste
Me visto e ele me veste
É triste mas nós resiste
Na playlist CDR é
Trinca a mente dos pivete
Do Mangueiras, Castanheira
Das trincheira do Teixeira
Onde se marca uma fronteira no riscar de uma peixeira
Lá na Vila Marieta não tem treta pra moleque
É que
O mineiro é da roça
Mas cuidado aí seu moço
Não pisa no meu caroço
Que eu passo com a carroça na cabeça e no pescoço Jhow
Respeito é pra quem tem
Pergunta Lá no Cardoso
Na pracinha da Febem
O corre é cabuloso
Os cana chega nervoso
Faz o papel de Bozo

Põe a arma no meu rosto
E fala que é pro meu bem
Fala que é pro meu bem
Fala que é pro meu bem
Põe a arma no meu rosto e fala que é pro meu bem
Vou pra zêoooooooo
Colar com Russo do Morada
Que faz a rapaziada
Não cair nessa cilada e na casinha da vovó
Vou pra zêoooooooo

Colar com Russo do Morada
Que faz a rapaziada
Não cair nessa cilada e na casinha da vovó

Tipo Chedinho o Canto do Curió
Eu faço o meu caminho
No passo do mineirinho
Não faço no cavaquinho
Mas faço o meu melhor
E da VP pro Águas Claras, também na Curumbiara
E só chegar na humildade
Se a passagem ali tá cara
A firma já foi bem clara
Que o busão vai ser de graça pra toda comunidade
Uns sonha com as de cem
Novinha caucasiana
Mansão no morro dos Gatti
Iate em Copacabana
Eu digo sou do combate
O rap que me faz bem
Se morro numa semana
Não deixo nem muita grana
Só um pedaço da Joana
E fala que é pro meu bem
Fala que é pro meu bem
Fala que é pro meu bem
Um pedaço da Joana e fala que é pro meu bem
Vou pra zêoooooooooo
Eu vou colar com mano Arthur
Vou colar no Itaipú
Vou pegar uns 5 conto do baguio da dola azul
Vou pra zêoooooooooo
Eu vou colar com mano Arthur
Vou colar no Itaipú
Vou pegar uns 5 conto do baguio da dola azul

Nascido e criado cultura de rua direto da rua Agave
Cola no campo do Estrela do Vale que nunca verás uma bola
[na trave
DJ Teeny faz o beat direto do Bonsucesso, Liberdade, mano é sério
Barreiro e seus império
Batendo nos seus estéreo
Onde o Cristo tem rinite e alergia do minério
FODA-SE Álvaro Antônio sou bem mais o meu avô
Só cola ali no Tirol e pergunta do Zé Pintô
Pergunta comé que eu tô
Pergunta comé que eu vou
Lá pra Zona Norte trombar com o mano Digô
Certeza não é de metrô
Que a verba ainda não entrou
É isso que eles falou
Que tem que esperar no ponto
Que tem que esperar e pronto
Que tem que ter 5 conto
E eu quase sempre tô tonto
Na madruga confundido doutor eu sou professor
Mas com essas "roupa de bandido" pergunta pra onde é que eu vou
Vou pra zêoooooooooooooo
Vou Lá pro Coletivoz
Vou gritar a Luta é voz
Vou fazer umas poesia e ainda beber com meus herói
Vou pra zêoooooooooooo
Vou colar com NG, vou colar com mano IK
Vou pra batalha da praça ver minha raça improvisar
Vou pra zêoooooooooooo
Vou Lá pro Coletivoz
Vou gritar a Luta é voz
Vou fazer umas poesia e ainda beber com meus herói
Vou pra zêoooooooooooo
Vou colar com NG, vou colar com mano IK
Vou pra batalha da praça ver minha raça improvisar

Considerações finais: mobilidade urbana como política de reparação

A mobilidade urbana da juventude negra é experiência marcada pela violência e traz à tona a necessidade da ampliação do processo de reversão do apagamento da multiplicidade das dimensões das experiências sociais que compõem o espaço urbano. Entendemos que os processos de construção dessas reparações devam se pautar em propostas políticas para os próximos tempos-espaços fundadas no envolvimento, na coletividade e no cuidado. Como evoca Patrícia Hill Collins (2015, p. 72): "Espaços públicos que sejam públicos de fato, que fomentem os cuidados como práticas comuns e coletivas, a produção de afetos que subvertam o tratamento dos corpos e das pessoas como descartáveis".

A Constituição Federal Brasileira já estabelece, em seu artigo sexto, o transporte como direito social a ser provido pelo Estado, assim como o são a saúde e a educação. O transporte urbano é um catalisador de transformações nas cidades por garantir condições de vida, acesso a serviços públicos, equipamentos urbanos e oportunidades de emprego. Entretanto, a ausência das perspectivas de raça, gênero e idade – reforçada pela baixa representação político-institucional de mulheres, pretos e jovens nas instâncias de poder e decisão – precisam ser superadas por essa política pública que se pretende "reparadora".

Do ponto de vista do planejamento urbano e territorial, um importante instrumento da reforma urbana, o Plano Diretor da cidade de Belo Horizonte (Lei n. 11.181/2019), foi aprovado na Câmara Municipal em contexto de muita disputa com o empresariado local. Dentre as diretrizes e articulações feitas por vereadores, prefeitura, entidades civis e movimentos sociais, nota-se um avanço sobre ações que priorizam o transporte público coletivo, bem como modais de transporte não motorizado. Contudo, o Conselho Municipal de Mobilidade Urbana de Belo Horizonte (Comurb), esfera de participação popular que, dentre outras atribuições, é responsável pelo monitoramento dos investimentos e implementação das políticas públicas de mobilidade na capital, não se reúne desde fevereiro de 2016.

Essa tendência de distanciamento entre os poderes e a população faz a realização de debates públicos sobre questões urgentes referentes ao tema permanecerem restritos a ambientes técnicos, muitas vezes esvaziados de vivência e conformados com a perpetuação de opressões, com a manutenção de privilégios materiais, subjetivos e simbólicos que afrontam o direito que todos têm à cidade. Refletir sobre a relação entre juventude e território, assim como a retomada da participação popular nas instâncias municipais da mobilidade urbana, é fundamental para ressignificarmos a memória das cidades, trazendo uma multiplicidade de narrativas sobre ela.

Para as juventudes – jovens mulheres, juventude preta e periférica, jovens portadores de deficiência, juventudes LGBTQI+ etc. –, esses espaços de participação podem ter potencial educativo, de inserção e aprendizado da cidadania e outros valores democráticos, principalmente no que se refere à ruptura do postulado de silêncio e desautorização discursiva na busca de soluções que revertam a lógica excludente que se perpetua na política de mobilidade.

Estamos na Década Internacional de Afrodescendentes, compromisso assumido pelo Estado brasileiro perante a comunidade internacional (ONU, 2015). O programa de atividades por meio dos eixos temáticos *justiça*, *reconhecimento* e *desenvolvimento* orienta os Estados para que promovam ações de reparação à população negra. O compromisso assumido pelo Estado brasileiro vincula os poderes Legislativo, Executivo e Judiciário a promover diversas ações, entre elas:

- remover os obstáculos que impedem o igual desfrute de todos os direitos humanos, econômicos, sociais, culturais, civis e políticos, incluindo o direito ao desenvolvimento;
- adotar medidas eficazes e apropriadas, incluindo medidas legais, conforme o caso, para combater todos os atos de racismo, em particular a disseminação de ideias baseadas

na superioridade ou ódio racial, incitamento ao ódio racial, violência ou incitamento à violência racial, bem como propaganda racista e participação em organizações racistas;
• encorajar os Estados a garantir que tais motivações sejam consideradas fator agravante para efeitos de condenação;
• adotar, fortalecer e implementar políticas, programas e projetos orientados à ação para combater o racismo, a discriminação racial, a xenofobia e a intolerância correlata concebidos para assegurar o pleno desfrute dos direitos humanos e das liberdades fundamentais pelos povos afrodescendentes.

A comunidade internacional também incentiva os Estados a elaborar planos de ação nacionais para promover a diversidade, igualdade, equidade, justiça social, igualdade de oportunidades e a participação de todos, assim como tomar todas as medidas necessárias para efetivar o direito dos afrodescendentes, particularmente das crianças e jovens, à educação básica e gratuita, e ao acesso a todos os níveis e formas de educação pública de qualidade sem discriminação.

O manifesto *Enquanto houver racismo, não haverá democracia*, da Coalizão Negra por Direitos (2020), não nos deixa mais retroceder: o combate ao racismo é o assunto mais premente e importante na democracia brasileira. Lutar contra as desigualdades sociais nas cidades passa necessariamente pela luta antirracista, pela promoção, defesa e garantia dos direitos humanos. Como parte da ampla gama da cidadania ainda por conquistar – reivindicamos **à juventude negra o direito à mobilidade urbana**.

Pela circularidade da nossa ancestralidade, retomamos aqui o início desta discussão, e evocamos: nossa juventude é Aya, emblema Adinkra da resistência e da desenvoltura, planta que cresce em tempos difíceis. Por isso afirmamos a perseverança, ainda que a conjuntura sanitária, política, social e econômica nos sugira o contrário: a juventude negra vai circular.

Referências

ALBERGARIA, Rafaela; NUNES, João P. M.; MIHESSEN, Vitor. *Não foi em vão*: mobilidade, desigualdade e segurança nos trens metropolitanos do Rio de Janeiro. Rio de Janeiro: Fundação Heinrich Böll, 2019.

ALMEIDA, Sílvio Luiz de. *O que é racismo estrutural?* Belo Horizonte: Letramento, 2018.

ANDRÉS, Roberto; LINKE, Clarisse Cunha. Brasil precisa de um SUS no transporte público. *Revista Piauí*, v. 166, jul. 2020. Disponível em: https://piaui.folha.uol.com.br/brasil-precisa-de-um-sus-no-transporte-publico.

BELO HORIZONTE. Lei n. 11.181, de 8 de agosto de 2019. Aprova o Plano Diretor do Município de Belo Horizonte e dá outras providências. Disponível em: https://leismunicipais.com.br/plano-diretor-belo-horizonte-mg.

_____. *O Plano de Mobilidade de Belo Horizonte* (Planmob). Disponível em: https://prefeitura.pbh.gov.br/bhtrans/informacoes/planmob-bh.

_____. *Pesquisa Origem e Destino da Região Metropolitana de Belo Horizonte de 2012*. Disponível em: https://prefeitura.pbh.gov.br/bhtrans/informacoes/dados/pesquisa-origem.

BRASIL. *Emenda Constitucional n. 90, de 15 de setembro de 2015*. Dá nova redação ao art. 6º da Constituição Federal, para introduzir o transporte como direito social. Disponível em: http://www.planalto.gov.br/ccivil_03/constituicao/Emendas/Emc/emc90.htm.

_____. Lei n. 12.852, de 5 de agosto de 2013. Estatuto da Juventude. *Diário Oficial da União*, Brasília, 2013.

CANDIDO, Marcos, DE PAULA, Tainá: "Precisamos pensar a favela como parte central da cidade". *Ecoa*, 29 jul. 2020. Disponível em: https://www.uol.com.br/ecoa/ultimas-noticias/2020/07/29/e-preciso-ver-favela-como-o-centro-da-cidade-diz-arquiteta-taina-de-paula.htm.

CARDOSO, Marcos Antônio. *O movimento negro em Belo Horizonte*: 1978-1998. Belo Horizonte, 2001. Dissertação (Mestrado em História) – Departamento de História, Faculdade de Filosofia e Ciências Humanas, Universidade Federal de Minas Gerais.

COLLINS, Patrícia Hill. Em direção a uma nova visão: raça, classe e gênero como categorias de análise e conexão. In: MORENO, Renata (org.). *Reflexões e práticas de transformação feminista*. São Paulo: Sempreviva Organização Feminista, 2015. Disponível em: http://www.sof.org.br/wp-content/uploads/2016/01/reflex%C3%B5esepraticasdetransforma%-C3%A7%C3%A3ofeminista-1.pdf.

GARCIA, Antônia dos Santos. *Desigualdades raciais e segregação urbana em antigas capitais*: Salvador, cidade d'Oxum, e Rio de Janeiro, cidade de Ogum. Rio de Janeiro: Garamond, 2009.

GARCIA, Bruno. Cosmovisões afrodiaspóricas na América Latina: protagonismos femininos marcados por práticas ancestrais na Zona Norte de São Paulo, Brasil. *Ciencias Sociales y Religión*, v. 20, n. 28, p. 142-57, 2018. Disponível em: https://econtents.bc.unicamp.br/inpec/index.php/csr/article/view/12464.

GOMES, Ângela Maria da Silva. Etnobotânica e territorialidades negras urbanas da Grande Belo Horizonte: terreiros e quintais. In: SANTOS, Renato Emerson dos (org.). *Questões urbanas e racismo*. Petrópolis-RJ; Brasília-DF: ABPN, 2012. [Coleção Negras e Negros: Pesquisas e Debates].

INSTITUTO BRASILEIRO DE GEOGRAFIA E ESTATÍSTICA (IBGE). *Censo demográfico 2010*: resultados. Rio de Janeiro: IBGE, 2012.

INSTITUTO PATRÍCIA GALVÃO; INSTITUTO LOCOMOTIVA. *Dossiê*: segurança das mulheres no transporte. 2019. Disponível em: https://assets-dossies-ipg-v2.nyc3.digitaloceanspaces.com/sites/5/2019/06/IPG_Locomotiva_2019_Segurani_das_mulheres_no_transporte.pdf.

MALUNGUINHO, Erica. Quem é você na fila do genocídio negro? *Alma Preta*, jun. 2020. Disponível em: https://almapreta.com/editorias/o-quilombo/quem-e-voce-na-fila-do-genocidio-negro.

MELO, Izabel Dias de Oliveira. *O espaço da política e a política do espaço*: tensões entre o programa de urbanização de favelas "Vila Viva" e as práticas cotidianas no Aglomerado da Serra em Belo Horizonte. Belo Horizonte-MG, 2009. 262f. Dissertação (Mestrado) – Departamento de Geografia, Universidade Federal de Minas Gerais.

ORGANIZAÇÃO DAS NAÇÕES UNIDAS (ONU). 2015-2024: Década Internacional de Afrodescendentes. Disponível em: https://decada-afro-onu.org/index.shtml.

PAIVA, João. *Velho Barreiro*. Belo Horizonte: Venas Abiertas, 2019.

PEREIRA, Neusa Maria. Filhos de Zumbi. *Piseagrama*, Belo Horizonte, n. 13, p. 28-35, 2019.

PLATAFORMA POLÍTICA JUVENTUDES CONTRA A VIOLÊNCIA. *Direito à Cidade. 2016.* Disponível em: http://juventudescontraviolencia.org.br/plataformapolitica/quem-somos-eixos-programaticos.

SANTOS, Milton. *Técnica, espaço, tempo*: globalização e meio técnico científico informacional. 4. ed. São Paulo: Hucitec, 1998.

SILVA, Lisandra Mara. *Propriedades, negritude e moradia na produção da segregação racial da cidade*: cenário Belo Horizonte. Belo Horizonte, 2018. Dissertação (Mestrado em Arquitetura e Urbanismo) – Universidade Federal de Minas Gerais.

_____; PEREIRA, Josemeire Alves. O estigma do invasor na produção do espaço urbano: o caso de Belo Horizonte. In: LIBÂNIO, Clarice de Assis; PEREIRA, Josemeire Alves (orgs.). *Periferias em rede*: experiências e perspectivas. Belo Horizonte: Favela é Isso Aí, 2018. [Coleção Prosa e Poesia no Morro].

VIEIRA, Bruno. *Ativismo juvenil e políticas públicas*: o caso do Centro de Referência da Juventude de Belo Horizonte (MG). Belo Horizonte: Letramento, 2019.

7.2 Vidas negras importam

Em junho de 2020, a congressista Ayanna Pressley apresentou um projeto de lei[130] para promover o transporte público como direito e instituir sistemas de Tarifa Zero nos Estados Unidos. A proposta, que prevê a criação de um fundo de US$ 5 bilhões para financiar políticas de passe livre, ficou conhecida como Lei da Liberdade de Movimento (*Freedom to Move Act*). O texto foi apresentado conjuntamente com o senador Edward J. Markey e não havia avançado até a conclusão deste livro, no final de 2020. Mesmo que não chegue a se concretizar, a proposta é, por si só, um marco ao indicar caminhos para a priorização do transporte público coletivo no país do automóvel. No discurso[131] que fez no dia em que apresentou a proposta, reproduzido a seguir, ela relacionou o direito à mobilidade como prioridade no combate ao racismo.

---

130 Informações sobre o projeto de lei e notícias relacionadas estão disponíveis em inglês no *site* da congressista: https://pressley.house.gov/media/press-releases/pressley-markey-unveil-bold-legislation-invest-public-transit-public-good.
131 Disponível em: https://twitter.com/RepPressley/status/1278443084293050374.

Lei da Liberdade de Movimento

Ayanna Pressley
Tradução de *Daniel Santini*

Obrigada, senhor presidente. Eu me levanto para apresentar uma emenda à H. R. 2, o Moving Forward Act[132], e agradeço a meus colegas por seu trabalho nesta legislação. As políticas de transporte e infraestrutura de nosso país desempenham um papel crítico na construção de comunidades saudáveis e seguras, mas, por muito tempo, elas perpetuaram muitas de nossas desigualdades mais arraigadas. Minha proposta é que examinemos como as políticas de transporte de nosso país impactaram e que tenhamos atenção com os nossos mais vulneráveis. É fundamental que entendamos como as políticas de transporte estão criminalizando as comunidades negra e parda. Especificamente, vimos a aplicação pela violência de políticas contra a evasão de tarifas e a colocação discriminatória de câmeras de velocidade e outras tecnologias de vigilância em nossas comunidades de renda mais baixa. Senhor presidente, este é um momento de ajuste de contas. Há um movimento multirracial, multigeracional, que desde o mês passado vem afirmando que vidas negras importam, exigindo o fim dos sistemas e políticas racistas que criminalizam desproporcionalmente nossos vizinhos negros e pardos. Temos o mandato para buscar a justiça

---

132 A emenda foi inicialmente apresentada com esse nome.

em todas as nossas decisões políticas. Nossas políticas de transporte não são exceção. Exorto os meus colegas a apoiarem esta alteração. Obrigada.

7.3. Solidariedade internacional contra o racismo

Anna Nygård
Tradução de *Daniel Santini*

Este capítulo foi escrito em um período excepcional, durante a pandemia provocada pelo coronavírus em 2020. Essa é uma circunstância difícil de ignorar, já que a propagação do vírus afetou nossa mobilidade de forma inédita, tanto em escala global quanto no nível mais local, mais individual. Em maio, o assassinato de George Floyd em Minneapolis, nos Estados Unidos, foi a fagulha para uma série de protestos contra o racismo e a brutalidade policial. Inicialmente nos Estados Unidos, mesmo com a pandemia, os protestos se espalharam e cruzaram o Atlântico, levando a uma série de questionamentos críticos. É razoável que milhares de pessoas tenham saído às ruas em manifestações de solidariedade ao movimento Black Lives Matter (Vidas Negras Importam) ou foi apenas uma ação irresponsável que aumentou o risco de contaminação generalizada? O que acontece quando a falta da livre circulação prejudica os movimentos sociais? Quem precisa realmente se mover? Para os ocidentais (relativamente) ricos, restrições de viagem significam nada de férias, nenhuma viagem de fim de semana e, talvez, trabalho remoto em casa em vez de em um escritório. Para pessoas pobres que vivem em países ricos, restrições representam mais trabalho duro, um medo justificado e maiores riscos de exposição ao contágio. Para a maior parte das pessoas no mundo, as restrições significam que a vida ficou ainda mais difícil. Para aqueles que já sofrem com fome, falta de recursos, mudanças climáticas, conflitos e violência, o pesadelo só ficou pior.

Nossas análises sobre transporte e mobilidade são baseadas na forte noção crítica de que existe uma estrutura de poder no trânsito que estabelece uma hierarquia entre todos os diversos meios de transporte. No topo, temos o automóvel, e, abaixo, vêm o transporte público, as bicicletas, os pedestres e todas as pessoas que usam meios variados para se locomover. Os diferentes recursos reservados para cada um desses grupos são reflexo da hierarquia do trânsito. A priorização do automóvel é o resultado de uma sociedade guiada pelos princípios do paradigma atual da mobilidade, que chamamos de automobilidade. Uma sociedade baseada na automobilidade é insustentável ecologicamente e leva à segregação econômica e social. Considerando que homens brancos e de alta renda estão super-representados entre os motoristas, são eles os que mais se beneficiam da automobilidade. Isso mostra como o privilégio é distribuído na nossa sociedade e como ele se expressa no trânsito. Todas as estruturas de poder estão conectadas, elas se fortalecem e se mantêm à custa dos fracos e oprimidos. Se você não lucra com o capitalismo, o racismo e a opressão de gênero, provavelmente também não se beneficia da estrutura de poder do tráfego[133].

Vivemos em um mundo globalizado que é obcecado com a mobilidade. No Norte Global, viajar tornou-se um estilo de vida, algo a ser exibido no seu perfil de namoro como um diferencial na construção de sua marca pessoal. Para pagar sua viagem, você precisa trabalhar, e, para trabalhar, precisa de um emprego. A situação do mercado de trabalho exige que você esteja disposto a percorrer todos os dias longas distâncias ou mesmo a se deslocar para outras cidades para competir com

---

133 O conceito está detalhado no livro do Planka.nu *A estrutura de poder no trânsito*, traduzido coletivamente pelo movimento Tarifa Zero BH e publicado pela Fundação Rosa Luxemburgo. O PDF do livro está disponível para *download* livre na página: https://rosalux.org.br/a-estrutura-de-poder-no-transito. [N. T.]

outros candidatos à vaga. Viagens diárias ao trabalho são algo que temos que suportar porque precisamos estar em outros lugares, não porque gostamos desses deslocamentos. Ir e voltar ao trabalho, não importa se de carro, ônibus ou trem, é comprovadamente uma das coisas que as pessoas mais detestam na vida. A única maneira de aguentar essa rotina infernal é sair de férias e, assim, o círculo se fecha.

Um tipo diferente de viagem forçada é a migração, sobretudo a regional, mas, certamente, também a transnacional. Uma pessoa que foge dificilmente tem a oportunidade de escolher o meio de transporte. Quem optaria por atravessar desertos caminhando, encarar tempestades no mar em barquinhos de borracha lotados ou viajar na parte de fora de trens de carga e caminhões? A maioria da população global não tem acesso aos dois meios de transporte mais valorizados, o carro e o avião. O fato de ambos terem efeitos devastadores nas mudanças climáticas é um dos fatores que nos levam a concluir que o estilo de vida ocidental baseado na automobilidade é responsável pela crise climática. Uma crise que já começa a afetar duramente o Sul Global e transforma muitos em refugiados climáticos.

Tanto nossas cidades quanto nossos Estados nacionais são caracterizados por fronteiras e barreiras de todos os tipos, e, olhando de perto essas barreiras, é possível constatar que elas são iguais dentro e fora das fronteiras. As mesmas empresas fornecem cercas, grades e portões para o transporte público e para zonas de conflito. Uma pessoa que conseguiu escapar da guerra e do terror em sua terra natal pode ter que encarar os mesmos portões e cercas nas fronteiras da Europa, em um campo de refugiados e, mais tarde, no sistema de transporte público de uma cidade europeia. Mobilidade dentro de uma cidade é primeiramente uma questão econômica. Mobilidade no mundo não é apenas uma questão de recursos econômicos, mas também uma questão política, na qual a nacionalidade estampada no seu passaporte faz uma enorme diferença. Muitos cidadãos europeus escolhem destinos de férias em países cujos cidadãos são rejeitados como refugiados nos muros da fortaleza Europa. Isso prova quão intensamente o controle migratório e as restrições de livre circulação estão conectadas às estruturas de poder no trânsito.

O sistema de transporte público moderno tornou-se um arquétipo da sociedade de controle. Vigilância com câmeras, seguranças e guardas, barreiras metálicas e "cartões inteligentes" que rastreiam e armazenam os padrões de deslocamento de cada viajante. O mesmo tipo de sistema de controle e vigilância usado nos sistemas de metrô da Europa para manter "estrangeiros" indesejados fora da rede é exportado para zonas de guerra pelo lucro. Não se trata de segurança no sentido de assegurar proteção, mas sim de segurança como uma mercadoria por si só, e o fluxo de dinheiro segue um caminho direto dos sistemas de transporte público para as zonas de guerra. Nos sistemas de transporte público, quem viaja sem pagar a passagem é alvo do mesmo tipo de fiscalização que imigrantes sem documentação. Isso ilustra o quanto diferentes formas de controle estão intimamente relacionadas. As fronteiras de hoje não se limitam a muros ou postos de checagem reais. O aparato foi desenhado de maneira tão eficiente que atualmente existem formas legais de o controle materializar-se de repente em qualquer canto, e legisladores e governantes transformaram o transporte público em uma plataforma perfeita para essas fronteiras-surpresa.

Logo no começo da nossa campanha, no início dos anos 2000, ficamos sabendo que a polícia sueca participava de inspeções de tíquete de transportes como uma forma de detectar imigrantes sem documentação. Ao longo dos anos, organizamos manifestações e ações para chamar a atenção para quão aterradora é essa prática e trabalhamos conjuntamente com o braço local da rede de ativistas No One is Illegal (Ninguém é Ilegal). Na prática isso significa que trabalhamos junto em algumas campanhas e que o Planka.nu apoiou No One is Illegal financeiramente todo mês. O dinheiro foi destinado para a aquisição de tíquetes de transporte para imigrantes sem registro dentro da rede. Um dos principais projetos do Planka.nu é o P-Kassan, um fundo de solidariedade que tem servido para manter a organização operando ao longo dos anos. Cada membro contribui mensalmente com 100 SEK[134] e, sempre que alguém é flagrado sem um tíquete, a multa é coberta pelo fundo. Para quem viaja a trabalho todos os dias enfrentando um risco maior do que ser multado em uma inspeção, porém, o P-Kassan não serve. Essa é uma das razões para outras atividades, como ações de alerta, compartilhamento de tíquetes e solidariedade com grupos de defesa de direitos de migrantes. No começo dos anos 2010 ficamos sabendo de uma operação policial em curso com o objetivo declarado de prender e deportar pessoas que viviam escondidas das autoridades. De repente, havia policiais disfarçados de operários fingindo consertar um elevador ou pintar uma parede próxima da bilheteria, prontos para abordar quem não pagou a tarifa ou qualquer suspeito e verificar documentos com base no perfil racial. Tanto a operação quanto os métodos empregados viraram notícia e receberam críticas, mas continuam de alguma forma até hoje.

Racismo é um problema enorme na sociedade e os sistemas de transporte público tendem a ser versões em miniatura das cidades onde estão localizados, minissociedades. Em Estocolmo, a empresa de transporte público repetidamente solicita aos passageiros para prestar atenção e denunciar comportamentos indesejados por parte de outros viajantes: "Você viu algo que fez com que se sentisse em risco?". Como um exemplo de situação do tipo, o caso apresentado pela empresa é o de uma pessoa que dormiu no metrô. Em vez de acordá-la e perguntar

---

134 Em agosto de 2020, 100 SEK (coroas suecas) equivaliam a cerca de R$ 65,00. Para compreender como funciona o P-Kassan, é preciso considerar que, na Suécia, os ônibus, trens e bondes não têm catracas, e sim fiscais que sobem e descem dos coletivos conferindo as passagens. Quem é pego sem bilhete, é multado – em um valor, inclusive, maior que a multa recebida por motoristas que estacionam em local proibido. O fundo chamado P-Kassan cobre a multa para quem contribui com o valor. [N. T.]

onde ela precisa descer, a orientação no anúncio é para acionar os seguranças. Os mesmos seguranças que têm sido flagrados repetidamente assediando viajantes de maneira violenta. Em 2019, um caso ganhou destaque. Uma mulher negra grávida que estava viajando com sua filha foi acusada por seguranças de viajar sem pagar a tarifa. Eles a arrastaram para fora do trem até a plataforma e a forçaram a sentar-se em um banco em frente à criança aterrorizada. Alguns dias depois, a mulher entrou em trabalho de parto, semanas antes do previsto, por conta da situação traumática pela qual passara. Felizmente deu tudo certo e o bebê nasceu saudável. O que aconteceu com os guardas? Nada. Como sempre, saíram impunes.

Alguns lugares são considerados pontos em que são necessárias medidas adicionais de controle e segurança. Em Rinkeby, um subúrbio de Estocolmo, guardas monitoram a fila da bilheteria e os portões todos os dias, prontos para intervir em caso de qualquer desvio. Rinkeby é uma das seis estações de metrô na área de Järva, localizada no noroeste de Estocolmo. Järva é conhecida por sua grande diversidade e a maioria dos moradores são imigrantes ou filhos de imigrantes, principalmente de países de fora da Europa. A polícia sueca considera a maior parte dos subúrbios de Järva como "áreas especialmente vulneráveis". A renda média é baixa, assim como a expectativa de vida. Desemprego, moradias superlotadas e pobreza infantil são realidade para muitos habitantes, e tiroteios relacionados a disputas de gangues resultaram na morte de muita gente jovem nos últimos anos. Mas os guardas do metrô estão presentes é para evitar que as pessoas viajem sem pagar, eles não são autorizados a pisar fora da estação. Como em muitas outras áreas suburbanas de Estocolmo, Järva distingue-se pela presença de prédios pesados de apartamentos de concreto, arranha-céus e blocos residenciais mais baixos, mas há também muita natureza, com florestas e campos. Essas áreas agora encontram-se ameaçadas pelo projeto de construção de uma enorme rodovia e, assim, os moradores de Järva correm o risco de tornarem-se vítimas de racismo ambiental. Racismo ambiental é um conceito usado inicialmente durante os anos 1970 e 1980 pelo movimento de justiça ambiental nos Estados Unidos. Eles analisaram problemas ambientais como a degradação da natureza ou o lixo tóxico de fábricas a partir de uma perspectiva antirracista. O esforço tornou evidente que ser uma pessoa não branca representa um fator de risco direto para exposição a emissões e poluição.

Quando o vírus da Covid-19 chegou à Suécia na primavera de 2020, não demorou muito para tornar-se óbvio que uma área seria atingida mais duramente que qualquer outra. A área em questão era Järva. Depois de algumas semanas, após as restrições e orientação de que as pessoas procurassem trabalhar em casa, foi possível ver em quais estações o número de viagens diminuiu a partir de um mapa com dados sobre o uso do transporte público. Ficou evidente que os moradores de Järva (e outras áreas similares) continuaram a viajar por transporte público de maneira muito mais intensa que as pessoas de áreas mais ricas e mais brancas. A causa é simples, as pessoas tinham que trabalhar. Eram motoristas de táxi ou trabalhadores de hospitais, lojas, escolas e pré-escolas, do transporte público, como faxineiros, e de serviços de entrega para os mais privilegiados, que estavam trabalhando de casa. Na Suécia não houve uma determinação de isolamento mandatória, apenas recomendações que foram seguidas por quem teve condições de segui-las. A divisão de classes nunca foi tão visível. Comprar o almoço de um restaurante e recebê-lo entregue por um *gig*-trabalhador[135] da Wolt, Uber Eats ou Foodora não significa mais apenas pagar pela comida, pelo tempo e pelo trabalho de outra pessoa (em condições de merda), mas agora também pagar por proteção à custa de outras pessoas que se arriscam à exposição ao vírus.

---

135 *Gig* é o termo em inglês para designar um novo tipo de relação trabalhista em que profissionais sem vínculo empregatício ou garantias sociais atendem por demanda executando tarefas ou serviços específicos, como entregas. Esse tipo de contratação tem sido marcado pela precarização das condições laborais. [N.T.]

Como cidadãos, devemos participar da sociedade. Educar-nos, trabalhar, pagar impostos, fazer compras e contribuir para o PIB etc. É uma responsabilidade. Para isso, precisamos de estradas e calçadas, ciclovias, ônibus, trens e bondes. Esses não são serviços que você pode escolher ou deixar de usar quando não quiser, são direitos que você tem como cidadão e um pré-requisito para que a sociedade funcione. Sendo assim, a gente pode e deve demandar coisas como transporte público gratuito. Mas a mobilidade não é um objetivo por si só, a acessibilidade sim. Ao garantir que existem serviços de qualidade, como escolas e postos de saúde, distribuídos de maneira equitativa em todas as partes de nossas cidades, podemos diminuir o número de viagens diárias necessárias, ser mais felizes, contribuir com um clima mais sustentável e uma sociedade mais justa.

Temos consciência de que viajar como fazemos é insustentável, e precisamos parar de ir para lá e para cá só pelo deslocamento em si. Automobilidade como ideologia é uma ideia neoliberal de liberdade de circulação em um nível individual a qualquer custo. O que precisamos é superar a automobilidade e substituí-la por um paradigma de mobilidade baseada na coletividade, justiça e solidariedade. Para isso, precisamos criar movimentos fortes que garantam liberdade de circulação para quem realmente precisa. A pandemia não terminou, ninguém sabe como o mundo será quando ela terminar, mas temos que garantir a liberdade de nossos movimentos políticos.

O assassinato de George Floyd não é um incidente isolado, a sua morte é uma consequência direta de uma estrutura de poder racista. Vidas negras importam, é preciso reafirmar isso de novo e de novo até que tenhamos uma vacina para o racismo. Como ativistas, devemos incorporar a luta antirracista em todo trabalho prático que fazemos. Antirracismo não é apenas uma afirmação, é como você analisa as coisas, o que você diz e como você age no seu cotidiano. Quer optemos por somar com a luta pela justiça climática, pelo movimento de direito à cidade, por uma campanha por transporte público gratuito ou com foco no direito de refugiados, a perspectiva antirracista deve estar presente. Somos do mesmo tipo e temos somente um planeta. Vamos nos mover juntos em vez de à custa um do outro.

Posfácio

Mobilidade e antirracismo, as lutas por justiça que correm nos trilhos do Brasil

Vilma Reis

O direito à cidade, o direito à mobilidade e os direitos humanos das populações negras e empobrecidas das cidades do Brasil, marcadas pelos ferros do escravismo, são os destaques no livro que tem Rafaela Albergaria, Daniel Santini e Paíque Duques Santarém como organizadora e organizadores. A publicação nos apresenta um conjunto de desafios nesta produção-espelho de lutas por justiça que correm nos trilhos de todo o nosso país, materializando as batalhas que estão em campo aberto, disputas acirradas de narrativas sobre o direito de ir e vir, sobre o direito de estar em territórios e de acessar territórios. Uma obra que chega num tempo de muitos desafios, quando, mais do que nunca, as ameaças e violações ampliam-se; agora com outros ferros, como as armas e os decretos que colocam em risco milhares de vidas negras e periféricas.

O direito à mobilidade em nossa sociedade segue carregado de uma contradição. Quando o serviço tem alguma qualidade, o acesso democrático e amplo à população é vetado. Os trens materializam e revelam essa contradição secular. O Brasil tem graves problemas em fazer política pública de qualidade em escala e nossos entraves com a mobilidade são reveladores.

É só ver a situação de cidades como Salvador e Rio de Janeiro, só para ficar entre a cidade em que estou e a cidade que tem a Central do Brasil como referência. É nela que o Rio opulento, rico, cosmopolita, a cidade mundial, recebe todos os dias nossa gente das chamadas cidades-dormitórios. O poder e a especulação imobiliária obrigam o povo trabalhador e empobrecido a morar muito longe, e, assim, os trens são hoje um exemplo emblemático de abandono da gente pobre, negra, periférica. Gente que fica lá, onde trem e o vento fazem a curva, onde as políticas públicas, a modernização e os investimentos não chegam, não alcançam. São os territórios onde bem se aplica o poema de Solano Trindade "Tem gente com fome, tem gente com fome, tem gente com...". Em Salvador e no Rio de Janeiro, o trem nos lembra o subúrbio, onde vive a maioria negra, o lugar onde a polícia é a presença de Estado, falando alto, xingando, pisando em documentos e desconsiderando mulheres negras.

Ao mesmo tempo, e, por isso, a sua grande contradição. É no trem que o samba é celebrado desde a Central do Brasil; no trem nosso povo pode celebrar Jorge e chamar por Ogum, senhor dos Ferros e de toda Tecnologia; no trem nosso povo caiçara leva o pescado para os mercados populares, e a nossa fé das religiões afro-brasileiras ainda pode transitar com nossas tradições. É o que que nos coloca sempre à frente, como nos lembram nossas(os) potencias intelectuais em diáspora, Lima Barreto, Abdias Nascimento, Zózimo Bulbul, Beatriz Nascimento e Lélia Gonzalez, gigantes de nosso pensamento civilizador que transitaram nos trens do Rio.

Neste tempo de tantos desafios, falar em direito à mobilidade é falar em políticas de subsídio cidadãs. Políticas que precisam ser deslocadas dos vergonhosos apoios aos empresários, os ricos e super-ricos, para se tornarem investimentos que ajudem a baratear o custo das passagens e mesmo garantir a gratuidade. O transporte em sociedades cidadãs já é entendido como um direito básico, enquanto no Brasil a tarifa historicamente tem sido usada como barreira segregacionista para conter as pessoas empobrecidas em seus territórios esquecidos pelos poderes públicos. No Rio de Janeiro, o direito de a juventude negra e periférica ir à praia há muito já virou caso de polícia, resultado absurdo da política da elite colonial que governa a cidade e todo o estado. É só lembrar do vexame que foram as barreiras instituídas nos anos 2000 para fazer as juventudes dos morros, das favelas, do subúrbio e da baixada voltarem, sem nem sequer terem o direito de falar. Por tudo isso, este livro precisa chegar nas mesas de gestores(as), de membros dos sistemas de justiça e em todas as frentes de lutas que se organizam em todas as zonas do Rio.

Neste sentido, pensar em passe livre ou tarifa zero não é algo fora da realidade. Faz parte de uma ampla agenda de lutas por direitos na cidade e à cidade, pois, como bem destacam nossas autoras e autores, com o direito ao transporte vem também o acesso a outros direitos, como à cultura, à educação, ao trabalho e aos afetos. Quando nos movemos, enfrentamos as linhas visíveis e invisíveis do racismo, da LGBTfobia, do ódio religioso, pois é o corpo-negro-negra-político de candomblé, do samba, do funk que se move pelas cidades e leva tatuadas suas narrativas.

Escrevo como filha de uma família de homens negros ferroviários do Recôncavo da Bahia, sementes de muitas lutas que se ergueram no contexto da Leste Brasileiro. Um contexto onde homens negros como meu pai e meus tios passavam meses sem os seus salários – e por isso mesmo foram para o enfrentamento e se tornaram proscritos. Ao ver os primeiros toques deste livro com o brado da poesia de Elisa Lucinda, e sabendo das lutas de Rafaela Albergaria e de toda uma geração de resistência que passa por Madureira, Cosme Velho e vai Rio adentro, mobilizei para dizer algumas palavras. Sei que de cada autoria aqui nestas 400 páginas vão brotar novas lutas.

Que os trens nos levem para as universidades públicas para formarmos as novas gerações nas engenharias e em outros campos do conhecimento, gerações de lutadores e lutadoras que vão pensar nos trens e nos outros modais de outra posição e de outros jeitos políticos. E que os trens possam ser construídos com cidadania, com justiça, onde o lucro não siga sendo o passageiro ao lado de nossa gente. Que diante dos abismos aprofundados com a Covid-19, com este livro possamos conduzir os trens da resistência para vencermos a pandemia do racismo, do sexismo e da segregação espacial brutal que se abate sobre o nosso povo.

Sobre as autoras, os autores e os entrevistados

Anna Nygård – Nascida em Helsinque, na Finlândia, a autora cresceu em um subúrbio na parte oeste de Estocolmo, na Suécia. Como adolescente, sonhava em transformar o mundo e entrar para a Federação Jovem Anarcossindicalista parecia a maneira certa de começar. Aos 16 anos, não poderia imaginar que a campanha em defesa de passe livre a levaria para lugares como México, onde ela participou como oradora principal na Conferência em Direção a Cidades Livres de Carros em 2011. Menos surpreendente é o fato de que agora ela tem sido reconhecida pelos guardas do metrô de Estocolmo graças aos inúmeros tutoriais do Planka.nu no YouTube sobre como viajar sem pagar a tarifa.

Agenda Nacional pelo Desencarceramento – Articulação de movimentos, coletivos, organizações e instituições de todo o Brasil que têm sua atuação pautada na luta pelo fim das prisões.

Ayanna Pressley – Primeira mulher negra eleita em Massachusetts para o Congresso dos Estados Unidos, tem despontado como uma figura de destaque no Partido Democrata.

BNegão – Vocalista da lendária banda Planet Hemp (ao lado de Marcelo D2), foi líder do grupo BNegão & Seletores de Frequência entre 2003 e 2020. Com essas duas bandas no comando (além de outros projetos variados) circulou por alguns dos principais palcos do Brasil e do mundo. Atualmente, o MC se prepara para novos lançamentos, entre eles seu primeiro disco solo e o aguardado novo disco do PH.

Daniel Caribé – É soteropolitano e militante do direito à cidade há quase duas décadas. Administrador público de formação e de profissão, em 2019 defendeu a tese *Tarifa zero: mobilidade urbana, produção do espaço e direito à cidade* no Programa de Pós-Graduação em Arquitetura e Urbanismo da Universidade Federal da Bahia (UFBA). Também é pesquisador dos grupos Lugar Comum (Faculdade de Arquitetura – FA-UFBA) e Espaço Livre (Instituto de Geociências – Igeo-UFBA).

Daniel Santini – É jornalista e autor do livro *Passe livre: as possibilidades da tarifa zero contra a distopia da uberização*, primeira publicação da Coleção Cidade Livre, da qual a presente publicação faz parte. Com uma pós-graduação em jornalismo internacional pela PUC-SP, tem estudado sistemas de mobilidade livre em diferentes países e defende a priorização de investimentos em transporte público. Hoje trabalha como coordenador na Fundação Rosa Luxemburgo, contribuindo com parcerias, projetos e publicações no Brasil e no Paraguai.

Denílson Araújo de Oliveira – Professor do Departamento e do Programa de Pós-Graduação em Geografia da Faculdade de Formação de Professores da Universidade Estadual do Rio de Janeiro (FFP-UERJ) e professor do Programa de Pós-Graduação em Cultura e Territorialidades da Universidade Federal Fluminense (UFF). Coordenador do Núcleo de Estudo e Pesquisa em Geografia Regional da África e da Diáspora (Negra). Integrante da Coordenação da Campanha dos 21 Dias de Ativismo contra o Racismo. e-mail: araujo.denilson@gmail.com

Elisa Lucinda – Nasceu ao meio-dia de um domingo de Carnaval na cidade de Vitória do Espírito Santo, em dia de Iemanjá. É uma das autoras que mais vendem no Brasil. Seus livros, em sucessivas edições, percorrem o país sendo lidos, interpretados, encenados, enquanto seu nome figura dando títulos a bibliotecas e outros espaços de leitura. Elisa, que, nas palavras de Nélida Piñon, "Tem a linguagem em chamas", possui dezoito livros publicados, dentre os quais a Coleção Amigo Oculto, de livros infanto-juvenis, que lhe rendeu, em 2002, o prêmio Altamente Recomendável

(Fundação Nacional do Livro Infanto e Juvenil – FNLIJ) por *A menina transparente*. Lucinda encena e circula muito de sua obra pelos palcos brasileiros e estrangeiros, e comemora o reconhecimento de ser uma das escritoras que mais popularizam a poesia em nosso tempo. *Versos de liberdade*, que ensina a palavra poética aos jovens que cumprem medidas, pessoas em vulnerabilidade e pessoas trans, é um dos projetos que a sua instituição, Casa Poema, desenvolve, entre cursos de Poesia Falada para todos. Com o seu romance *Fernando Pessoa: o cavaleiro de nada*, que tem prefácio do incensado escritor moçambicano Mia Couto, foi finalista do Prêmio São Paulo de Literatura em 2015. Depois de *Vozes guardadas*, seu 17º livro, a multiartista lançou *O livro do avesso: o pensamento de Edite*, pela editora Malê, em 2019.

GOG – Genival Oliveira Gonçalves é um rapper do Distrito Federal. Nascido em Sobradinho e residente do Guará, tem 35 anos de trajetória artística. É conhecido e nomeado como o "poeta do rap nacional", pela qualidade e profundidade de suas letras. Tem atuação constante na comunidade periférica, junto ao movimento negro, movimentos populares e de classe. Situa-se, a partir do rap, como sujeito periférico e homem negro na diáspora. Defende que a periferia tome consciência de que sua saída é para dentro. "Nós por nós" sempre!

Higo Melo – Cria da Ceilândia, nascido em 1980, teve em 1999 seu primeiro contrato como músico. Hoje atua em todas as áreas da música, da composição à produção de eventos, mas vive da paixão de cantar e da produção musical. Além de criar e participar ativamente da banda Ataque Beliz de 2001 a 2016, produziu e participou de trabalhos de artistas como GOG, Ellen Oléria e Zeca Baleiro. Também criou diversas trilhas sonoras de filmes e temas de festivais como o Latinidades 2020.

Jô Pereira – Paulistana da Vila Santa Catarina-ZS-SP, mãe da Maria Julia. Graduada em Educação Física, especialista em arte integrativa, criadora intérprete em dança contemporânea, arte-educadora, treinadora física, desenvolvedora de projetos socioculturais em arte inclusiva e mobilidade ativa de bicicleta. Diretora fundadora do Pedal na Quebrada, idealizadora do Mapa Pedal Afetivo e do Mapa Afetivo da Mobilidade Ativa, atual diretora geral da Ciclocidade, Bicycle Mayor SP, integrante da Rede Mobilidade Periferia-Unifesp ZL-SP.

João Bertholini – Fotógrafo e jornalista. Foi artista residente na Casa das Caldeiras, em São Paulo, e desde 2014 fotografa pessoas LGBTQIA+ para o projeto "Afetividades ordinárias", principalmente pessoas trans e travestis. Colabora regularmente com publicações impressas e digitais.

João Pedro Martins Nunes – 24 anos, é de Nova Iguaçu, Baixada Fluminense. É graduado em Relações Internacionais pela Universidade Federal do Rio de Janeiro (UFRJ), cofundador do Expresso 2222 Podcast, *trainee* de gestão pública do Vetor Brasil, atuando com políticas públicas educacionais em Sergipe. Associado da Casa Fluminense, é um dos autores do livro *Não foi em vão: mobilidade, desigualdade e segurança nos trens metropolitanos do Rio de Janeiro* (Casa Fluminense e Fundação Heinrich Böll).

Juliana Lama – autora da xilogravura da capa do livro, é artista e trabalha com pintura, gravura, fotografia, desenho e colagens. Seus trabalhos estão nas ruas em cartazes, lambe-lambe e murais.

Katarine Flor – Jornalista, especialista em Comunicação Organizacional e Integrada (Escola Superior de Propaganda e Marketing – ESPM) e assessora de comunicação da Fundação Rosa Luxemburgo.

Kelly Cristina Fernandes Augusto – Arquiteta e urbanista, especialista em Economia Urbana e Gestão Pública e analista do Programa de Mobilidade Urbana do Instituto Brasileiro de Defesa do Consumidor (Idec). Constrói narrativas para evidenciar os efeitos das facilidades e dificuldades de mobilidade no desenvolvimento urbano e na distribuição das atividades e dos grupos sociais no território.

Kazembe Balagun – Escritor/ativista/historiador cultural vivendo no Bronx, na cidade de Nova Iorque. Atua como coordenador de projetos no escritório da Fundação Rosa Luxemburgo em Nova Iorque.

Lisandra Mara – Arquiteta e urbanista da Companhia Urbanizadora e de Habitação de Belo Horizonte/MG (Urbel). Mestre pela Universidade Federal de Minas Gerais (UFMG) e pesquisadora do grupo Africanidades BH. Membra do Coletivo Habite a Política e ativista pelo direito à cidade.

Luana Costa – É educadora, comunicadora popular e especialista em Direitos Humanos e Cidadania. Atua como uma das articuladoras da Roda BH de Poesia (atividade literária que reverencia a poesia falada e a oralidade) e na consultoria de redes e mobilização social do Movimento Nossa BH.

Luana Vieira – Mãe do Ben. Tutora do Jabu Basquiat. Da quebrada. Assessora jurídica. Pós-graduada em Direitos Humanos e em Direitos Difusos e Coletivos. Bacharel em Direito pela Pontifícia Universidade Católica de Minas Gerais (PUC-MG). Tem experiência de assessoramento técnico na administração pública no âmbito municipal, estadual e federal nos poderes Legislativo e Executivo. Membra do Coletivo Pretas em Movimento e do Núcleo Jurídico da Coalizão Negra por Direitos.

Lucas Koka Penteado – Ator, poeta, cantor, MC, professor de dança e sonhador. Ex-ator da Companhia de Teatro Os Satyros, ex-ator da Rede Globo. Nascido e criado na escola de samba Vai-Vai. Tenha fé, o caminho é esse...

Lúcia Xavier – Ativista do Movimento de Mulheres Negras e de Direitos Humanos. Assistente social e cofundadora de Criola, organização de mulheres negras. É membro do Comitê Mulheres Negras Rumo a um Planeta 50-50 em 2030, implementado pela ONU Mulheres-Brasil. *Ekedji* do Ilê Omiojuaro – casa religiosa com sede em Nova Iguaçu-RJ. Tem dedicado a sua vida para a efetivação dos direitos e a erradicação do racismo patriarcal heteronormativo e todas as formas de discriminação.

Marcelle Decothé – Mulher preta periférica, doutoranda do Programa de Pós-Graduação em Sociologia da Universidade Federal Fluminense (PPGS-UFF). Mestre em Políticas Públicas em

Direitos Humanos (Programa de Pós-Graduação em Direitos Humanos da Universidade Federal do Rio de Janeiro – PPDH-UFRJ). Articuladora do Fórum de Juventudes do Rio de Janeiro e Movimento Liberdade Ativa de Parada de Lucas. Atualmente coordena o eixo de Incidência do Instituto Marielle Franco.

Matheus Alves – autor das fotos do livro, é fotógrafo documental focado na Luta pela Terra e Direitos Humanos. Pesquisa, fora da academia, a representação social dos sujeitos negros lgbtqia+ na fotografia. É militante do Levante Popular da Juventude, acompanha o Movimento dos Trabalhadores Rurais Sem Terra (MST) e é colaborador da rede Jornalistas Livres. Em 2019, foi premiado pelo Fundo Brasil de Direitos Humanos no concurso fotográfico "Combater os retrocessos: existir e resistir à retirada de direitos".

Mayra Ribeiro – Psicóloga, palestrante, ativista abolicionista do gênero e coordenadora do Uneafro Brasil.

Meimei Bastos – Nasceu em 1991, em Ceilândia, Distrito Federal. É escritora, poeta, formada em Artes Cênicas pela Universidade de Brasília (UnB), educadora, atriz e coordenadora do Slam Q'brada. Atua em diversos movimentos sociais, promovendo saraus, *slams*, oficinas, debates, cineclubes e rodas de conversa, especialmente direcionados à população negra e periférica

MC Martina – Diretamente do Complexo do Alemão (RJ), a rapper, poeta e produtora MC Martina já é umas das principais vozes do cenário do *slam* no Brasil.

Monique Cruz – Mulher negra favelada, doutoranda do Programa de Pós-Graduação em Serviço Social (UFRJ). Mestre em Serviço Social (PPGSS-UFRJ). Membro do Espaço Público e Mediação de Conflitos (GPSEM-PPGSS-UFRJ), do Fórum Social de Manguinhos e do Coletivo Zacimba Gaba, associada da Associação Brasileira de Pesquisadores Negros e Negras (ABPN), pesquisadora da Justiça Global.

Movimento Passe Livre – Brasil – Movimento social autônomo, horizontal, apartidário e independente, que luta por um transporte público de verdade, gratuito para o conjunto da população e fora da iniciativa privada – a Tarifa Zero. O MPL foi constituído em 2005 na Plenária Nacional pelo Passe Livre, no Fórum Social Mundial em Porto Alegre, a partir de grupos e coletivos que realizavam lutas pelo transporte em diversas cidades brasileiras. As ações do MPL passam por trabalhos de divulgação, estudos e análises dos sistemas de transporte locais, levando essas informações para diversos grupos dentro das cidades. Outra característica são as manifestações e o uso de ação direta, intervenções lúdicas e leis de iniciativa popular. O MPL definiu a semana do dia 26 de outubro como a Semana Nacional de Luta pelo Passe Livre, uma data de convergência de lutas e campanhas pelo transporte.

Movimento Passe Livre – São Paulo – Presente em São Paulo desde 2005, o MPL-SP atua como um movimento social que luta por um transporte público gratuito e de qualidade, sem catracas e sem tarifa. Assim como outros coletivos de diversas cidades do país que integram o MPL-Brasil, é formado por pessoas que dependem do transporte coletivo no dia a dia e se organizam de forma autônoma, horizontal e apartidária.

Nego Bispo – Antônio Bispo dos Santos, o Mestre Nego Bispo, é uma das mais importantes vozes quilombolas brasileiras. Morador do Quilombo do Saco-Curtume, localizado no município de São João do Piauí, no Piauí, Bispo é poeta, lavrador, escritor, professor, militante do movimento social quilombola e de direitos pelo uso da terra. Possui ensino fundamental completo e faz parte da primeira geração da família da sua mãe que teve acesso à alfabetização. No livro *Colonização, quilombos, modos e significações* (2015), ele desenvolve, por meio de poemas, escritos, ensaios, uma leitura histórica da resistência de Palmares, Canudos, Caldeirões e Pau de Colher.

Neon Cunha – Mulher negra, ameríndia e transgênera. Publicitária e diretora de arte. Uma das maiores vozes do Brasil na luta sobre despatologização das identidades de pessoas trans. Ativista independente, tem como pauta principal a racialidade interseccionalizada com a transgeneridade como negação da humanidade. Membra conselheira da Comissão de Política Criminal e Penitenciária e da Comissão da Diversidade Sexual da Ordem dos Advogados do Brasil (OAB São Paulo).

Nívea Sabino – Poeta-*slammer*, ativista e educadora social. Autora de *Interiorana*, é graduada em Comunicação Social e possui uma importante trajetória de ativismo poético no que tange ao enfrentamento através da palavra, pelos saraus de periferias, ao racismo, à lesbofobia, ao sexismo e outras formas de opressão. É uma das articuladoras da Roda BH de Poesia e mulher pioneira nas competições de Poesia Falada – *Slam's*, em Minas Gerais. É membra fundadora da Academia Nova-Limense de Letras. Em 2019, foi cocuradora do Festival Literário Internacional de Belo Horizonte, com a temática #NarrativasVivas, e foi jurada do Prêmio Jabuti 2020 na categoria Poesia.

Paíque Duques Santarém – Militante do Movimento Passe Livre. Mestre em Antropologia pelo Programa de Pós-Graduação em Antropologia Social da Universidade de Brasília (PPGAS-UnB) e doutorando em Arquitetura e Urbanismo pelo Programa de Pós-Graduação da Faculdade de Arquitetura e Urbanismo da Universidade de Brasília (PPGFAU-UnB).

Paulo Lima – Conhecido como Galo, trabalha com entregas por aplicativos e integra o grupo Entregadores Antifascistas.

Rafaela Albergaria – Mineira de Ponte Nova, mudou-se aos 17 anos para Coelho da Rocha, na Baixada Fluminense, com o objetivo de cursar universidade na capital. Em São João de Meriti-RJ, desenvolveu o pertencimento, se descobriu negra, mas também vivenciou a face mais brutal do racismo e da desigualdade, tendo vivenciado a perda de três primos assassinados. Os atravessamentos do racismo moveram suas escolhas de vida. Formou-se em Serviço Social, tomou como tema de interesse a prisão, por entender que aquele confinamento representa a continuidade de um projeto de interdição e mortificação de corpos negros. Enquanto cursava o mestrado projetado como demanda de qualificação para incidência sobre as políticas e decisões que determinam nossas condições e possibilidades de vida, se viu frente a morte de Joana, sua prima-irmã, que foi morta enquanto tentava embarcar num trem com destino à universidade. Desde então, vem organizando, refletindo, incidindo e produzindo sobre a relação estreita entre racismo e mobilidades. É uma das coautoras do livro *Não foi em vão: mobilidade, desigualdade e segurança nos trens metropolitanos do Rio de Janeiro*, no qual, ao lado de João Pedro Martins Nunes e Vitor Mihessen, registra a história de Joana e de sua família, as lutas para ultrapassar e deslocar as barreiras sociais herdadas do escravismo e as estreitas relações com mobilidade, e apresenta os dados que explicitaram de forma inédita uma sistemática de morte nos trens metropolitanos do Rio de Janeiro, tendo como perfil prioritário de violência corpos pretos.

Tainá de Paula – Arquiteta e urbanista, vereadora eleita pelo PT no Rio de Janeiro, ativista das lutas urbanas. Atuou em diversos projetos de urbanização e habitação popular, realizando assistência técnica para movimentos de luta pela moradia como União de Moradia Popular (UMP) e Movimento dos Trabalhadores sem Teto (MTST). Hoje presta assistência para o movimento Bairro a Bairro, onde atua como arquiteta e como mobilizadora comunitária em áreas periféricas.

Talíria Petrone – É mulher negra, feminista e socialista. Está como deputada federal pelo PSOL do Rio de Janeiro. Foi a vereadora mais votada de Niterói em 2016. É professora de História pela Universidade Estadual do Rio de Janeiro (Uerj) e mestre em Serviço Social e Desenvolvimento Social pela Universidade Federal Fluminense (UFF).

Tom Grito – É poeta (@tomgritopoeta). Dedica-se à poesia falada (*spoken word/poetry slam*) e às microrrevoluções político-sociais onde a poesia incinera, afaga, afeta e transforma. Pessoa *não binárie transmasculine*. Entusiasta da cena de *poetry slams* e saraus de poesia no Brasil, participou da fundação do Tagarela (2013), primeiro *slam* do Rio de Janeiro, e do Slam das Minas RJ (2017) @slamdasminasrj, primeiro *slam* de mulheres e LBTs no Rio de Janeiro. É um dos organizadores do Slam RJ desde 2017.

Vilma Reis – Socióloga, defensora dos Direitos Humanos, ativista do Movimento de Mulheres Negras e cofundadora da Coletiva Mahin Organização de Mulheres Negras.

Vitor Dias Mihessen – 32 anos, é de Realengo, subúrbio do Rio de Janeiro. Economista (Universidade Federal do Rio de Janeiro – UFRJ) e mestre em Ciências Econômicas e especialista em Políticas Públicas e Gestão Governamental (Universidade Federal Fluminense – UFF). Um dos coordenadores e fundadores da Associação Casa Fluminense, é um dos autores do livro *Não foi em vão: mobilidade, desigualdade e segurança nos trens metropolitanos do Rio de Janeiro* (Casa Fluminense e Fundação Heinrich Böll).

O livro *Mobilidade antirracista* é a terceira publicação da Coleção Cidade Livre, uma parceria da editora Autonomia Literária e da Fundação Rosa Luxemburgo. Da mesma série, leia também o livro *Passe livre: as possibilidades da tarifa zero contra a distopia da uberização*, de Daniel Santini, e *Tarifa zero: a cidade sem catracas*, de Lucio Gregori, Chico Whitaker, José Jairo Varoli, Mauro Zilbovicius e Márcia Sandoval Gregori, e ouça a série especial Cidade Livre do *podcast* Guilhotina, do Le Monde Diplomatique. Mais informações em https://rosalux.org.br/cidade-livre.

Esta publicação foi realizada com apoio da Fundação Rosa Luxemburgo e fundos do Ministério Federal para a Cooperação Econômica e de Desenvolvimento da Alemanha (BMZ). O conteúdo da publicação é responsabilidade exclusiva dos autores e das autoras, e não representa necessariamente a posição da FRL.

Você tem a liberdade para compartilhar, copiar, distribuir e transmitir esta obra, desde que cite a autoria e não faça uso comercial. Licença Creative Commons de atribuição, uso não comercial e não a obras derivadas.
(BY-NC-ND 2.0 BR)